シリーズ日本の政治 第3巻

現代日本の行政と地方自治

本田 弘 編著

法律文化社

刊行にあたって

世紀の転換期には、国の内外を問わず政治社会が変動していく。従来のパラダイムが根本的に問い直され、新たなシステムの構築が迫られる。このような時期にこそ、将来の方向性を見据えた理論の提示が政治学（研究者たち）に要請される。

政治とは何か、政治学とは何かという人々の問いかけは、結局のところ日本政治についての疑問や、自分と政治との関係についての問題を意味する。政治学の目的は政治現象の解明にある、と教科書的な説明を加えたところで、十分な説明責任を政治学研究者が果たしたことにはなるまい。実際のところ、現実の政治と政治学とのカイ離にとまどう初学者が少なくない。さらには、政治問題の解決の糸口を学術研究書に求めて、いささかはぐらかされた観をもたれた読者も多いであろう。このような素朴でありながらも、根源的な問いに、果たして政治学教育に携わる者たちが真摯に答えてきたといえるであろうか。

西欧の政治学の歩みは古代ギリシャ・ローマにまで遡れば、二千有余年の歴史を有する。一方、日本の政治学も、明治期から数えれば百数十年の時を刻んできた。ところが、日本政治学は輸入学問、翻訳学問と揶揄されるように、西洋の政治理論やモデルを受容することにあまりにも偏向しすぎた感がある。ヨコ文字をタテに置き換えることが、直接的に日本政治に関する一般の方々の疑問に答え、さらには問題解決策を提示しえるとは考えにくい。これまで、政治学研究者たちは、日本の政治について考え、人々に語り継ぐ努力をあまりにも怠ってきたのではないか。自省しなければならない。そこで、過去における日本の政治ならびに政治学を総括し、将来の展望を切り開こうとの意欲にかられた二七名の研究者の賛同をえて、本シリーズの刊行に至った。

第二次大戦後、社会科学の解放が進み、政治学にあっても飛躍的な進歩がみられた。戦後伝統的政治学から現代政治学、そしてニュー・ポリティクスへの発展図式として素描できよう。本シリーズは、それらの研究成果をふまえて、従来からのタテマエ論や教科書的な説明ではなく、研究者各々が日頃考えていることがらを、自身のことばで率直に語り、読者の素朴な問いに真正面から対応していくのを主眼としている。政治学の入門講座でありながらも、さらにすすんで研究する意欲をもつ読者層の知識欲に応えるだけの専門性も、また兼ね備えた内容となっている。

本シリーズは、学史、思想、歴史、制度、過程、運動などの観点から、近代より現代にわたる日本政治に切り込む。まず、『第1巻　日本の政治学』では、戦前の政治学ならびに戦後飛躍的に発展してきた現代政治学を展望してみた。日本政治学に関する文献ガイダンスであると同時に、戦後日本政治学の全貌をコンパクトに知ることができるチャートとなっている。近代とは何か、現代とは何かという問いかけを、歴史的な存在であるわれわれは常に発していかねばならない。『第2巻　近代日本の政治』では政治史、思想史の解明にあたったが、とくに、政治運動を基軸として分析している点が類書にはない特色となっている。さらに、『第3巻　現代日本の行政と地方自治』では、国家・地方行政がわれわれの日常生活と直結するだけに、それらの詳細な検討を行う。とりわけ今後の改革路線を視野に入れて究明している。つづいて、『第4巻　現代日本の政治と政策』では、政治過程における政治主体や政策、選挙などアクチュアルな事例を検討する。とくに、二〇〇五年のいわゆる九・一一総選挙後の政治をいかに読み解いていくか、関心がつきないテーマである。いずれにせよ、『シリーズ日本の政治（全四巻）』は、二〇世紀における日本政治（学）を総括し、二一世紀への展望を切り開くマイルストーン（里程標）になるであろう。

編集・執筆作業をしながらも、政治社会はたえず流動化していく。現在《いま》もまた新たな問題が派生してきている。アップ・トゥー・デイトな政治事象のすべてに接近しきれてはいない、あるいは時事的問題を完全にカバーしきれてはいない、とのそしりを本シリーズもまた免れるものではない。しかしながら、政治社会には、可変的な面があるとともに不可変的な面もまたある。政治現象として生起する諸問題の背景には、共同体や政治社会にひそむ変わらぬ側面（意識、文化、歴史）が存在していることが多い。問題の基底を解明する作業が、実のところ現実政治を理解する早道となる。たえず流動化する政治現象の背後にひそむ根源的な問題を探り出すわれわれの取り組みが、「問題の本質がつかめた」という読者の知識欲や研究意欲を充たせられるのであれば、共同作業の成果があがったことになると思う。執筆者一同の意欲と研鑽の結晶が、ひろく学界、出版界、読者に受け入れられることを切望してやまない。

二〇〇六年三月

大塚　桂（駒沢大学）
寺崎　修（慶應義塾大学）
本田　弘（日本大学）
森本哲郎（関西大学）

はしがき

『シリーズ日本の政治』のなかで第三巻に位置づけられた本巻は、国と地方自治体の行政の動向なかんずく現在もなお推進されている改革のそれを解明したものである。したがって、本巻は現代のわが国における行政にかかわる基本的認識に加えて政治と行政の相互関連の理解を一層深める意図をもつものである。

政治の構造や機能の複雑多岐化に劣らず今日の行政は、それが国の行政にしろ地方行政にしろ制度、組織、権限、役割などきわめて輻輳した体系を成している。社会福祉国家の建設を目標としてきた二〇世紀の先進国家の多くは、結果的には行政の機能や構造の肥大した行政国家化が避けられず二一世紀においてその根本的解決が迫られている現状にある。

本巻においては、先ずは国および地方行政の改革の動向とそこでの枢要な問題を明らかにすることから試みるべきとの考え方に立脚し、全体を「第Ⅰ部　国家行政の改革動向」と「第Ⅱ部　地方行政の先端理論」の二つの部分に分けて論究することとした。そして、しかも国・地方を通じて今日の行政の動向と課題の若干を、「序章　現代行政の動向と課題」（本田弘論文）と題して集約的に取りあげている。行政の透明性と説明責任、行政評価の意義と実施、ＰＦＩ活用とパブリック・コメント制度の導入、地方分権下の国・地方関係の転換、の主として四項目である。これらは国および地方行政のすべてに大なり小なりかかわる課題でありいかなる理由があろうとも回避しえない懸案事項である。真の社会福祉国家にふさわしい状況実現への第一歩の努力項目といえよう。

本巻では、第Ⅰ部および第Ⅱ部にそれぞれ五編の論稿を配置し全体で一〇編の論稿をもって構成している。「国家行政の改革動向」では、まず「第1章　国と地方の政府間関係」（石見豊論文）が今日の行政改革による基本的・基幹的な問題としての国・地方間の関係を分析したものであって、論者は地方分権をめぐる論議が国の関与の縮減や権限移譲を中心とした「行政的分権」のみで、立法権の移譲を含む「政治的分権」に関する論議は見られないと言及する。しかも、一般市民の視点から市民を論議の中に巻き込んで行く必要があると強調する。そして、「第2章　政策評価とアカウンタビリティ」（中村昭雄論文）では国の「行政改革会議」の『最終報告』において主張された「政策評価の導入」につき、それが行政改革としていかに機能するかを、アカウンタビリティ（国民への説明責任）といかなる関連が見い出せるかを分析する。さらに、「第3章　行政情報の公開と個人情報の保護」（大塚祚保論文）では情報公開法の制定に基づく行政機関による情報公開としての説明責任の遂行と、個人のプライバシーを中心とする個人情報の保護のあり方を論究している。地方自治体におけるいわゆる住基ネット（住民基本台帳のネットワーク）の導入実施への国への反発についてなど細かい考察をあとづけしている。それはすなわち、分権型行政の下では、地方自治体が独自に思考する政策選択が不可欠である事例といえよう。

「第4章　行政改革と特殊法人の合理化」（照屋寛之論文）は、まさに今日のわが国の行政のあるべき姿を樹立しようとするための改革を、その背景と改革の一つの中心課題たる特殊法人の事例を論究したものである。歴代内閣が特殊法人改革にどのような対応をしたかを村山内閣、橋本内閣、小泉内閣についてそれぞれ分析し、いわば政治と行政の関連の一端を浮彫している。そして、第Ⅰ部の最後として「第5章　人事行政と公務員制度の改革方向」（李憲模論文）を配置している。人事行政の主たる制度としての公務員制度を、その改革が「今後日本の行政のあり方や国民生活に大きく影響するものであるだけに慎重に慎重を重ねなければならないが、公務員制度改革が当初の予定より遅々として進まないのは、実態の見えない政治主導という空虚な掛け声と政治による名ばかりのリーダーシップに大きく起因するが、より根源的には国民不在のまま『公務員の、公務員による、公務員のため』の改革に成り下がっている」と論評し、「今次の公務員制度改革こそ、従来の『官僚主導』から『政治主導』のシステムが確立されるかどうか、日本政治の真骨頂が試されるものと言ってよい」と結論づけている。

「第Ⅱ部　地方行政の先端理論」の部では、もっぱら、地方自治体の行政を取扱っている。その最初に「第6章　自治体におけるオンブズマン制度」（照屋寛之論文）を配置した。主として行政に対する住民の苦情救済の手法の一つとして導入された自治体オンブズマン制度におけるオンブズマンの調査活動、権限、課題を概観し、この制度の先進自治体としての沖縄県と川崎市の具体例を分析したのが第6章である。オンブズマンの名称としてオンブズマンかオンブズパーソンか、男女平等の時代にふさわしいネーミングをコラムで紹介する。「第7章　行政施策のアウトソーシング」（大塚祚保論文）では、行政のスリム化を検討している。行政の民間委託、民営化、規制緩和などにより「大きな政府から小さな政府へ」、すなわち「官から民への移行」を公共セクターが外部（アウト）から高度なノウハウをもつ民間事業者を調達（ソーシング）し、委託するという行政のあり方の転換を具体的事例をもとに分析している。論者は、「アウトソーシングに対する賛否両論の意見がある。特に民間企業の導入に伴っては、官僚や族議員、利用者などの関係する既得権者からの反対や抵抗が根強い」と懸念することを忘れない。

「第8章　政策形成とパートナーシップ」（中村昭雄論文）は、阪神・淡路大震災を契機に住民による自主的なボランティア活動への高い評価と、分権型社会すなわち地方が自己決定・自己責任の原則に立っての行政・住民協働による政策形成へのニーズとが、政策形成におけるパートナーシップの重要性を帰結してきた状況を分析する。論者は、少子高齢化、環境問題、地域経済などの解決困難な課題に直面する地方自治体での政策形成とパートナーシップ（協働）の背景、現状、課題について検討を加えている。わが国の地方行政に内在してきたこれまでの官僚主導のみでの政策形成に軌道修正を加えることを強調したものである。

「第9章　電子政府・電子自治体の構想と実態」（賀来健輔論文）は、電子情報化による行政活動の現状と今後の進展につき論究するものである。電子情報化は、現時点での経済活動におけるほどには及ばないものの行政活動分野においても近年急速な進展を見てきた。しかし、情報セキュリティや個人情報保護など政府・自治体ともにそれらの対策に様々な措置を講じてきているが必ずしも万全ではない。論者は、「残念ながら情報通信技術は固定化されたものではなく発展途上で進化し続けている。このことは、高度な技術を身につけたサイバー犯罪者によって、情報通信網は常にその脆弱性を露呈させる危険性があることを意味している。結果的に情報セキュリティ対策は、そのヴァージョン・アップと犯罪者とのイタチゴッコの様相を帯びることになる」と分析する。これは、電子情報化に課せられた重大な課題の一つであるといえよう。そして、最後に「第10章　地方行政における広報活動」（本田弘論文）では、わが国が高度な情報化社会であると同時に、やがて高度生活社会の到来が予測されるとき、住民から多様な生活関連の政策ニーズが派生する際の広報活動を取り扱っている。高度生活社会では、当然に地方行政における政策とその実施の複雑多岐な展開を将来する。したがって、論者は地方自治体での広報活動につき高度生活社会の理解と認識、広報活動能力の増強、広報活動とパブリシティ活用、広報活動における自治体主張の位置、の四つの領域を検討している。行政における真の広報活動が展開することを期待するからである。

以上が、本巻に収められた論稿の簡単な紹介であるが、政治と行政とは密接不可分の関係にあることを認識した上での行論をしたものである。政治の主要な機能の一つは、統治行為や政策の方向あるいは内容を決定することにある。そして、それらを実現達成する機能は行政に求められる。すなわち、行政とは国家あるいは地方自治体の設定した方向や内容を現実化し、かつ、達成するための協働的な人間活動の機能と管理なのである。読者は、本巻に配列したどの論文から日を通されようとも、今日のわが国の行政一般や地方自治行政につき理解しうるように工夫したつもりである。最後に、本巻がわが国の地方分権型社会の実現に幾分なりとも寄与するところあれば、執筆者一同の幸せとするところである。

二〇〇六年三月

本田　弘

目次

第Ⅰ部　国家行政の改革動向

第Ⅱ部　地方行政の先端理論

序　章　現代行政の動向と課題

本田　弘

1　はじめに

政治の主要な機能の一つは、統治行為それ自体や政策の方向あるいは内容を決定することにあるのは言うまでもない。そして、それらを実現達成する機能は行政に求められている。すなわち、行政とは国家あるいは地方公共団体の設定したそれらの方向や内容を現実化し、達成するための協働的な人間活動の機能と運営を意味する。政治と行政とは、したがって密接不可分の関係にある。従来見られてきたように、政治と行政はいわゆる政治行政二分論として理解すべきではなく政治行政連続論として把握する必要がここにある。現代では、政治と行政が影響し合いながら一体として展開する現象が見られるからである。

現代行政の動向や課題を検討する前に、行政それ自体の意味をさらに明確にしておかなければならない。それは、先にもふれたごとく、行政とは国家や地方公共団体の設定した方向や内容を現実化し、達成するための協働的な人間活動の機能と運営であるならば、次のようにいえよう。すなわち、行政とは国家や地方公共団体が解決すべき社会や人びとの要求充足の課題の目標を達成するための努力である、と。この努力は、したがって次のような具体的な姿で表現できよう。すなわち、行政は社会や人々の要求充足の課題の目標をよりよく達成するために、協働的な人間活動の機能や管理を適切に作用せしめること、換言すれば行政需要に対して適切に充足する政策を作成し、そのための施策を準備し、そして具体的な事務事業に対して機能と管理を働かすことなのである。したがって、その過程において財源やマンパワーなど資源の能率的な活用によって、それらの行政需要を充足すべきであって非能率や不経済があってはならないのが行政の真の運用なのである。行政に無駄があったり怠慢が許されないのは、そのためである。行政改革が、つねに求められ続けて行われてきたのは言うまでもない。後述するように、一九八〇年代（昭和五五年）以降イギリスを中心にニュージーランド等イギリス系の国家で提唱・実施され、わが国でも一部分実施されてきている新公共経営理論（NPM, New Public Management）[1]による実践手段の適用には、低廉で良質な公共サービスの提供や同一サービスなら事業コストの削減でなければならぬといった徹底した経営手法が求められている。人口の高齢化や経済社会の成熟化現象により、公共サービス需要の拡大・多様化は従来のような行政改革では、すなわち国民負担の増加や公共サービスの削減などいわば二者択一の選択によるものであった。そのため、これまでの行政運営の活動が抜本的に反省され、改革されて新しい行政経営の理念と手法によって展開することが求められている。

ところで、現代の行政を取り巻く環境は少なくとも日本の状況においてはきわめて厳しいことが既に周知のとおりである。情報化、高齢化、および国際化という社会変化の波に行政が晒されている。高度に行政国家化した先進国家のほとんどが、多かれ少なかれこうした社会変化の挑戦に見舞われ、いかに対応するかに行政は苦慮しつづけている。これまでのような行政運営の方式では適切に対応することは不可能に近い。わが国の行政改革会議『最終報告』（一九九七年一二月）は、こう述べている。すなわち、「われわれは今、国家・社会の在り方の基本にかかわる困難な諸問題を抱え、いかにしてこれに果敢に取り組み、光輝を放つ二一世紀の日本の展望を切り拓くことができるかという重大な岐路に立たされている[2]」と。こうした引用文から読みとれることも含めて、行政がその制度および機能をどう改革し、現実にどう対応しているかの動向を把握し、そこでの課題を検討しなければならない。以下においては、本シリーズ第三巻の全容にかかわる若干の分野について概略的に述べておきたい。

2　行政の透明性と説明責任

先に引用した行政改革会議『最終報告』では、その「はじめに」において「行政情報の公開と国民への説明責任の徹底、政策評価機能の向上を図り、透明な行政を実現すること」を掲げて、それを「国家機能を有効かつ適切に遂行するにふさわしい、簡素にして効率的かつ透明な政府を実現すること」の一つの具体的な手法としている。行政の透明性の向上と説明責任の遂行がクローズ・アップされたのである。しかし、民主的社会における行政であるならば、行政の透明性の向上と説明責任を遂行することは本来当然のことなのである。わが国において、国家行政にしろ地方行政にしろ、きわめて不十分にしか行われてきていない実態は言うまでもない。

透明な行政への努力

それはともかくも、国による「行政機関の保有する情報の公開に関する法律」(以下、情報公開法という)が遅まきながら二〇〇一年四月から施行された。しかし、これは一九八二年三月の金山町(山形県)、一九八三年一〇月の神奈川県の情報公開関連条例の制定よりほぼ一八年ほど後発である。行政における情報の公開は、行政それ自体の公正性や透明性を表現する最も重要な手法であり、人々に行政の内容について説明する責任を果たす最も効果的な手法である。説明責任を意味するアカウンタビリティこそ、行政が直接的に人々に対応しなければならない日常的な行政責務なのである。

地方公共団体において、国に先がけて情報公開が制度化した背景には機関委任事務、権限移譲、地方事務官、市町村合併、地方議会、住民投票、行政評価などと同じく地方分権の論議と過程のなかで実施すべき重要な課題として情報公開が認識されていたからである。このことを物語る次の一文がある。すなわち、「地方分権推進委員会からこれまで数次にわたる勧告が出された。これによれば、国と地方公共団体は上下・主従の関係から対等・協力の関係となり、機関委任事務は廃止されその多くが自治事務となり、地方公共団体の自己決定権は拡充されることになる。したがって、地方分権に伴う行政体制の整備という観点からも、行政の公正の確保と透明性の向上を図り、都民の都政への参加を一層促進する必要があり、そのためには、都政に関する情報の公開を一層進めることが前提になる」[3]と。事実、行政の透明性の向上や説明責任を遂行するために、直接的にか間接的にか行政情報の公開の制度化が必要と考えて条例その他により公開制度の設置にふみ切った地方公共団体では、おおよそ次の四つの理由のいずれかを強調している[4]。すなわち、

コラム　簡素・効率・透明な政府

行政改革会議は、その『最終報告』において特に簡素、効率、そして透明な政府を実現することを掲げている。

……今回の行政改革の基本理念は、制度疲労のおびただしい戦後型行政システムを改め、自律的な個人を基礎としつつ、より自由かつ公正な社会を形成するにふさわしい二一世紀型行政システムへと転換することである、と要約できよう。その際、まず何よりも、国民の統治客体意識、行政への依存体質を背景に、行政が国民生活の様々な分野に過剰に介入していなかったかに、根本的反省を加える必要がある。徹底的な規制の撤廃と緩和を断行し、民間にゆだねるべきはゆだね、また、地方公共団体の行う地方自治への国の関与を減らさなければならない。「公共性の空間」は、決して中央の「官」の独占物ではないということを、改革の最も基本的な前提として再認識しなければならない。

次に、従来の行政の組織・活動原理についても抜本的な見直しを行う必要がある。物質の窮乏や貧困を克服するための生産力の拡大や、欧米先進国へのキャッチアップという単純な価値の追求が行政の大きな命題であった時期に形作られた、実施機能を基軸とする省庁編成と、行政事務の各省庁による分担管理原則は、国家目標が単純で、社会全体の資源が拡大し続ける局面においては、確かに効率的な行政システムであった。しかしながら、限られた資源のなかで、国家として多様な価値を追求せざるを得ない状況下においては、もはや、価値選択のない「理念なき配分」や行政各部への包括的な政策委任では、内外環境に即応した政策展開は期待し得ず、旧来型行政は、縦割りの弊害や官僚組織の自己増殖・肥大化のなかで深刻な機能障害を来しているといっても過言ではない。本来国民の利益を守るべき施策や規制が自己目的化し、一部の人びとの既得権益のみを擁護する結果を招いたり、異なる価値観や政策目的間の対立や矛盾を不透明な形で処理し、あるいはその解決を先送りしてきた結果が、最近における不祥事の数々や政策の失敗に帰結している実情をわれわれは真摯に受けとめなければならない……。

行政改革会議『最終報告』一九九七年一二月

二一世紀型行政システムとして、統合性、戦略性、機動性、透明性、効率性および簡素性を指摘している。

情報公開は、第一に住民の知る権利の保障を可能とするものだからである。日本国憲法において抽象的な権利として示されている知る権利を、具体的に住民に保障する制度が必要である。そのためには、条例あるいは要綱等において情報の開示請求権が設定されねばならない。しかし、制度実施団体のすべてが住民の知る権利の保障を条例や要綱のなかで明記しているわけではない。ちなみに、情報公開法では「国民主権の理念にのっとり、行政文書の開示を請求する権利につき定める」と表現し、知る権利という文言を避けている。

第二は、住民の行政への参加の促進に作用するものだからである。情報を入手することによって、住民は行政への関心を高揚したり行政への理解を増幅したりする。情報なしに、そうした考えや行為を示すことは少ない。したがって情報公開が制度化されてこそ、行政への参加が以前にも増して触発されていく。既存の行政広報等による日常的な情報提供とあいまって、行政参加への促進が一段と作用する。

第三は、住民の行政に対する信頼の確保である。言うまでもなく、地方自治は地方行政への住民による信頼なしには成立しない。なぜなら、自治は住民自身が創りあげ守っていくものであり、地方行政は住民が付託して運営されるものだからである。公開制度が機能することによって、住民の情報への要求が充たされていくならば行政への信頼が確保されるのは自然の成り行きであろう。しかし、住民の求める情報が不正確であったり、常に正当な理由なく不存在でありつづけるならば住民の行政への信頼は失われていく。

第四は、住民の生活における充実と向上である。公開制度は、行政の保有する情報を原則的にすべて公開するものであるから、住民の所有する情報量は確かに増加する。それらの情報には、地域社会の形成、住民の生活や福祉に関連するものが多いはずである。情報公開制度が結果として住民生活における充実や向上に帰結する。

説明責任明示としての情報公開

このように、情報公開の制度化への狙いや理由が結局のところ行政の責務としての説明責任を果たし、地方公共団体としての公正性や透明性を高めることを言い当てている。国家行政であろうと地方行政であろうと、その保有する情報を公開することに行政としての活動の大きな部分を占めつつある状況は、したがって自然の成り行きであろう。もちろん、行政の透明性や説明責任にかかわる手法は情報公開の制度のみではないが、既に述べたごとく「最も重要な手法であり」「最も効果的な手法である」ことは確かであろう。次項において検討する行政評価制度同様に、行政の透明性の向上や説明責任の実施のための情報公開制度などアカウンタビリティ（説明責任）について、こう述べる一文はきわめて示唆的である。すなわち、「……市民に対してアカウンタビリティを果たすことは民主主義の根幹に関わる部分である。政策過程を情報公開で明示し、成果について客観的に市民に明らかにしていくことが民主主義的要請にかなうものといえよう。この意味で、情報公開と行政評価は自治体においては民主主義の標準装備とされなければならない[5]」と。

現代行政がいずれにしても取り組まなければならない透明性の向上や説明責任の実施は、民主的社会における必須の条件であり不可避的な課題である。

3　行政評価の意義と実施

前項でもふれたように、行政評価はまさに「民主主義の標準装備」であろう。このことをもって理解しうるように、民主制国家の行政においては本来行政評価は行われるべきマネジメントなのである。周知のように、国家行政にしろ地方行政にしろ、そこでは計画（PLAN）→実施（DO）→評価（SEE）というサイクルで運営されるべきであることは自覚されてきた。しかし、計画が立案され、それが実施されてもその計画も実施の成果も評価されないままであったことは否定できない。計画→実施→評価のサイクル理論は有名無実だったのである。確かに、評価のために何を測定するかという方法論の開発がやっかいなことは事実である。すなわち、評価の基準になりうるものを設定しなければならないからである。アメリカにおいては、既に六〇年以上も前から評価のための測定その他の研究開発が進められている。一九三八年に初版が出版された研究書の一文に次のように読むことができる。それは評価のための測定の理論は「議員や行政担当者が種々の活動方針のなかから選ぶ際の実際的必要に役立つ実際的要具なのである。数十億ドルもの金額が毎年自治体政府によって費やされている。いろいろと、或る理由によるにしろあるいは或る機会によるにしろ、この支出総額が確定されねばならず、種々の機能や活動の間に配分すべき額を決定しなければならない。民間企業の株主や重役は、損益計算書が自分たちに提出される管理方式に期待している。会社の支配人は、原価計算係の提出した情報を基礎に意思決定をしている。だが、公共的な企業では利益を求めて運営されるものではないし、原価計算技術は適用範囲が限られている。したがって、市民や議員、それに行政担当者が賢明な決定を行うためには政府活動を評価する他の基準を案出すべきだ、ということは必要なことなのである[6]」として、消防、社会福祉、公共図書館、都市計画など一一の分野の行政について評価のための測定基準を検討している。

新公共経営理論の行政評価

近年のわが国における行政評価への直接的動機づけは既に言及した新公共経営理論がイギリスやニュージーランドなどで行政実務の場に導入されるに従い、行政評価（パフォーマンス・メジャーメント）が提唱されてきたという背景がある。もちろん、そこで提唱されてきた行政評価が行政の政策、施策、事務事業という三つのレベルの成果のどこに重点を据えて行うかは行政主体ごとに、あるいは論者によってかなり異なっているといえよう。わが国では、一般に事務事業評価に比較的多く取り組まれている現状にある。

さて、行政評価についてその意味を理解しておこう。確かに「行政主体ごとに、あるいは論者によって」行政評価の行われるレベルや対象が異なるなど一定の確立された意味づけは見いだすことはできない。ということは、共有された定義はないといえる。世上において行政評価について、政策評価、執行評価、施策評価、管理評価、成果評価、事務事業評価、内部評価、外部評価などの用語が使われている。これらは、評価する対象により、あるいは評価する方法などにより用いられている呼称といえよう。しかし、行政が計画→実施→評価というサイクルで運営されるとするならば、計画の基礎となる政策のレベル、政策を具体的なプログラムにした施策のレベル、そして施策を実施する事務事業のレベル、という三つのレベルで評価する三段階方式として政策評価、施策評価、事務事業評価を一般的な行政評価とすることが妥当であろう。ちなみに、内部評価とは行政内部の組織構成員による評価をいい、外部評価とは主としてその評価の対象となった事務事業等について行う行政外部の専門委員等による評価を意味している。この二つの評価を比較検討することにより評価の精度を高め、その結果を政策作成のレベルにフィードバックさせることを狙いとするものである。

行政運営の有効性・能率性からの分析

行政評価の実施を促進しようとする行政改革会議『最終報告』では、こう力説している。すなわち、「政策は実施段階で常にその効果が点検され、不断の見直しや改善が加えられていくことが重要であり」「評価機能の充実は、政策立案部門と実施部門の意思疎通と意見交換を促進するとともに、その過程において政策立案部門、実施部門の双方の政策についての評価や各種情報が開示され、行政の公正・透明化を促す効果がある」と。これらの文脈からして、行政評価とは行政運営の有効性・能率性などの観点から政策や施策や、そして事務事業を分析し評価し、行政の合理的水準を保つこと意図するものと言える。そして、このことが引いては行政の透明性や公正性などを具体化することに結びつく。それだけに、行政における評価の重要性が理解される。

こうした行政評価の実施に動機づけをした背景には、新公共経営理論があるがそこでは住民を顧客と見たてる顧客指向、住民ニーズに正しく対応する施策・事業である成果指向、行政活動資源の市場指向、そして住民と行政の参加の協働指向による四つのスタンスを中心に行政運営が行われることにある。と言っても、新公共経営理論は完全無欠ではない。わが国の行政環境に適応せしめるのに幾分の時間が不可欠であろう。だが、現代の行政の世界的動向からしても新公共経営理論を基軸にした行政評価による行政運営の正しいハンドリングが必要であることはまちがいではあるまい。国家行政にしても地方行政にしても、しかし行政評価の実施は議論から実施の段階へとようやくさしかかったばかりである。行政評価実施の現状を見るに、先に述べたように評価のための測定基準が十分に、適切に開発されていないうらみがある。[7]このことは、行政評価実施の幾つかの行政主体で用いられている評価のための測定基準を一瞥しただけで首肯しえよう。忍耐強く、行政評価のための測定基準設定に努力が惜まれてはならない。現代行政の抱える重大な課題である。

4　ＰＦＩ活用とパブリック・コメント制度の導入

先進国家のいずれもが、その行政の遂行に当たって国家それ自体の有する資源やマンパワーだけでは十分に人々や社会の行政需要に適切にして迅速な対応ができがたくなってきていることは多言を要しない。このことは、しかし、当然にこうした事態を招く要因が介在していたことは事実であった。

それはすなわち、一九世紀以降の主として資本主義経済の発展に起因する諸々の領域での国家への依存度の急速な高まりである。そのため、国家は行政の機構を拡大し、機能を増強し社会福祉、失業救済、労使関係改善、治安対策、産業振興、海外貿易、住宅政策等に致るまで行政の守備範囲とせざるをえなくなったのである。その結果、必然的に行政権は強大となり大規模な政府が出現した。すなわち、行政国家現象である。天文学的な数字の行政経費と膨大な規模の官僚組織により維持される行政国家に対しては、しかし次第に〝小さな政府〟が提唱されて行政改革が繰り返されてくる。二〇世紀後半の先進国家いずれもが取り組まざるをえない国家的課題だったのである。そのため行われてきた行政改革は、行政の規模、公共事業、行政サービス等の削減あるいは縮小、または国営・国有企業の民営化といった内容だったのである。しかし、こうした改革の不徹底と、特に行政サービス縮小への人々の不満が惹起する。こうした不徹底や不満を解決すべく、行政改革の新たな方向転換に政府は迫られるに致ったのである。

PFI活用

一九八〇年代以降提唱された新公共経営理論に依拠する改革への努力に期待が寄せられているのは注目されてよかろう。(8) こうした流れのなかでイギリスのサッチャー政権（一九七九～一九九〇年）やメジャー政権（一九九〇～一九九七年）が、それらの新たなる〝小さな政府〟実現のために行財政改革プログラムで採り入れた公共サービス提供の手法としてPFI（Private Finance Initiative）がある。直訳すれば、民間資金先導とでも訳せるPFIは民間の資金のみでなく経営能力や技術能力を活用して公共施設等の建設、維持管理、運営等を行って質の高いサービスをより少ない財政支出で人々に提供することを狙いとする事業方式である。サッチャー政権では国営企業の民営化やアウトソーシング（外部委託）を推進し、その後の政権はより一層広範囲に学校、病院、道路、橋梁の建設などにPFIを活用して実績を上げたことはよく知られている。わが国ではＰＦＩ法と通称言われる「民間資金等の活用による公共施設等の整備等の促進に関する法律」が施行され（一九九九年九月）、その後ＰＦＩの理念とその実現のための方法を示す「基本方針」が公表された（二〇〇〇年三月）。

ＰＦＩの基本的な目的は、「市民が支払う税金（Money）に対して、最も高い価値（Value）を提供する」いわゆるＶＦＭ（バリュー・フォー・マネー）の実現であり、これは「事業コストの削減、より質の高い公共サービスの提供」を意味する。その場合、①同一のコストならば、より質の高いサービスを提供する、②同一のサービスならばより低いコストで提供する、ということが実現されていなければならない。つまり、同一のサービスを提供する事業を従前と同じく行政の公共事業で実施した場合とＰＦＩ事業で行った場合の、それぞれの行政の負担の差を、バリュー・フォー・マネーであると概念化するのである。ここで行政の負担とは、対象とした公共施設等の建設、管理、運営などを含めた全事業期間に発生したコストの総額である。

ＰＦＩは、民間の資金、経営能力、技術能力を活用して公共施設等の整備等に関する事業の実施を民間事業者に行わしめることであるが、先に述べた「基本方針」ではこう規定されている。少し長いが、重要なので引用しておこう。すなわち、「民間資金等の活用による公共施設等の整備等に関する事業（以下「ＰＦＩ事業」という。）は、公共性のある事業（公共性原則）を、民間の資金、経営能力及び技術的能力を活用して（民間経営資源活用原則）、民間事業者の自主性と創意工夫を尊重することにより、効率的かつ効果的に実施するものであり（効率性原則）、特定事業の選定及び民間事業者の選定においては公平性が担保され（公平性原則）、特定事業の発案から終結に至る全過程を通じて透明性が確保されねばならない（透明性原則）。さらに、ＰＦＩ事業の実施に当たっては、各段階での評価決定についての客観性が求められ（客観主義）、公共施設等の管理者等と選定事業者との間の合意について、明文により、当事者の役割及び責任分担等の契約内容を明確にすることが必須であり（契約主義）、事業を担う企業体の法人格上の独立性又は事業部門の区分経理上の独立性が確保されなければならない（独立主義）。公共施設等の管理者等は、公共サービスの提供を目的に事業を行おうとする場合、当該事業を民間事業者に行わせることが財政の効率化、公共サービスの水準の向上等に資すると考えられる事業については、できる限りその実施をＰＦＩ事業として民間事業者にゆだねることが望まれる」と。

ところで、行政は民間事業者が「資金、経営能力及び技術的能力を最大限に活用」できうるようにいわゆる関与を限定的に行う必要があり、事業の全期間内に事業の目的を達成する方法は民間に委ねられることになる。ここで民間とは、ＰＦＩ事業を行うことのみを目的として設立される特別目的会社の法人である。したがって、行政は公共サービスの水準を測定および評価する監視あるいは監督の役割を正しく適格に遂行しなければならない。こうしたＰＦＩ活用による公共サービスのレベル・アップこそ、その財源とマンパワーには豊かな行政主体と否とにかかわらず、今日の行政が取り組まなければならない命題ともいえよう。社会のさらなる行政需要に対応するためにも、必須の行政業務なのである。現にいくつかの地方公共団体では、既にＰＦＩ事業に着手している。(9)

パブリック・コメント制度

複雑な現代社会では、行政が多種多様な政策を形成し、遂行していかなければならない。しかし、それは行政の一方的な考え方で実施されてよいわけではない。なかんずく、重要な政策形成に当たっては民意等の反映が不可欠である。このことは、国家行政の場合にしろ地方行政においてにしろ同様である。すなわち、より詳しくは行政が政策原案等を公表し、広く意見を求め、そしてそれを原案に反映させながら政策を最終的に策定するといった制度が確立されねばならない。これを、パブリック・コメント制度（Public Comments）と呼んでいる。現代行政が積極的に取り組むべき重要な課題の一つである。

ところで行政改革会議は、その『中間報告』（一九九七年九月）において、「パブリック・コメント制度の導入」と題して、こう述べている。すなわち、「行政庁が基本的な政策の立案等を行うにあたって、政策等の趣旨、原案等を公表し、一般の公衆、専門家、利害関係人等から幅広く意見の聴取を行い、これを考慮しながら最終的な意思決定を行ういわゆるパブリック・コメント制度の導入を図るべきである」と。そして、これを受けるかたちで一九九八年三月閣議決定された「規制緩和推進三か年計画」のなかで、パブリック・コメント制度の取り組みの方針が示された。翌一九九九年三月、「規制の設定又は改廃に係る意見提出手続」が閣議決定されて四月一日から実施された。この閣議決定された「意見提出手続」は、「規制の設定又は改廃」に関するパブリック・コメントであるが、その後の実施状況からすると必ずしも規制の設定や改廃にのみ限定していない。

一方、地方行政においてもパブリック・コメント制度が導入されつつあるが県レベルが中心で、その他市町村においては現段階では政令指定都市や比較的人口規模の大きい若干の都市自治体に限られているようである。地方公共団体では、パブリック・コメントを条例または要綱で定めて

コラム　PFIと第三セクター方式の違い

第三セクター方式とPFIは、民間の経営資源を公共サービスの提供に活用していく点で共通しています。しかし、第三セクター方式においては、行政が出資、役員派遣等を通じて経営に関与しますが、役割分担が明確でなく責任の所在がはっきりしないという問題点がありました。

また、事業や事業者の選定においても、民間事業者が提案した事業も主務大臣が認定すれば、事業の実施が決定され、提案者がそのまま事業者になってしまうため、透明性や公平性という観点からも問題がありました。

PFIは、このような第三セクター方式の問題点を踏まえ、契約により行政と民間のリスク分担、役割分担及び責任の所在を明確にし、事業の選定、事業者の選定等の各段階において透明性や公平性を確保しています。

さいたま市『さいたま市PFI活用指針』二〇〇二年五月

制度化している。例えば、『さいたま市パブリック・コメント制度要綱』によればパブリック・コメント制度とは、「市の基本的な政策等の策定に当たり、当該政策等の形成過程の情報を公表し、公表した情報に関して提出された市民等の意見及び意見に対する市の考え方を公表することにより、市民等の意見を市の政策等に反映させる制度をいう」（第二条）と定義している。また、『横須賀市市民パブリック・コメント手続条例』では、「市の基本的な政策等の策定に当たり、当該策定しようとする政策等の趣旨、目的、内容等の必要な事項を広く公表し、公表したものに対する市民等からの意見及び情報（以下「意見等」という）の提出を受け、市民等から提出された意見等の概要及び市民等から提出された意見に対する市の考え方等を公表する一連の手続をパブリック・コメント手続という」（第二条）と規定している。以上、二つの市の定義はほぼ同様の内容だが、横須賀市の場合には「市民等の意見を市の政策等に反映させる制度」という文言は述べられていない。ただ、同条例第一条では「市民の市政への参画の促進を図り、もって公正で民主的な一層開かれた市政の推進に寄与すること」が本条例の目的だとしている。

パブリック・コメント制度の対象となる政策等については、次のように見ることができる。さいたま市の場合は、

(1) 市の総合的な構想、計画又は個別行政分野における基本的な方針、計画の策定又は変更
(2) 市の基本的な制度を定める条例の制定又は改廃
(3) 市民等に義務を課し又は権利を制限する条例（地方税の賦課徴収並びに分担金、使用料及び手数料の徴収に関するものを除く）
(4) 市民生活又は事業活動に直接かつ重大な影響を与える条例、規則及び行政指導の指針の制定又は改廃
(5) 大規模な公共事業及び主要な公共施設の基本計画の策定又は変更
(6) 市の基本的な方向を定める憲章、宣言の制定又は改廃
(7) その他実施機関が特に必要と認めるもの

の七項目を掲げている。[10] これに対して横須賀市の場合を見ると、

(1) 次に掲げる条例の制定又は改廃に係る案の策定
ア　市の基本的な制度を定める条例
イ　市民生活又は事業活動に直接かつ重大な影響を与える条例
ウ　市民等に義務を課し、又は権利を制限する条例（金銭徴収に関する条項を除く）
(2) 市民生活又は事業活動に直接かつ重大な影響を与える規則（規程を含む）又は指導要項その他の行政

指導の指針の制定又は改廃

(3) 総合計画等市の基本的政策を定める計画、個別行政分野における施策の基本方針その他基本的な事項を定める計画の策定又は改定

(4) 市の基本的な方向性等を定める憲章、宣言等の策定又は改定

(5) 条例中に当該条例の施行後一定期間を経過した時点で条例の見直しを行う旨を規定している場合において、見直しを行った結果、条例を改正しないこととする決定

と列記し、大筋では五項目である。いずれにしろ、パブリック・コメント制度の対象となる政策等は実施地方公共団体間にあっては大同小異といったところである。パブリック・コメント制度が重要なことは、基本的な政策等の策定や廃止に当たってそこでの行政過程へ市民等が広く参加する手続が規定されたこと、および行政過程の公正の確保と透明性の一層の向上が狙いとされている点にある。従来から、意思決定過程への市民参加が提唱され、部分的・断片的には実施されてきているが地方分権一括法施行後、ようやくにして市民等の意思提出が制度化されたともいえよう。しかし、重要なことは提出された意見が考慮され、政策等に反映しうるものは積極的に取り入れることである。制度が確立され、かつ、制度の目的が十分に達成するよう中央省庁にしても地方公共団体にしても努力すべきである。パブリック・コメントは、現代の行政主体がいずれも対応しなければならない民主的行政運営の制度なのである。

5 地方分権下の国・地方関係の転換

司法、立法、行政の三権は、近代国家のいずれもが国家の基本的権限として確立してきた。一九世紀が過ぎ二〇世紀に入ると、それらの権限が国家の独占的なものではなく一部分が分権化される傾向が先進国家では見られるようになる。民主主義国家は、特に行政権の一部を比較的早くより地方へ分権化する例が生じていた。しかし、わが国の場合明治期いらいの中央集権型行政システムがごく最近まで続いてきた。明確に、それらの行政システムの改革が提唱され、かつ、実施されるに致ったのは地方分権推進委員会の『中間報告』(一九九六(平成八)年三月)の発表いらいである。同報告によると、①変動する国際社会への対応、②東京一極集中の是正、③個性豊かな地域社会の形成、④高齢社会・少子化社会への対応、という国際的・国内的な環境の急速な変貌にともなう新たな時代の要請に応えるには、明治期以来の日本の中央集権型行政システムではそれら四つの環境的課題を的確に解決しえない、そのためには徹底した地方分権の推進が不可欠だとしている。では、どのような分権化が必要なのか。同報告は、こう述べている。すなわち、「中央集権型行政システムから地方分権型行政システムに移行したときには地方公共団体の『自ら治める』責任の範囲は飛躍的に拡大することになる。条例制定権の範囲が拡大し、自主課税権を行使する余地が広がることに伴い地域住民の代表機関としての地方公共団体の最終意思の決定に与かる地位にある地方議会と首長の責任は現在に比べ格段に重くなる」と述べて地方分権型行政システムへの変革を提唱する。

翻って考えて見るに、明治期以来の先進国家への追付き追越し型政策を遂行するには、全国均一の計画なり基準により、国の中央省庁が地方公共団体に対して一方的に関与しながら施策の実施を図ってきたのである。高度な中央集権型行政システムであってこそ、それらの施策が効を奏したのは事実であったろう。だが、戦後も六〇年余を閲した今日では事情は変わった。なによりも、人々の価値観は多様化、個性的で活力に満ちた高度生活社会を創造することを期待するようになった。これまでの中央集権型行政システムでは、そうした社会の建設には不向きであり、人々の個性的ニーズを満足せしめることも十分になしえない。中央省庁は、むしろ外交、国防、通貨、司法等の国家全体にかかわる事務事業を中心に所掌し実施するなどに限定し、具体的には中央省庁と地方公共団体とが分担すべき役割を明確化し、その結果、地方公共団体の自主性・自立性を高める地方分権型行政システムの構築・推進が必要なのである(11)。

地方分権は、しかし、国家全体にかかわる事務事業を国家が行うとし、その他の国の権限や事務事業等を地方公共団体に移譲するだけで実現しうるものではない。従来までのいわゆる国と地方との関係の重要な要素であった機関委任事務制度や補助金制度を媒介として、あたかも国と地方が上下・主従の関係にあったものを対等・協力の関係へと転換せしめてはじめて、真に地方分権が機能する。地方分権推進委員会は、その『第一次勧告』(一九九六年一二月)の『分権型社会の創造』のなかで「中央集権型の行財政システムは、わが国の国と地方公共団体との関係の隅々まで広く及んでおり、これを改革するために検討すべき課題もまた広くかつ複雑である。今次の勧告は、まず、中央集権型行政システムの象徴ともいわれてきた機関委任事務制度の廃止と新しい事務の区分、及び分権型社会にふさわしい国と地方の関係についての新たなルールの創設及び

コラム　地方公共団体間の新しい関係

地方分権は、国と地方公共団体との間の関係を従来とまったく異なるものに変えることが期待されるが、地方公共団体の間、特に都道府県と市町村との間にも新しい関係が望まれる。地方分権推進委員会は、こう述べている。

　機関委任事務制度を廃止し、国と地方公共団体との関係を対等・協力の関係とすることとあわせて、都道府県と市町村の新しい関係についても、基礎的地方公共団体としての市町村と広域的地方公共団体としての都道府県というそれぞれの性格に応じた相互の役割分担を明確にし、新たな視点で対等・協力の関係を築いていくという方向で引き続き検討する必要がある。

　特に、これまで、都道府県知事が国の機関として市町村に対し許認可や指導監督を行なうこと等が多かったが、今後においては、都道府県の市町村に対する関与は最小限のものとし、都道府県は、広域地方公共団体としての本来の役割を重点的に果たしていくこととすべきである。

　地方分権推進委員会『第一次勧告——分権型社会の創造』一九九六年一二月

これらの考え方にそった主要な行政分野における改革のあり方について具体的な指針を示そうとする」と言う。すなわち、真の地方分権のためには、わが国の現状からすると機関委任事務制度の廃止と、国と地方との関係の維持・展開のための新たなルールを創設すべきであるという。

機関委任事務制度の廃止

地方分権推進委員会が記述している「中央集権型行政システムの象徴ともいわれてきた機関委任事務制度」とはなにか。地方分権一括法の成立により地方自治法が改正され、機関委任事務制度は廃止されたが（二〇〇〇年四月一日）、元来、この制度は一八八八（明治二一）年に制定された「市制町村制」以来連綿として続いてきたものである。すなわち、機関委任事務とは地方公共団体の長（知事・市町村長等）その他の機関に対して国または他の地方公共団体等から法律またはこれに基づく政令により委任された事務である。委任された地方公共団体の長は、あたかも国の機関として、主務大臣の包括的な指揮監督を受けてそれらの国の事務を処理しなければならないのである。これが、機関委任事務制度である。例えば、戸籍・住民登録に関する事務、外国人登録に関する事務、統計調査に関する事務、災害救助に関する事務、自衛官の募集等に関する事務、国会議員の選挙に関する事務などは機関委任事務とされていたものである。こうした機関委任事務は、地方自治法（別表）に法律単位で掲げられている項目では五六一（うち都道府県三七九、市町村一八二）にも及んでいて、都道府県が処理する事務の七～八割、市町村のそれの三～四割を占めるに及んでいた。都道府県にしろ、市町村にしろ、それらの独自の自治事務等とは別に、機関委任事務という国等の事務を大量に処理しなければならないことには、いろいろな影響を派生していた。地方分権推進委員会『第一次勧告』は、「機関委任事務制度は、住民による選挙で選ばれた知事や市町村長を、国の下部機関をみて、国の事務を委任し、執行させる仕組みであることから、次のような様々な弊害が生じている」として、次の五つを列記している。

①主務大臣が包括的かつ権力的な指揮監督権をもつことにより、国と地方公共団体とを上下・主従の関係に置いている。
②知事、市町村長に、地方公共団体の代表者としての役割と国の地方行政機関としての役割の二重の役割を負わせていることから、地方公共団体の代表者としての役割に徹しきれない。
③国と地方公共団体との間で行政責任の所在が不明確になり、住民にわかりにくいだけでなく、地域の行政に住民の意向を十分に反映させることもできない。
④機関委任事務の執行について、国が一般的な指揮監督権に基づいて瑣末な関与を行うことにより、地方

公共団体は、地域の実情に即して裁量的判断をする余地が狭くなっているだけでなく、国との間で報告、協議、申請、許認可、承認等の事務を負担することとなり、多大な時間とコストの浪費を強いられている。

⑤機関委任事務制度により、都道府県知事が各省庁に代って縦割りで市町村長を広く指揮監督する結果、国・都道府県・市町村の縦割りの上下・主従関係による硬直的な行政システムが全国画一的に構築され、地域における総合行政の妨げとなっている。

こうした弊害を無くすために、機関委任事務制度が廃止されたわけだが、それに伴なって地方公共団体の事務は、自治事務と法定受託事務とに区分された。前者には法律に定めのない事務と、法律に定めのある事務であってその実施が地方公共団体に義務づけられているものと任意のものとがある。後者は、事務の性質上、その実施が国の義務に属し国の行政機関が直接執行すべきではあるが、国民の利便性や事務処理の効率性の観点から、法律やこれに基づく政令の規定により地方公共団体が受託して行うこととされる事務である。従来の機関委任事務が廃止されて、こうした自治事務と法定受託事務とに振り分けられたものが多く、少なくとも理論上は国の機関として国の事務を処理することによる多様な問題は少なくなったと言えよう。[12] 一方、「分権型社会にふさわしい国と地方の関係についての新たなルール」が必要である。そのため、国がこれまで地方公共団体にかかわってきた関与の仕方が問題とされた。

国の関与の是正

ここで国の関与とは、地方公共団体が事務を執行するに当たって、国の行政機関が全国的統一、広域的調整、行政事務の適正な執行を図るなどの目的で法律、政令、省令に基づき、個別具体的に地方公共団体の行政に関与することを意味する。[13] したがって、関与には多種多様な方式がとられてきた。東京都による調査では、権力的関与と非権力的関与に区分できるとして、「権力的関与」とは地方公共団体が事務を行うに当たり国の行政機関が許可、認可、承認等を求め、または措置命令、指示あるいは取消を発し、もしくは監査、検査、指揮監督を行うことである。これに対して、「非権力的関与」とは国の行政機関が届出、報告、提出を求め、または勧告、助言、通知を行い、もしくは協議を求めることである、としている。[14]

ちなみに、東京都における国の関与の実態の一部分を示したものが図表序－1および図表序－2である。これらによると、東京都への国の関与の数は一、二七二に及び、それらの関与を受けている事務は八一二を数える。実に大量の関与がなされていることがわかる。こうした状況が、ひとり東京都の場合のみでなく、わが国全体の国と地方公共団体との間に、都道府県と市町村に程度の差はあれ広く形成されていることは言うまでもない。分権型行政システムのための新たなルールとして、この状況を是正しなくてはならない。

新たに区分された地方公共団体の事務である自治事務と法定受託事務の双方に、国の関与は及ぶが、地方分権推進委員会は早くより『第一次勧告』において国の関与の一般原則を提示した。すなわち、(1)法定主義の原則——国の関与の根拠および態様は、法律または、これに基づく政令で定めなければならない。(2)一般法主義の原則——国の関与の基本類型は、国と地方公共団体との関係のルールに関する一般法（以下、「一般ルール法」という）に定めることとし、個別の事務に対する国の関与は、原則として、その類型のなかから、当該事務に関する法律またはこれに基づ

図表序-1　東京都における中央省庁の関与の数等

局　名	事務の数	関与の数	根拠法令の数	
			一局に適用	複数局に適用
総務局	103	226	50	(10)
財務局	19	20	2	(3)
主税局	22	27	2	(2)
生活文化局	7	17	9	—
都市計画局	76	119	10	(5)
環境保全局	19	29	8	—
福祉局	18	27	12	—
衛生局	70	83	28	—
労働経済局	208	246	71	(3)
中央卸売市場	16	22	1	—
住宅局	38	41	7	—
多摩都市整備本部	11	13	3	(1)
建設局	56	124	17	(6)
港湾局	41	50	3	(4)
清掃局	8	8	3	—
水道局	1	1	—	(1)
下水道局	11	12	1	(3)
教育庁	46	147	22	(4)
選挙管理委員会	15	20	3	(2)
地方労働委員会	7	8	1	(1)
警視庁	18	29	10	(2)
消防庁	2	3	2	—
計	812	1,272	265	20
			285	

「根拠法令の数」欄の（　）内は，複数局に適用される20法令の局別数である。
出典：東京都企画審議室・東京都職員研修所『国の関与を受けている事務調査及び必置規制等に関する調査報告書』（1995年）による。

図表序－2　東京都における中央省庁の関与の数

局名	主管省庁（関与の数）	計
総務局	自治省(66)　総務庁(61)　通商産業省(18)　国土庁(18)　法務省(12)　防衛庁(3)　大蔵省(3)　他の省庁(7)　共管(31)　その他(7)	226
財務局	建設省(14)　自治省(6)	20
主税局	自治省(24)　大蔵省(2)　法務省(1)	27
生活文化局	通商産業省(3)　農林水産省(3)　総務庁(2)　公正取引委員会(1)　外務省(1)　運輸省(1)　共管(6)	17
都市計画局	建設省(68)　国土庁(24)　運輸省(2)　法務省(1)　農林水産省(1)　自治省(1)　共管(22)	119
環境保全局	環境庁(22)　運輸省(3)　公害等調整委員会(3)　建設省(1)	29
福祉局	厚生省(27)	27
衛生局	厚生省(71)　労働省(4)　公正取引委員会(3)　環境庁(2)　通商産業省(2)　法務省(1)	83
労働経済局	農林水産省(137)　労働省(52)　環境庁(15)　通商産業省(14)　法務省(8)　公正取引委員会(4)　他の省庁(6)　共管(10)	246
中央卸売市場	農林水産省(22)	22
住宅局	建設省(40)　自治省(1)	41
多摩都市整備本部	建設省(11)　法務省(2)	13
建設局	建設省(80)　環境庁(16)　法務省(2)　郵政省(2)　農林水産省(1)　自治省(1)　共管(22)	124
港湾局	運輸省(19)　農林水産省(18)　自治省(3)　総務庁(1)　共管(9)	50
清掃局	厚生省(6)　共管(2)	8
水道局	自治省(1)	1
下水道局	建設省(7)　厚生省(2)　自治省(2)　共管(1)	12
教育庁	文部省(140)　大蔵省(4)　総務庁(1)　共管(2)	147
選挙管理委員会	自治省(19)　共管(1)	20
地方労働委員会	労働省(8)	8
警視庁	警察庁(19)　運輸省(6)　法務省(2)　建設省(1)　共管(1)	29
消防庁	運輸省(1)　建設省(1)　自治省(1)	3
計		1,272

「共管」とは，所管省庁が複数にまたがるもの，「その他」とは，関与に関する一般通則，一般訓示規程等，諸管省庁が特定されないものである。
出典：図表序－1に同じ。

く政令で、その必要に応じ、定めるものとする。なお、技術的助言・勧告、報告徴収、是正措置要求（法定受託事務にかかる是正措置を講ずべき旨の指示を含む）については、直接一般ルール法に基づき行うことができるものとする。(3)公正・透明の原則――国の関与の手続等については、一般ルール法に定めるところにより、原則として、書面によることや審査基準、標準処理期間を設定することなど、公正と透明性を確保するものとする。この勧告を受けて、地方自治法がほぼ同勧告に近い内容で改正された。国による地方公共団体に対する関与の一般原則などからしても、従来のような国の後見人的立場や態度があってはならず、地方自治法の改正による国の関与のあり方は、特に顕著であった都道府県に対する「従来のような支配観を戒めるものとして銘記しておく必要がある」[15]と言われる。

国と地方公共団体の関係を対等・協力のそれへと転換して分権型行政システムを確立し、地方分権推進委員会の提唱する「分権型社会の創造」を実現する努力は、ようやくにして注がれたばかりである。明治期の地方制度創設以来一二〇年を閲した今日、その制度の外形的・法制的な改革以上に重要なことは、分権型社会のメリットについての国民の認識と、そのための国・地方を通じる行政のあり方を審議検討する掌に当たる者の意識の抜本的な改革であろう。地方分権下の国・地方関係の転換に際して、行政が広い領域において先導的役割を果たさなければならないのは、まさにそのためである。

6　おわりに

以上は、既にふれておいたごとく本シリーズ第三巻たる『現代日本の行政と地方自治』の内容にかかわる若干の分野について編者の考え方の概略を述べたものである。紙幅の関係もあって十分に説明をなしえず、また、言及していない分野もある。読者諸氏には、なによりも本巻に配置されている各論文を一読して頂きたい。

ところで、本巻では今日の国家行政と地方行政の枢要な問題につき論究したが、残された問題や分野が多々あることは言うまでもない。国際行政の動向、大都市制度（政令指定都市制度）の改革、市町村合併、自治特区構想(16)、東京都制と特別区改革(17)などが思い浮かぶ。二〇〇二年一〇月の第一五五回臨時国会の冒頭に行われた小泉首相の所信表明演説で公にされた「構造改革特区」なる日本経済活性化方策は、教育、農業、福祉、医療、研究改発、環境、新エネルギー等の分野に適用しようとするものである。現に、各地において「構造改革特区」への試みが見られる。この考え方は、小泉首相の演説によると、「日本経済を活性化させる大きな柱として、構造改革特区を実現します。規制は全国一律という発想を、地方の特性に応じた規制にします」というものであるが、「まちづくり」について特区を構想したのが北海道ニセコ町である。「ニセコ町まちづくり基本条例」がそれであって、いわば自治特区構想である。町独自のまちづくりによって、市町村合併に対処しようとするものであり、「合併によって、豊かな自治が将来にわたって引き継がれ、発展するような新たな自治の仕組みが必要となってきている」との考えのもとに、自治特区構想が登場することとなったのである。地方行政の現実においては、こうした動向さえ徐々に見られる状況がある。

他方、首都東京の行政課題がある。

世界にその中枢都市機能の影響を及ぼすまでに致った巨大化・膨大化した首都東京は、中枢都市機能の移転をめぐる問題以外にも多種多様な問題を抱えている。それは、都市としての構造の問題、各種機能の過重問題、さらには陳腐化した制度の問題など社会、経済、文化、産業、行政等に直接・間接に、しかもそれらの多くは東京以外の他の地方公共団体にも関連する課題となっている。これらのなかの一つに、東京都と特別区との関係のあり方についての問題がある。東京は二三の特別地方公共団体としての特別区とその他の地方公共団体から構成される都制を採っている。現在、特別区の一つである千代田区の千代田市構想が浮上してきている。都区制度改革検討の長い歴史のなかでの現象といえよう。千代田市が誕生すれば、これに続く動きも生じてこよう。現状においては、人口規模でも所掌する事務事業の面でも、普通地方公共団体としての資格要件および実態上のそれを充足している特別区が多数存在する。今後、都と特別区の関係を如何ように規定仕直すかが、不可避的な課題として迫るであろう。一九六九(昭和四四)年一月から三カ月間東京都政について実地調査して、その報告書を東京都に提出したロンドン大学名誉教授ウイリアム・ロブソン(William A. Robson)は、「世界の大都市はいずれも最も困難な問題に直面しており、都市が大きければ大きいほど、その住民の生活条件も良くなるとはもはやいえないということは事実が示すところである。この事実に気付くのが遅かったために、ロンドン、パリ、モスクワ、バーミンガム、レニングラード、ワルシャワなどの多くの都市の発達に制約が加えられた。住宅・交通・社会福祉・水供給・下水、塵芥処理等の諸問題は、大都市の規模の大きさばかりでなく、そのぼう張の度合いに左右されてきびしくなる。その点から、東京都はぼう大な人口に加えて、他に例をみないその高い増加率という二重のハンディキャップを背負ってもがいている」と分析している。[18] この引用文に続いて、わが国の中央政府と国会が確固たる都市政策と東京都が直面する緊急な問題の処理に本気で努力していないとロブソン教授は述べているが、それに加えて婉曲に都区制度のあり方を改革すべきことを示唆したものと受けとめるべきであろう。

二一世紀は、行政課題に対して本格的に的確な対応が望まれる時代なのである。したがって、行政の研究自体の一層の活性化を要望するものである。

注

(1) 新公共経営理論については、かなりの数の研究文献があるが、ここでは差し当たり初期のものを指摘しておきたい。Peter Aucoin, Administrative Reform in Public Management, *Governance* 3 (2), 1990. Christopher Hood, *Explaining Economic Policy Reversals*, Open University Press, 1994. Ewan Ferlie et al., *The New Public Management in Action*, Oxford University Press, 1996. なお、わが国における新公共経営理論の論議についてはいろいろ見られるが、よく整理された著書・論文には次のものがある。大住荘四郎『ニュー・パブリック・マネジメント――理念・ビジョン・戦略』(日本評論社、一九九九年)、および稲継裕昭「NPMと日本への浸透」村松岐夫・稲継裕昭編著『包括的地方自治ガバナンス改革』(東洋経済新報社、二〇〇三年)二一一頁以下。

(2) 行政改革会議事務局OB会編『二一世紀の日本の行政』(行政管理研究センター、一九九八年)より引用。以下、同書よりの本章における引用は、逐一注記しない。

(3) 東京都における情報公開制度のあり方に関する懇談会『情報公開制度の新たな展開のための提言』(一九

九八年）第一章参照。

（4）本田弘『情報公開制度論——地方行政における公開システム』（北樹出版、一九八八年）一五〜二六頁。

（5）福島康仁「行政評価」本田弘・下條美智彦編『地方分権下の地方自治』（公人社、二〇〇二年）一一八頁。

（6）Simon, Herbert & Ridley, Clarence, *Measuring Municipal Activities ; A Survey of Suggested Criteria for Appraising Administration*, The International City Managers' Association, 2nd. ed., 1943, Chap., 1. 本田弘訳『行政評価の基準——自治体活動の測定』（北樹出版、一九九九年）二七〜二八頁。

（7）Ewan Ferlie et al., *op. cit.*, chap., 8. なお、行政評価のための測定基準についてではないが、「住民に対する政策評価情報の効果的な提供方法と住民等からのフィードバック情報の把握のあり方について検討した」興味深い研究がある。林健一「政策評価情報の効果的方法のあり方についての検討——フォーカスグループからの意思決定情報把握の試み」会計検査研究三二号（二〇〇五年）参照。

（8）比較的わかりやすい規模や範囲を求めると、地方公共団体レベルでの改革が参考になろう。ここでは、差当たり東京都議会議会局『ニュージーランドの地方自治事情』（東京都議会議会局調査部国際課、一九九八年）と久保田治郎「オーストラリアにおける行政・経済改革の動向と課題——「バナナ共和国」から行革先進国への道程(上)(下)」行政管理研究九二・九三（二〇〇〇年、二〇〇一年）を掲げておく。

（9）地方公共団体のＰＦＩの取り組み状況については、上田和男「地方自治体をめぐるＰＦＩの動き」国づくりと研修一〇四号（全国建設研修センター、二〇〇四年）が詳しい。

（10）ここで「実施機関」とは、市長、教育委員会、選挙管理委員会、人事委員会、監査委員、農業委員会、固定資産評価委員会、水道事業管理者をいう。『さいたま市パブリック・コメント制度要綱』（さいたま市、二〇〇三年）第二条の説明による。

（11）分権について、明確に論究した研究文献として、ここでは大阪大学大学院法学研究科『分権と自治』（大阪大学大学院法学研究科、二〇〇〇年）を掲げておく。

（12）成田頼明「機関委任事務廃止の意義——中間報告を終えて」および「機関委任事務の廃止とこれに伴う諸問題——地方分権推進委員会中間報告をめぐって」成田頼明『地方分権への道程』（良書普及会、一九九七年）を参照。
(13) 東京都企画審議室・東京都職員研修所『国の関与を受けている事務調査および必置規制等に関する調査報告書』（一九九五年）六頁。
(14) 東京都企画審議室・東京都職員研修所・前掲報告書（注13）一一頁。
(15) 大久保皓生「都道府県行政」本田弘・下條美智彦編『地方分権下の地方自治』（公人社、二〇〇二年）二三頁。
(16) 浅野一弘『現代地方自治の現状と課題』（同文舘出版、二〇〇四年）第七章および加藤紀孝「ニセコ町まちづくり基本条制策定への取り組み」月刊自治研四二巻一二号（二〇〇〇年）を参照されたい。
(17) 土岐寛『東京問題の政治学（第二版）』（日本評論社、二〇〇三年）および大坂健『首都移転論』（日本経済評論社、二〇〇二年）を参照されたい。
(18) ウイリアム・A・ロブソン『東京都政に関する第二次報告書』（東京都、一九六九年）参照。

第Ⅰ部　国家行政の改革動向

第1章　国と地方の政府間関係

石見　豊

1　はじめに

今日、わが国では、税財源をめぐる分権改革、いわゆる「三位一体の改革」が問題になっている。これは、分権改革の第二ステージ（ネクスト・ステップス）における最大の課題である。二〇〇〇（平成一二）年四月一日に地方自治法が抜本的に改正され、第一次分権改革が実現したが、それですべての問題が解決したわけではなく、さらなる国から地方への権限委譲や税財源の分権が、第二次分権改革の課題として残った。現在、後者の税財源の分権化について、「三位一体の改革」の名の下に論議が展開されているのである。

わが国では、明治以降今日まで、地方分権や国と地方の関係をめぐる問題は、常に政治行政上の重要な課題であった。本章では、その論議がとりわけ盛んに展開された戦後の時代を対象に、具体的にどのような論議が行われ、また、どのような点が制度改革に結びついたのかについて、歴史的に整理し検討するつもりである。(1)

コラム　住民投票が地方分権の〝鍵〟

わが国では、近年、市町村合併の是非を問う住民投票がしばしば行われている。ここで、紹介したいのは、英国における地方分権に関する住民投票についてである。英国では、一九九九年にスコットランド議会とウェールズ議会が設けられ、国（中央）から立法権を含む大幅な権限委譲が行われたが、これらの改革は、各地における住民投票を経るという改正手続きを経た結果であった。二〇〇〇年には、大ロンドン庁（Greater London Authority；GLA）という首都ロンドン全域を管轄する広域自治体が誕生したが、これも住民投票を経て設置された。しかし、住民投票の結果はどちらに出るか分からない。スコットランドやウェールズでも、かつて一九七九年に地域議会の設置を問う住民投票が実施されたが、この時は否決された。

実は昨年（二〇〇四年）一一月四日、イングランド内に地域議会を設置することの是非を問う住民投票が北東地域で行われた。スコットランド、ウェールズ、北アイルランドにそれぞれ地域議会が誕生し、残るはイングランドだけであったが、イングランドは広いため、八地域（プラスGLA）に分けて、それぞれ公選議会を設けることになった。その八地域の中でも議会設置の動きが最も盛り上がっている北東地域でまず住民投票が行われた。結果は、賛成二二％、反対七八％（投票率四八％）で否決された。理由は、地域議会に委譲される権限が小さく、地域議会を設置する意味がないという住民の選択であった。話は少しそれるが、EU憲法の批准を求める住民投票などを見ても、住民投票という改革手続きは労力と時間がかかる面倒なしくみである。しかしそれを経ることにより、住民の参加と選択を確保するところに住民自治の意味がある。英国の分権改革の進め方が全てモデルになるわけではないが、わが国で道州制を導入する際にはぜひ参考にしてほしい例である。

今、英国の分権改革の例を引き合いに出したが、英国は昔も今も国（中央）の権限が非常に強い国である。特に、八〇年代のサッチャー首相の頃からその集権性が強まった。例えば、サッチャーは、一九八六年に上記のGLAの前身である大ロンドン議会（Gerater London Council；GLC）を廃止した。また、九〇年には地方税制改革を強行して不評を買った。現在のブレア首相もその集権性を受け継いでいるが、一方で、住民に選択権を与えようと努めている。最近よく見られる住民投票はそうした意味を持つものなのである。

2　戦後分権論議と政府間関係の変遷

戦後改革の時代

ここでは、戦後における地方分権や政府間関係をめぐる論議や改革の動きについて、四つの時期に分けて検討する。[2] 九〇年代に入ってからの状況は、改めて次節で扱う。

わが国の政治・経済・社会・文化のしくみは、戦後改革によって全面的に改められたが、地方自治関係の改革としては、まず日本国憲法に第八章「地方自治」の章が設けられたこと、地方自治法が制定されたことが大きな動きと言える。戦前の大日本帝国憲法には、地方自治に関する章はもちろんのこと、地方自治の語さえ憲法上では見つけることができなかった。また、戦前は府県制、市制町村制、地方官官制など、地方団体や人事に関する法律が分立していた。それが戦後は地方自治法に一本化された。

具体的な地方制度改革は、二段階に分けて進められた。第一次地方制度改革は、日本国憲法や地方自治法の施行に先立って、一九四六（昭和二一）年七月の第九〇帝国議会に提案され、同年九月に成立し、翌一〇月から施行されたものである。主な内容としては、知事、市町村長の直接公選制の実現、二〇歳以上の男女の普通選挙制度の実現、条例制定や長・議員の解職請求などを含む直接請求制度の制定などが挙げられる。一方、第二次地方制度改革は、地方自治法の制定、知事の身分が公吏（地方公務員）に改められ、都道府県が完全自治体化したこと、警察や教育の分権化などが挙げられる。

この時期の最大の地方自治改革は、知事公選制をめぐる問題である。戦前の知事の選任方法は、官選（内務大臣の任命）であった。これを住民による直接選挙に改めるという問題である。この改革には、もう一つの問題が絡んでいた。それは知事の身分の問題である。つまり、戦前の官選知事の身分は、官吏であったが、戦後の公選知事の身分を官吏のままにするのか公吏（地方公務員）に改めるのかが問題になった。まず、第一の選任方法の問題については、当初、内務省は府県会の互選による間接選挙を想定していたが、ＧＨＱ（連合国最高司令官総司令部）はマッカーサー憲法草案において直接公選を明示した。また、第二の身分問題については、内務省は、公選制の導入後も、官吏のままにすることに固執した。それは、官吏のままであれば、官吏服務規律により公選知事をコントロールできると考えたからである。しかし、この点に関しても、ＧＨＱは強く反対し、公吏にせざるをえなかった。上記のように、地方制度改革が二段階に分けられたのは、このように二つの問題を含んでいたからである。第一次改革で公選制が導入され、第二次改革で身分問題が解決を見た。

そもそも戦前の府県は、今日のように完全自治体ではなく、国の総合地方出先機関の役割を担っていた。そこでは知事は、国の行政区画の長と地方団体の長という二重の性格を負っていた(3)。戦後改革により都道府県は完全自治体になった。それに伴い、従来知事が扱ってきた国政事務を処理するため、戦前は市町村を対象とした機関委任事務制度が都道府県にも拡大した。

逆コースの時代

一九四七（昭和二二）年三月の「トルーマン・ドクトリン」、朝鮮の南北分裂、東西対立の激化などの国際情勢の変化により、アメリカの対日政策は大きく転換した。アメリカは、日本経済を自立させ、極東における「全体主義（共産主義）」の防波堤とする方針をとった。そうしたアメリカの対日政策の転換を受け、占領期の民主的改革を見直す動きが出てきた。戦前体制への回帰という意味をこめて、逆コースの時代と呼ばれる。

地方自治制度についても逆コース的な改革が行われた。その代表は、自治体警察の再編と教育委員の公選制の廃止である。そもそも、戦前の警察や教育は、国（中央）が直接担っていたが、戦後改革の中で分権化・民主化された。警察制度については、一九四七（昭和二二）年一二月、第二回国会において警察法が可決され、市および人口五〇〇〇人以上の町村に自治体警察が置かれるようになった。その結果、警察行政の中心は市町村になった。一方、教育制度については、同年三月に教育基本法、学校教育法が公布され、六・三制が実施された。一九四八年四月には教育委員会法が制定され、教育委員の公選が行われるようになった。

しかしながら、自治体警察は市町村に財政的負担を強いることになった。また、警察行政の広域的性格から見ても、市町村の区域は狭すぎ効率的でなかった。そこで、一九五一（昭和二六）年六月、警察法が一部改正され、町村は住民投票により自治体警察を任意に廃止できることになった。その後、一九五四（昭和二九）年七月、警察法が全面的に改正され、自治体警察が廃止され、現行の都道府県警察が発足した。ただし、都道府県警察とは言うものの、警視正以上の幹部警察官（地方警務官）の任免権は、国家公安委員会（実質的には警察庁）が握っている。また、教育行政については、一九五六（昭和三一）年、地方教育行政法（地教行法）が制定され、教育委員の公選制を、首長による任命制に改めた。と言うのは、教育委員選挙の投票率は低く、無投票自治体が、市町村の三分の一を数える状況だったからである。さらに、都道府県教育委員会の教育長の任命承認権を文部大臣に、市町村の教育長の任命承認権を都道府県教育委員会に与えた。

以上のように、自治体警察にしても、教育委員公選制にしても、当時のわが国の実情に合わず、それをその後修正したという面は確かにあるが、国の統制が強化され、集権的な性格が強まったことは間違いない。その他、東京特別区の区長の選任方法が、区民による直接選挙から区議会による間接選挙になり、また、区が都の内部団体になった点も、逆コース的な地方制度改革と言える。しかしながら、この時期には、戦後分権化の路線を完成させようとする議論もあった。それがシャウプ勧告である。

シャウプ勧告とは、わが国の税制立直しのために来日したシャウプ使節団が提出した文書である。シャウプ使節団の本来の目的は、税制改革のための調査とその勧告であったが、税制改革のためには地方自治全般の改革が必要であり、そのため同勧告も地方自治全般に及ぶ改革提案としての内容を持つことになった。その要点は、次の三点である。①中央・府県・市町村間の事務の明確な区分、②事務の効率的執行の確保、③市町村優先の事務再配分。このうち最も重要なのは③であり、補完性の原則に基づいている。また、このシャウプ勧告を受けて、国（中央）と地方（自治体）の間の事務再配分を検討するために設けられたのが、地方行政調査委員会議（委員長神戸正雄、通称・神戸委員会）であり、それがまとめたのが神戸勧告である。ただし、シャウプ勧告や神戸勧告は実現することなく、実際には上記のような逆コース的（集権的）な地方制度改革が行われた。

コラム　地方事務官の廃止と地方警務官改革

第一次分権改革で廃止されたものに地方事務官制度がある。これは、一九九七年九月に提出された分権委の第三次勧告で提案され、その通り、廃止されたものである。戦後の都道府県の完全自治体化に伴い、都道府県にも機関委任事務が拡大した際、その執行を担う国家公務員を都道府県庁に配置したことに始まる制度である。当初は「当分の間」の暫定的な制度と考えられていたが、五〇年間にわたり継続した。この制度の問題点は、職務上の指揮監督権は知事が持つものの、任命権は国（主務大臣）に握られている点である。自動車の検査・登録、社会保険、職業安定・雇用保険の三事務があったが、第二臨調の提言を受けて、自動車の検査・登録事務は運輸大臣の直接執行事務となった。第三次勧告では、後者の二分野が対象になったが、これらも廃止され、厚生大臣と労働大臣の直接執行事務となった（現在は厚生労働大臣）。

残る地方事務官的なものに、都道府県警察本部で勤務する幹部警察官（地方警務官）がいる。本文でも記したように、各県警で採用された地方警察官は、警視正以上になると任免権が国家公安委員会（実質的には警察庁）に移る。これは、現行の警察制度が都道府県警察を基盤としながらも、実際には警察の一体性や全国警察を必要とする制度矛盾から運用されているものである。この点は、地方分権改革推進会議でも検討の対象になった。戦後警察も五〇年を迎えた今日、警察機能の再編・再検討が必要ではないか。つまり、実際に全国警察が必要ならそれは別組織にして、地域的な警察事務と区別し、それに対応した人事システムに改革するべきではないだろうか。

ちなみに、最近、わが国の治安は急速に悪化している。特に、従来は犯罪がほとんど見られなかった農村（非都市）地域での悪化が著しい。それは、ショッピング・センターや高速道路の建設などで地域構造が変化することによる通過型犯罪が増えているからである。近隣住民の緊密な連帯が、防犯の第一歩である。都市部でも、商店街の落書きなどが問題になっている。監視カメラの増加を目にするが、長期的にはあまり効果がないという声も聞く。わが国の警察には、交番という諸外国にはない優れたしくみがあるが、留守交番をよく見かける。このような治安状況の変化を踏まえた、国・県・市町村間の警察組織と機能の再編が必要と言える。地方警務官制度の改革やそれに向けた論議は、人事面からの一つの具体的な取り組みと言える。

高度成長の時代

一九五〇年代半ばから七〇年代初めまで、わが国の経済は急速に成長した。一九五六(昭和三一)年の経済白書は「もはや戦後ではない」と宣言した。この時期は、多くの大規模改発が行われた。東海道新幹線や東名名神高速道路の建設、東京オリンピックや大阪での万国博覧会の開催などがその一例である。こうした大規模開発の推進を理由に、国(中央)は地方(自治体)の持つ権限を取り上げていった。具体的には、道路法や河川法が改正され、知事が有した権限が国に吸い上げられた。また、国の地方出先機関や特殊法人が濫設され、国(中央)が直接事務事業を担う体制が整備された。これらの動きは、逆コース期のように制度改革を通じた集権化ではなく、制度運用[4]による集権化であり「新中央集権[5]」と呼ばれた。

首相の諮問を受けて地方制度全般について検討する審議会に地方制度調査会がある。第九次から第一二次までの地方制度調査会では、事務再配分や財源再配分が盛んに論じられたが、その中で「機能分担」という概念が登場した。これは、シャウプ勧告や神戸勧告のような分離型自治を前提とした「事務配分」ではなく、国・地方間の協力・協同を前提にした文字通り機能の分担である[6]。その背景には、高度成長による行政事務の急速な増加があり、その対応策として国・地方間の協力が求められたのであった。

高度成長の時代も後半に入ると、経済成長のマイナス面が目立つようになった。公害、交通事故の増加、住宅不足、過疎過密の進展などがそれである。こうした問題に対して、全国の各地で住民運動が展開されるようになった。元来、わが国の住民は、政治の場に直接かかわることが少なかったが、経済成長のデメリットは、住民の生活に直接かかわる問題であり、開発志向の強い首長や地方議会には任せておけない問題であった。

また、それと連動して革新自治体が各地で誕生した。革新自治体とは、社会党や共産党などの支援を受けた候補者が、首長を務める自治体である。一九六三（昭和三八）年には、社会党の飛鳥田一雄が横浜市長に当選し、一九六七（昭和四二）年には、東京教育大学教授の美濃部亮吉が東京都知事に当選した。七〇年代半ばには、人口の四割以上が革新自治体において生活するという状況であった。

革新自治体では、次の三つの先進的な政策的試みが行われた。①公害防止のために国の基準より厳しい規制を課す条例を自治体が制定する動き（「上乗せ・横出し」条例）、②乱開発を抑制するための首長による行政指導の展開（「権限なき行政」）、③市民参加による計画行政の推進の三つである。[7] 革新自治体の政策手法は、住民との対話や住民参加を重視し、生活や福祉に重点を置いた政策が多かった。老人医療費の無料化などのように、国に先駆けて取り組み、それがその後、国の政策として取り上げられたものもあった。これらの革新自治体の政策の背景となった考え方が、松下圭一が提唱したシビル・ミニマムの思想である。シビル・ミニマムとは、市民ないし自治体による政策基準の自主設定という意味である。

この高度成長の時代は、国と地方の政府間関係にとってきわめて興味深い時代と言える。前半期は、国と地方間の捉え方が、それまでの「分離型」から「融合型」[8] に変化した。また後半期には、政府間関係とは異なる市民自治の視点からの運動や政策、論議が見られた。

行政改革の時代

高度成長の時代は、石油ショックにより完全に終焉した。それにもかかわらず、政治の開発志向は止まらず、多くの公共事業が継続して進められた。その結果、国家財政は危機的な状況を迎えた。それへの対策、つまり財政再建を検討するため、一九八一（昭和五六）年、第二次臨時行政調査会（第二臨調）が設けられた。この第二臨調おいて、国と地方の関係について検討された。基本的には、機能分担論的な考え方に基づいて検討が行われた。また、第五次答申では、地方事務官、補助金、機関委任事務、国の関与・必置規制の整理合理化などについて提案した。これらは、その後の地方分権推進委員会の審議や勧告、またそれに基づく第一次分権改革の要点とほぼ同じであり、九〇年代後半に進展した分権改革の項目が、この時期に論議されていたと言える。

第二臨調に続く第一次行革審では、機関委任事務制度について論じられ、第二次行革審では、都道府県連合や市町村連合、地方中核都市の設置を提案した。第三次行革審では、パイロット自治体制度を提案するとともに、「官から民へ」（規制緩和）、「国から地方へ」（地方分権）の方針を提案した。

これらの論議の背景にあるのは、国の財政再建であり、国の負担を軽減するという「効率性」の思想である。そこで、地方分権に名を借りた国の負担軽減をねらいとした事務権限の委譲の例としては、一九八六（昭和六一）年に行われた機関委任事務の「団体事務化」が挙げられる。また、一九九〇（平成二）年の福祉八法改正時の高率補助金の削減も、国の財政負担の地方転嫁というねらいがあると言われている。さらに、これらの事務権限の委譲によって、地方（自治体）の自律性が向上することはなく、負担が増しただけで、このような状況を指して「新々中央集権」や「統制のとれた分権」という批判の声がある。[9]

その一方で、この時代、地方の個性や独自性を推進しようという動きが見られた。「地方の時代」というキャッチフレーズで呼ばれた。その具体的な動きとして、次の三点を挙げることができる。①一九八七（昭和六二）年の総合保養地域整備法（リゾート法）の制定である。これは、全国各地へのリゾート開発を推進するための法律である。②同年の第四次全国総合開発計画が基本目標として「多極分散型国土の形成」を掲げたことである。③さらに同年、竹下内閣が「ふるさと創生一億円事業」を打ち出したことである。これらの動きでは、「地方」や「地域」がキーワードとなった。

「地方の時代」は、七〇年代後半から、地方（自治体）側から提唱されたテーマであった。横浜市では、「一万人市民集会」を開催して、市民参加（住民自治）を中心とした「地方の時代」のあり方について検討していた。また、首都圏地方自治研究会は、一九七八年に「地方の時代」シンポジウムを開催し、市民参加や地域社会・文化、地域経済などのテーマについて論議した。さらに、大分県では、一九七九年から平松守彦知事（当時）が、「一村一品運動」を展開し、地元産品を全国にアピールするタイプの「村おこし」運動を展開した。八〇年代の「地方の時代」と、これら七〇年代からの運動の関係はどうなっているのか。上記のように、国・地方関係として「新々中央集権」や「統制のとれた地方分権」が進められた八〇年代の現実を考えると、七〇年代の地方（自治体）中心の運動と八〇年代の国（中央）が提唱したものとを同列に論じることはできないように思われる。八〇年代の「地方の時代」は、まさに国（中央）によるスローガンとしての性格が強いと言える。

そこで、本節の内容をまとめておきたい。戦後改革から行政改革に至る時代に展開された、国と地方の政府間関係の変遷などを全体として見ると、次の三つの特徴を指摘することができる。①中央地方関係が集権的か分権的かという点で見ると、戦後改革の時代を別にして、逆コース、高度成長、行政改革の時代とともに集権化に向けて徐々にその傾向が強まってきたようである。ただし、逆コース期が制度改革を伴う集権化であったのに対して、高度成長や行政改革の時代は、制度運用を通じた集権化であったという違いが見られた。②これまでにもしばしば指摘されてきたことではあるが、逆コースと高度成長の時代を境に、国と地方の捉え方が分離型から融合型へ変化した。機能分担論の登場が融合型への転換を表しており、シャウプ勧告に代表される分離型的な自治観に取って代わられた。③同じく、逆コースと高度成長の時代を境に、分権のねらい(目的)とするものが、民主化から効率性に大きく変化したと言える。戦後改革や逆コースの時代の知事公選制やシャウプ勧告では、分権が民主化と結びついて論じられたが、高度成長や行政改革の時代の機能分担や「地方の時代」は、効率性を目的としていると言うのは言い過ぎであるが、社会経済状況の影響を受けて、効率性が背景となっているのは間違いないだろう。

3　分権改革と今後の政府間関係の課題

九〇年代の分権論議と第一次分権改革

さて、八〇年代までの国と地方の関係は上記のような状況であったが、九〇年代にはどのような展開が見られたのだろうか。九〇年代前半には、地方分権をめぐるさまざまな論議が展開された。自民党長期支配の終焉後誕生した細川連立内閣は、「規制緩和」と「地方分権」を政権の看板として掲げた。また、一九九三（平成五）年六月、国会衆参両院は地方分権推進を決議した。国会が両院でこのような決議をするのは初めてのことであった。さらに、九四年一二月には内閣が地方分権大綱をまとめた。

しかし、これらの分権をめぐる論議はスムースに展開されたわけではない。その混乱の原因の一つは、分権の受け皿論、つまり地方制度改革が論じられ、多種多様な受け皿論が登場したからであった。廃県置藩論や連邦制論、道州制論や府県連合案、第二政令市構想などがそれである。この受け皿論について論じ始めると、分権の中身に関する論議がなかなか進まないので、受け皿論（地方制度改革）については、きわめて限られた内容に止められた。それが、パイロット自治体、広域連合、中核市の創設と言った地方制度改革であった。パイロット自治体（地方分権特例制度）はスウェーデンの「フリー・コミューン実験」をモデルにしたものであり、国（中央各省）が自治体からの申し出を認めると、その事務権限が自治体に移管されるしくみである。画期的な制度として期待は大きかったが、中央各省の報復を恐れて、申請する自治体は少なかった。広域連合は、第二三次地方制度調査会答申に基づいて創設された広域行政のしくみである。それまでも一部事務組合や複合事務組合などの広域行政のしくみはあったが、より強力な使い勝手のよいしくみとして広域連合制度が創られた。その後、介護保険の事務を扱うことを目的とした広域連合が多数設置された。最後に、中核市は、人口三〇万人以上の都市に政令指定都市より一回り小さな権限を移譲するしくみである。

分権論議がスムースに進まなかったもう一つの原因は、多様なアクターが思い思いの分権論を展開したからである。地方六団体、財界、政府審議会、マスコミ、学界は、それぞれ異なる立場とねらいから分権を論じた。辻山幸宣は、その様子を「不協和音に満ちた混声合唱」と表現した。また、それらの論議はいずれも住民を外に置いた論議であり、またそれを辻山は「聴衆なき演奏会」と批判した。[10] そこで、なかなか進まない分権改革を推進するため、まずそのプログラム（分権改革推進のための手続き）づくりに取り組んだのが、地方六団体、内閣行革本部、第二四次地方制度調査会であり、その検討結果の集大成が、上記の一九九四年一二月の内閣の地方分権大綱であった。

その地方分権大綱を下敷きにして、一九九五（平成七）年五月一五日、地方分権推進法が制定され、同年七月、同法に基づいて地方分権推進委員会（分権委）が設置された。この推進法の制定と分権委の設置以降が、九〇年代の後半期である。よく知られたことであるが、分権委は、分権推進の戦略として次の二つを考えた。「事務権限の委譲」と「国の関与の縮小・廃止」である。前者は、中央各省の強い反対が予想された。分権委は、実現可能性を重視したので、後者の戦略を採用した。分権委では、審議のまとまったテーマから、順次勧告を政府に提出した。勧告は全部で五次にわたったが、それらの勧告では、国の関与の縮減の基本戦略に基づいて、機関委任事務制度の廃止や必置規制の見直し、係争処理のしくみなどが創られた。

機関委任事務制度の廃止は、第一次分権改革の最大の目玉であった。従来の機関委任事務は、国の直轄事務になったものや事務自体が廃止されたものを除いて、自治事務と法定受託事務に分類された。分権委では当初、自治事務八割、法定受託事務二割への整理を目指していたが、結局六割対四割になった。従来の機関委任事務と法定受託事務はどこが異なるのか（図表1-1参照）。

図表1-1　機関委任事務と法定受託事務のちがい

	機関委任事務	法定受託事務
条例制定権	不可	法令に反しない限り可
地方議会の権限	• 検閲，検査権等は，自治令で定める一定の事務（国の安全，個人の秘密に係るもの並びに地方労働委員会及び収用委員会の権限に属するもの）は対象外 • 100条調査権の対象外	原則及ぶ （国の安全，個人の秘密に係るもの並びに地方労働委員会及び収用委員会の権限に属するものは対象外）
監査委員の権限	自治令で定める一定の事務は対象外	
行政不服審査	行政不服審査法に基づき，国等への審査請求が可	地方自治法・行政不服審査法に基づき，国等への審査請求が可
国等の関与	• 包括的指揮監督権 • 個別法に基づく関与	• 関与の新たなルール • その他個別法に基づく関与はできる限り設けない

出典：第28次地方制度調査会第25回専門小委員会配布資料1「道州と国・市町村の関係調整等の仕組み」，別紙資料2頁。

地方自治法では法定受託事務の性格を次のように定義している。「法律又はこれに基づく政令により都道府県、市町村又は特別区が処理することとされる事務のうち、国が本来果たすべき役割に係るものであって、国においてその適正な処理を特に確保する必要があるものとして法律又はこれに基づく政令に特に定めるもの」（自治法二条九項）。機関委任事務は国の事務であったが、法定受託事務は地方公共団体の事務として位置づけられた点が最も大きなちがいである。そしてその結果、法定受託事務では地方公共団体が条例を制定できるようになった。必置規制とは、国が地方公共団体の組織や職の設置を義務づけていることである。必置規制の見直しはあまり進まなかった。と言うのは、必置規制の廃止は、それにかかわる職員の身分保障の喪失を意味し、また行政サービスの低下と捉えられたからである。所管省庁側との交渉が難航し、結局廃止されなかった例としては、保健所長の医師資格問題がある。最後に、係争処理のしくみとは、国の関与に関して、国と地方公共団体の間に紛争が生じた場合に処理するしくみで、具体的には「国地方係争処理委員会」が設けられた。その前提として、機関委任事務制度の廃止に伴い、従来、所管の大臣が持っていた包括的指揮監督権は廃止され、新たな関与のルールが定められたことを記しておかなければならない。

このような内容を持つ第一次分権改革は、国と地方の政府間関係を制度的には根本的に変化させたと言ってもよいだろう。ただし、国や地方の公務員の意識や文化は、そう簡単に変わるものではない。また、第一次分権改革では積み残された問題も数多くあった。それらに取り組むのが第二次改革である。

第二次分権改革と今後の政府間関係

分権委は、任期終了直前の二〇〇一（平成一三）年六月一四日、最終報告を提出した。その中で、第二次、第三次改革の必要性を訴え、その課題として次の六点を掲げた。①地方財政秩序の再構築、②地方公共団体の事務に対する義務づけ・枠づけ等の緩和、③地方分権や市町村の合併の推進をふまえた新たな地方自治のしくみに関する検討、④事務事業の移譲、⑤制度規制の緩和と住民自治の拡充方策、⑥「地方自治の本旨」の具体化の六点である。分権委の後継機関として、これらの課題を検討するために設けられたのが地方分権改革推進会議（分権会議）であった。

分権会議では、まず、事務事業の移譲について検討した。上記のように、第一次分権改革では、困難が予想された「事務権限の委譲」戦略は避けたが、橋本総理の要請により、第五次勧告では、国から地方への権限委譲の問題に踏み込んだ。予想通り、中央各省の抵抗が強く、目立った成果を挙げることができなかった。分権会議は、二〇〇二（平成一四）年一〇月三〇日、事務・事業見直しに関する最終報告を提出した。そこでは、社会保障、教育・文化、公共事業、産業振興、公安の五分野にわたって、見直し方針が示された。権限委譲と連動して焦点となっていた補助金の廃止・縮減は限定的なものにとどまった。また国から地方への税源移譲の具体策も見送られた。

それらの先送りされた税財源の分権化の問題に取り組んだのが「三位一体の改革」である。元来、宗教用語で「神」を指すこの語が意味するのは、①補助金の縮減廃止、②地方交付税制度の改革、③国税と地方税の配分見直しの三つを、セットで一体的に改革することを意味している。ただし、分権会議の中には、「地方分権重視」と「行政改革重視」という二つの異なる考え方があった。前者は、国の財政事情とは関係なく、税財源の分権化を進めようとする考え方であり、後者は、分権化を行革の一環として捉え、歳出総額の削減という行革の目的を優先する考え方である。こうした考え方のちがいは、改革の進め方（改革手法）のちがいに表われた。つまり、前者は、上記の三点を同時にセットで改革することを主張したのに対し、後者は、③国税と地方税の配分見直しについては、国の財政再建を優先して、時期を遅らすべきと主張した[11]。

このような考え方や改革手法のちがいにより、分権会議は分裂してしまった。そこで、最終判断は政治の場に委ねられた。二〇〇三年六月、経済財政諮問会議は「経済財政と構造改革に関する基本方針（骨太の方針二〇〇三）」を決定した。そこでは、四兆円程度の補助金の廃止・縮減

（二〇〇六年度まで）や基幹税の移譲が盛り込まれた。また、二〇〇四年六月の「骨太の方針二〇〇四」では、国から地方に「三兆円規模」の税源移譲が明記され、その具体案づくりを地方自身に求めた。これに対して、地方六団体は、全国知事会を中心に、二〇〇六年度までに総額三・二兆円、一六一項目の補助金を廃止する案を小泉総理に提出した。これを受けて、政府と与党が決定した三位一体改革の「全体像」では、目標の三兆円に届かず、調整の困難な項目は先送りされた。その具体例が、義務教育費国庫負担制度の廃止問題である。この制度は、公立小中学校の教職員給与を国と都道府県で半分ずつ負担するしくみであるが、「全体像」では、中学校分の八五〇〇億円のみを補助金から地方税に移譲することを決めた。全国知事会は、小学校分も税源移譲することを求めているが、文科省、全国ＰＴＡ連合会、日教組などは地域間格差や平等性の観点から、義務教育は国が責任を持つべきであると主張し、補助金廃止（税源移譲）に反対している。

第二次分権改革のもう一つの課題は道州制問題である。第一次分権改革では、受け皿論を棚上げしたが、市町村合併の進捗と連動して、またその延長線上で都道府県の再編問題が論じられるようになった。こちらは、分権会議ではなく、第二七次地方制度調査会および第二八次地方制度調査会で検討された。現在、第二八次調査会による審議が進められているところであるが、二〇〇五年五月二七日の第二二回専門小委員会（学識経験者のみで構成）では、道州の基本的な制度設計について検討され、国と道州の役割分担や道州の区域案について検討された。また、六月二七日の第二四回専門小委員会では、道州と市町村の関係（事務配分）や道州の議決機関と執行機関などについて検討された。議決機関としての議会は、道州の住民による直接選挙としている。執行機関は道州住民の直接選挙による公選制の知事を考えているが、議院内閣制の可能性も残して

図表1－2　道州の区域例

パターン（構成団体数）	単　　　位
パターン1（9団体）	北海道，東北，東京，関東甲信越，中部，近畿，中国・四国，九州，沖縄
パターン2（10団体）	北海道，東北，東京，関東甲信越，中部，近畿，中国，四国，九州，沖縄
パターン3（10団体）	北海道，東北，東京，北関東，南関東，中部，近畿，中国・四国，九州，沖縄
パターン4（11団体）	北海道，東北，東京，関東，北陸，東海，近畿，中国，四国，九州，沖縄
パターン5（12団体）	北海道，東北，東京，北関東，南関東，北陸，東海，近畿，中国，四国，九州，沖縄
パターン6（13団体）	北海道，東北，東京，北関東，南関東，北陸，東海，近畿，中国，四国，北九州，南九州，沖縄
パターン7（14団体）	北海道，北東北，南東北，東京，北関東，南関東，北陸，東海，近畿，中国，四国，北九州，南九州，沖縄

出典：第28次地方制度調査会第25回専門小委員会配布資料2「道州の区域例の検証について」2－8頁を基に作成。

いる。さらに、七月二二日の第二五回小委員会では、道州と国・市町村の関係調整などのしくみや道州の区域例（図表1－2参照）について比較検討を行っている。(12)

この道州制問題は、古くから論じられてきた問題である。戦前には、田中義一内閣が「州庁設置案」をまとめたが実現されることはなかった。戦後の第四次地方制度調査会では、道州制案（地方制案）と府県統合案（県案）が対立し、激論の末、僅差で道州制案が多数案となったが、これも実現することはなかった。高度成長期には、地方の総合開発を推進するねらいから、財界を中心に道州制を提案した。ただし、この時期の案では、府県は存置し、また、道州の長は官選ではなく、道州を自治体として位置づけるという点が、それまでの案と異なった。行政改革期の三次にわたる行革審の論議などでは、道州制と府県連合の二案が提案された。また、大分、岡山、島根などの県知事が、独自の道州制案や連邦制案を積極的に提案した。今回の道州制論議がどのように決着するかは現段階では分からないが、道州制論は戦後一貫して見られた国と地方の政府間関係をめぐる制度改革論議の一つの事例であると捉えることができる。

4 おわりに

小論は、戦後わが国の国と地方の政府間関係の変遷を、特にどのような論議が行われ、どのような点が制度改革と結びついたのかという関心に立って概観してきた。最後にこの点に立ち返って、全体のまとめを試みたい。まず、どのような論議が行われてきたかという点についてであるが、地方分権をめぐる論議では、国の関与の縮減や権限委譲を中心とした「行政的分権」のみで、立法権の移譲を含む「政治的分権」に関する論議は見られなかった。また、国と地方の関係がまさに、国と地方の間だけで論議され、住民の視点や住民に関する論議がほとんど見られなかった。高度成長後期に論じられたシビル・ミニマムの思想などは例外的なものであった。この点が「官官分権」と批判される点であり、一般市民の間で分権論議が盛り上がらない理由でもある。次にどのような点が制度改革と結びついたのかという点について考えたい。戦後展開されてきた分権論議は、九〇年代後半の第一次分権改革によって制度改革として実現を見たが、これはやはり長年の論議の蓄積が制度改革に結びついたと言える。第一次分権改革では、実現可能性を重視したが、分権や政府間関係は、相手のある話であり、理想に走り過ぎず、社会経済状況などを踏まえた現実的な視点に立ったことが成功の理由であった。またそれは、高度成長の時代の機能分担論の登場以降見られた国と地方の関係の捉え方（融合論）の影響を受けている。

最後に、国と地方の政府間関係や分権改革の今後の課題であるが、やはり市民の視点を入れ、市民を論議の中に巻き込んでいくことが必要であろう。最近、ガバナンスという言葉がよく用いられるが、政府間関係や分権改革にもガバナンスが必要である。また、制度改革を、それに携わる関係者たちの文化・意識面の改革につなげていかなければならない。国も変わらなければならないし、地方も変わらなければならない。首長や職員（行政）も変わらなければならないし、地方議会（政治）も変わらなければならない。さらに、上記の二つの課題、つまり市民を巻き込みガバナンスの視点から政府間関係を捉え、文化・意識面の分権化を実現していくためには、地方議会の果たす役割が最も重要と言える。

注

（1）本章は、石見豊『戦後日本の地方分権――その論議を中心に』（北樹出版、二〇〇四年）、および、土岐寛・平石正美・石見豊『地方自治と政策展開』（北樹出版、二〇〇三年）の第六章と第七章の内容と部分的に重複していることをお断りしておきたい。また、本章は紙幅の面で制限があり、説明が不十分なところがあるので、それらの論稿を併せてご参照頂ければ幸いである。

（2）戦後の中央地方関係や分権をめぐる変遷を扱ったものには多くの先行研究がある。本章では主に次のものを参考している。鳴海正泰『地方分権の思想』（学陽書房、一九九四年）。沼田良『地方分権改革』（公人社、一九九四年）。

(3) 高木鉦作「知事公選制と中央統制」渓内謙ほか編『現代行政と官僚制 下巻』（東京大学出版会、一九七四年）二六〇～二六一頁参照。

(4) 制度運用という表現は、大杉覚「行政改革と地方制度改革」西尾勝・村松岐夫編『講座行政学第二巻 制度と構造』（有斐閣、一九九四年）二九六頁を参考にしている。

(5) 新藤宗幸『行政改革と現代政治』（岩波書店、一九八六年）三〇～三一頁参照。

(6) 機能分担なる概念は、第九次地方制度調査会答申で登場したものである。国と地方の協力・協同の必要を強調した点に特徴があり、それ以上の具体的な意味はないという見方が多い。例えば、大久保皓生「わが国の中央・地方関係に関する一考察」片岡寛光編『国と地方』（早稲田大学現代政治経済研究所、一九八五年）二九頁など。機能分担の概念を体系化したものは、成田頼明「行政における機能分担（上）」自治研究第五一巻九号（一九七五年）参照。

(7) 新藤宗幸『地方分権（第二版）』（岩波書店、二〇〇二年）五三～五五頁参照。

(8) 中央地方関係を「集権」「分権」だけではなく、「分離」「融合」という面から捉えたのは、天川晃「変革の思想」大森彌・佐藤誠三郎編『日本の地方政府』（東京大学出版会、一九八六年）一一九頁。この場合の「分離」「融合」は、中央各省が政策の実施を独自の地方出先機関に担わせるのか、地方自治体に委任するのかという意味で使っている。

(9) 行政学者を中心とする学者グループは、第二臨調の「新々中央集権」的な傾向に危機感を募らせた。「政府間関係」研究集団（代表西尾勝）「新々中央集権と自治体の選択」世界一九八三年六月号。辻山幸宣「八〇年代の政府間関係――『統制のとれた分権』体制の構築」日本行政学会編『年報行政研究二八』（ぎょうせい、一九九三年）参照。

(10) 辻山幸宣『地方分権と自治体連合』（敬文堂、一九八四年）一頁および一三頁参照。

(11) 森田朗「地方分権改革の政治過程――『三位一体改革』と地方分権改革推進会議」レヴァイアサン三三号（二〇〇三年）三三頁参照。

(12) http://www.soumu.go.jp/singi/singi.html

第2章　政策評価とアカウンタビリティ

中村　昭雄

1　政策評価と行政改革

日本では二〇世紀の後半から、マスメディアや中央省庁あるいは地方自治体で、政策評価という言葉がよく使われ、その重要性が注目されている。

政策評価の類似した概念に行政評価という用語がある。日本では中央省庁では政策評価を、自治体では行政評価を一般的に使用している。本章は概念規定が目的ではないので厳格には区別しないが、本書の構成上、政策評価を使用する。ただし、政策評価という名称を中央省庁に使用することと自体に大きな問題があるという指摘もある(1)。

政策評価とは、簡単に言えば、実施した政策がどういう効果をもたらしたのか、そのメリットやデメリットは何なのかを客観的に明らかにすることである。一般に、政策過程には、議題設定、政策立案、政策決定、政策実施、政策評価の五つのステージがあるが、政策評価は最後のステージであり、実施された政策の効果を評価し、必要に応じてその政策を見直し、新たな政策立案等にフィードバックする役割である。

日本の行政では従来から「法律の制定や予算の獲得等に重点が置かれ、その効果やその後の社会経済情勢の変化に基づき政策を積極的に見直すといった評価機能は軽視されがちであった。」と指摘されるように、政策の実施面が優先され、政策の見直しという評価面は軽視されてきたのが実情である。[2] そういう背景の中で、政策評価機能を充実させる必要性が認識されてきたのである。

日本では、政策評価は一九九〇年代後半に始まる一連の行政改革の動きの中で注目されてきたが、このような政策や行政活動の質を高める動きは、アメリカやイギリス等をはじめ、国際的にもその重要性が認識されてきた。[3]

2　政策評価と政策評価制度

政策評価制度の導入

日本の政策評価は、一九九七年一二月三日に出された行政改革会議「最終報告」で、中央省庁の再編の考え方と一貫して、政策評価の導入が提言されたことから本格的にスタートした。同報告は「政策は実施段階で常にその効果が点検され、不断の見直しや改善が加えられていくことが重要であり、そのためには、政策の効果について、事前、事後に、厳正かつ客観的な評価を行ない、それを政策立案部門の企画立案作業に反映させる仕組みを充実強化することが必要である。」とし、政策評価制度の導入の必要性を説いた。[4]

翌一九九八年六月九日に成立した中央省庁等改革基本法第四条において、中央省庁等改革の基

図表2-1　政策評価制度の導入に関する経緯

1997年	12月	行政改革会議最終報告　―政策評価の導入を提言―
1998年	6月	中央省庁等改革基本法成立 ―中央省庁等改革の基本方針として政策評価機能の強化が盛り込まれる―
1999年	4月	中央省庁等改革の推進に関する方針（中央省庁等改革推進本部決定）―政策評価の枠組みを決定―
	7月	国家行政組織法一部改正法，内閣府設置法，総務省設置法成立 ―政策評価の根拠規定が盛り込まれる―
	8月	政策評価の手法等に関する研究会が初会合
2000年	7月	各省庁政策評価準備連絡会議において「政策評価に関する標準的ガイドラインの案」を了承し，公表
	12月	「行政改革大綱」閣議決定 ―政策評価制度の法制化及び第151回国会への法案の提出を明記―
2001年	1月	政策評価各府省連絡会議発足 同会議において「政策評価に関する標準的ガイドライン」を了承し，公表
	12月	「政策評価に関する基本方針」閣議決定

出典：総務省ホームページ「政策評価制度に関する経緯」から作成。

本方針として、「国民的視点に立ち、かつ、内外の社会経済情勢の変化を踏まえた客観的な政策評価機能を強化するとともに、評価の結果が政策に適切に反映されるようにすること。」とされた。そして、同基本法第二九条において政策評価の具体的措置が規定された。

一九九九年四月二七日に決定された「中央省庁等改革の推進に関する方針」で、各府省と総務省の政策評価の枠組みが決定され、政策評価の実施要領、評価基準等の標準的ガイドラインの作成も明記された⑸。

同年七月に中央省庁等改革

関連法一七法が成立し、国家行政組織法一部改正法、内閣府設置法および総務省設置法で、政策評価の根拠規定が盛り込まれた。なお、中央省庁等改革関連一七法律に対する衆参両院それぞれの特別委員会の附帯決議で、政策評価の法制化の検討が盛り込まれ、政策評価制度の骨格が次第に固まってきた。八月には、総務庁に政策評価に関する基本的考え方の整理や政策評価の指標・手法等について検討するため「政策評価の手法等に関する研究会」が設置された。

同研究会は、翌二〇〇〇年六月「政策評価の導入に向けた中間まとめ」を公表した。また同研究会の中間まとめを踏まえた「政策評価に関する標準的ガイドラインの案」が各省庁政策評価準備連絡会議において了承され、公表された。なお、この「ガイドラインの案」は、翌二〇〇一年一月一五日、正式に「政策評価に関する標準的ガイドライン」として了承され、公表された。ここに、日本で初めて全政府的な政策評価が開始されたのである。政策評価制度の導入経緯をまとめると図表2-1のようになる。

政策評価に関する標準的ガイドライン

「政策評価に関する標準的ガイドライン」（以下「ガイドライン」という）は、全政府的に政策評価に取り組むために、各府省が政策評価に関する実施要領を策定するための標準的な指針を示すもの、また、ガイドラインにより、政策評価が何を目指して、どのようなしくみで、どのように実施されるのかが国民に明らかとなるものである、という性格を持つ。なお、ここでは行政管理研究センター編『政策評価ガイドブック』から、その概要を紹介する。(6)

〈政策評価の目的および基本的枠組み〉

ガイドラインは、政策評価の目的として、①国民に対する行政の説明責任（アカウンタビリティ）を徹底すること、②国民本意の効率的で質の高い行政を実現すること、③国民的視点に立った成果重視の行政への転換をはかること、の三点を挙げた。いずれも国民のための政策評価という考え方が現れていると同時に、今までの行政がこの三点を軽視してきたということが読み取れる。

さて、一番重要な「政策評価」の概念であるが、政策評価とは「国の行政機関が主体となり、政策の効果等に関し、測定又は分析し、一定の尺度に照らして客観的な判断を行うことにより、政策の企画立案やそれに基づく実施を的確に行うことに資する情報を提供すること」とされた。政策の実施主体は、各府省と総務省であり、各府省は、政策を企画立案し遂行する立場からその政策について自ら評価を実施し、総務省は、評価専担組織の立場から各府省の政策について評価を実施するとされた。各府省が評価を行うにあたって、高度の専門性や実践的な知見が必要な場合は、必要に応じて学識経験者や民間等の第三者などを活用するとされた。総務省には、民間有識者によって構成される「政策評価・独立行政法人評価委員会」があるが、総務省の政策評価の中立性および公正性を確保するため、総務大臣の諮問に応じ、総務省が行う政策評価の計画、実施状況、主要な勧告等を調査審議するとともに、これに関し、総務大臣に意見を述べることができる。

〈政策評価の実施に当たっての基本的な考え方〉

ガイドラインは、評価の観点として、「必要性」「効率性」「有効性」「公平性」「優先性」の五項目を掲げている。評価手法は、評価に要するコスト等も勘案の上、評価の目的、評価対象の性質等に応じた適用可能で合理的な評価手法を実施する。評価を実施する場合、まず可能な限り具体的な指標・数値による定量的な評価手法を用い、それが困難な場合、定性的な評価手法を適用するとしている。

評価の方式については、「事業評価」「実績評価」「総合評価」の三つの方式が標準的なものとして挙げられた。各府省は、政策の特性等に応じて、適切な評価方式を採用し、実施する。政策評価の方式は、図表2-2の通りである。

評価結果の政策への反映については、各府省は、評価結果が企画立案作業に適時的確に反映されるしくみを構築する。総務省は、評価結果を関係する府省に通知し、必要があると認められる場合には、総務大臣から関係する府省の大臣に勧告する。勧告後、政策評価の結果の政策への反映状況について報告を求める。通知を行ったものについては、必要に応じ、資料の提出や説明を求める。特に必要があると認められる場合には、内閣総理大臣に対して意見を具申する。

ガイドラインは、評価結果等の公表について、各府省と総務省は可能な限り具体的に公表することとしている。公表する事項は、対象とした政策の目的、具体的内容、実現手段、成果、評価の際に使用した前提条件、評価手法、データ、学識経験者の意見、評価結果の政策への企画立案への反映状況等を含む。公表は、報道発表、インターネットのホームページへの掲載等、国民にとって容易に入手できる方法で、速やかに分かりやすい形で行うものとされた。

その他、ガイドラインでは、総務省の役割に関して、政策評価と政策評価を除く行政評価・監視とは、明確に区別されるものとし、その運営に当たっては、作業の重複を避ける等効率的な運営に配慮するものとされた。二〇〇一年一月の省庁再編に伴い、従来総務庁行政監察局が行って

図表2-2　標準的な政策評価の方式

	事業評価	実績評価	総合評価
主眼	•行政活動の採否，選択等に資する情報の提供	•政策の達成度合いについての情報の提供	•政策の効果の明確化 •問題点の解決に資する多様な情報の提供
対象	•事務事業が中心だが，必要に応じて施策も対象	•共通の目的を有する行政活動の一定のまとまり（施策等）を対象 •各府省の主要な施策等について幅広く対象	•特定の行政課題に関する行政活動のまとまり（政策・施策）を対象
時点	•事前の時点で評価し，途中・事後の時点で検証	•事前に目標を設定，定期的・継続的に実績を測定 •目標期間終了時に達成度を評価	•政策・施策の導入から一定期間を経過した時点を中心
内容	〈事前〉 •目的の妥当性，行政関与の必要性等について検討 •予測される効果や必要な費用を推計・測定，比較 •必要に応じ，代替案，受益・負担の公平性，事業の優先性についても検討 〈途中・事後〉 •事前の評価内容を踏まえ，事業の進捗状況，目的の実現状況について検証し把握	〈事前〉 •主要な施策等に関し，成果に着目した目標（基本目標）を設定 •具体的な達成水準を示すことが困難な基本目標については，関連した指標による具体的な達成目標を設定 〈途中・事後〉 •目標に対する実績を定期的・継続的に測定し，目標期間終了時に最終的な達成度を評価	•政策・施策の効果の発現状況について，因果関係，外部要因の影響，波及効果の発生状況・プロセス等，様々な角度から具体的に解明 •政策・施策に係る問題点の把握・分析 •政策・施策の目的の妥当性，行政関与の必要性，費用対効果，代替案，関連する政策・施策との間の整合性等について検討

出典：財団法人参友会『立法と調査』No. 221号（2001年）45頁。

コラム　NPMと政策評価

行政改革の一環として導入された日本の政策評価制度は、NPM（New Public Management：新公共経営／新行政管理学／新行政理論／新行政学）の考え方に基づいて導入された。このNPMは一九八〇年代からイギリスやニュージーランドの行政改革で採用された行政運営理論である。もともと民間企業で採用されていた経営理念やその手法を、行政の現場に導入しようというものである。その特徴は、次の五点である。①市場原理の重視、②競争原理の導入、③資源配分の行政から行政管理へ、④政策と実施の分断、⑤結果の重視。

日本では一九九〇年代に入り、急速な少子化・高齢化、危機的な財政状況、バブルの発生と崩壊、不祥事の発生による信頼の失墜など政府・行政への批判が強まった。厳しい財政事情の下で、無駄を排した効果的かつ効率的な行政を目指して、行政改革の必要性が求められた。こういった背景の中でNPMの考え方が行政改革の中心理念として導入された。

さて、NPMは今や行政改革推進の旗頭であり、救世主のように思われ、自治体でも積極的に導入されているが、果たしてそうなのであろうか。二一世紀の行政は、次の四つの要件を満たさなければならないとされる。第一は「透明性」である。行政情報の公開が不可欠である。第二は「説明責任」である。アカウンタビリティは、政治家だけでなく行政にも必須である。第三は「参加」である。政策を形成する時、実施する時、評価する時に住民の参加が不可欠である。第四は「公平性」である。住民に公正で均衡のとれたサービスを提供することが必要である。

しかし、NPMはこの四つの要件を満たしていないと指摘されている。NPMの理論は、成果志向、市場原理、競争原理を重視するもので、その考え方を行政に応用し、行政の効率化、効果、経済性等を目指したものである。NPMは四つの要件に十分な関心を払っていないため、NPM型行政改革が進んでも、必ずしも質の高い行政は期待できないとされる。

実際、NPMを導入したニュージーランドやイギリスではNPMの欠陥が現れ、NPMも再検討を迫られ、平等や公正を考慮した新NPMも提唱されている。日本でもNPMの理論を導入しているが、ただ形式を模倣するだけでなく、その本質を見極める時期に差し迫ったのではないだろうか。中郁章『自治体主権のシナリオ』（芦書房、二〇〇三年）。

きた「行政監察」は、総務省行政評価局が「行政評価・監視」として引き継ぐ。総務省設置法では、政策評価を含めた各行政機関の業務の実施状況の評価および監視を表す用語として、「行政評価等」を使う。これは「政策評価」と「政策評価を除く行政評価・監視」の両方を併せた概念である。(7) 後者は、合規性、適正性、効率性等の観点から独自に評価・監視し、特に、国民からの苦情、事故・災害、不祥事事件等を契機として、早急に改善を要するものについて機動的に実施するものである。

ガイドラインは人材の養成・確保についても言及している。総務省は、各府省および総務省の政策評価を担当する人材を養成確保するため、官民交流、人事交流、研修の実施等の方策を推進するものとされた。

3　政策評価法

日本の政策評価制度は、諸外国と比較した場合、評価制度が法律によってその施行が義務づけられ、拘束力の強いことが特徴である。(8) なお、政府が「政策評価に関する標準的ガイドライン」を公表した上で、さらになぜ法制化をするのかという点に関しては、国会でも審議され、政府側は「行政評価の実効性を高めるために法制化が必要」、「法制化により、政策評価の行政システムにおける位置づけが明確になり、評価制度に対する国民の信頼が向上する」と答弁している。(9)

政策評価制度の法制化

政策評価の法制化についてはじめて言及されたのは、一九九九年の中央省庁等改革関連一七法律に対する六月の衆議院行政改革に関する特別委員会、七月の参議院行財政改革・税制等に関する特別委員会の附帯決議であった。その附帯決議で「行政評価の実効性を確保するため、行政評価法（仮称）の制定について早急に検討を進めること」とされた。翌二〇〇〇年七月、第一四九回国会の森内閣総理大臣の所信表明演説で、政策評価制度の早期法制化の検討が表明された。このような背景の中で、同年九月総務庁長官の研究会として「政策評価制度の法制化に関する研究会」が発足し、一二月に最終報告書をまとめて公表している。また、同年一二月一日に閣議決定された行政改革大綱では、「『政策評価制度の法制化に関する研究会』における検討を踏まえながら、できる限り早期に成案を得て、所要の法律案を次期通常国会に提出する」とされた。そういう経緯を経て、二〇〇一年三月二一日「行政機関が行う政策の評価に関する法律案」が国会に提出されたのである。

その後の国会審議は、同年五月二四日、衆議院本会議において趣旨説明、質疑が行われたのち、修正された法案が六月八日に衆院本会議で可決され、参議院に送付された。参院でも同様、本会議で趣旨説明等がされ、六月二二日参院本会議で可決成立し、六月二九日に公布された。この法律は、翌二〇〇二年四月一日から施行され、二〇〇二年度以降、日本では法令によって政策評価が実施されている（図表2－3参照）。

図表２－３　政策評価制度の法制化に関する経緯

1999年６月９日	中央省庁等改革関連17法律に対する衆院の特別委員会の附帯決議で，行政評価法（仮称）の制定について早急に検討を進めること
７月８日	中央省庁等改革関連17法律に対する参院の特別委員会の附帯決議で，行政評価法（仮称）の制定について早急に検討を進めること
2000年７月14日	森総理の所信表明演説で，政策評価制度の早期法制化の検討を表明
９月11日	政策評価制度の法制化に関する研究会が発足
12月１日	行政改革大綱で，できる限り早期に成案を得て，法律案を次期通常国会に提出することとされた
12月26日	政策評価制度の法制化に関する研究会が報告をまとめ，公表
2001年３月21日	「行政機関が行う政策の評価に関する法律案」を国会に提出
６月８日	衆議院本会議で可決
６月22日	参議院本会議で可決
６月29日	「行政機関が行う政策の評価に関する法律」（政策評価法）公布
2002年４月１日	「行政機関が行う政策の評価に関する法律」（政策評価法）施行

出典：総務省ホームページ「政策評価に関する経緯」から作成。

政策評価法の概要

全二二条と附則四条からなるこの法律の主要な項目について説明する。まずこの法律の目的は、三点にまとめられる。①「行政機関が行う政策の評価に関する基本的事項等を定めることにより、政策の評価の客観的かつ厳格な実施を推進しその結果の政策への適切な反映をはかる」こと、②「政策の評価に関する情報を公表し、もって効果的かつ効率的な行政の推進に資する」こと、③「政府の有するその諸活動について国民に説明する責務が全うされるようにすること」である（第一条）。

この法律で「政策」とは、

「行政機関が、その任務又は所掌事務の範囲内において、一定の行政目的を実現するために企画および立案をする行政上の一連の行為についての方針、方策その他これらに類するものをいう」（第二条二項）。これは、日本ではじめて「政策」を法律で定義したものである。やや抽象的なので、より具体的には「政策評価の手法等に関する研究会」（村松岐夫座長）が発表した「政策評価制度の在り方に関する最終報告」がわかりやすい。それによると、「政策」、「施策」、「事務事業」と三区分して整理している。①「政策」（狭義）は、特定の行政課題に対応するための行政活動の大きなまとまりととらえる。②「施策」は、上記の「基本的な方針」を実現するための具体的な方針であり、この具体的な方針の実現という共通の目的を持った行政活動のまとまりである。③「事務事業」は、上記の「具体的な方針」を具現化するための個々の行政手段としての事務又は事業である。この事務や事業は、行政活動の基礎的な単位となる。しかし、すべての政策がこのように明確に三区分されるのではなく、現実の政策の態様は多様であり、その意味ではこの三区分は「理念型」と言える[10]。

政策評価法第五条一項は、「政府は、政策評価の計画的かつ着実な推進を図るため、政策評価に関する基本方針（以下、「基本方針」という）を定めなければならない」としている。

行政機関の長は、上記基本方針に基づき、当該行政機関の所掌に係る政策について、三年以上五年以下の期間ごとに、政策評価に関する基本計画（以下「基本計画」という）を定めなくてはならない（第六条一項）。また、基本計画を定めたときは、総務大臣に通知し、公表しなければならない（同条四項）。行政機関の長は、政策評価を行ったときは、評価書を作成し、作成したときは、総務大臣に送付し、評価書とその要旨を公表しなければならない（第一〇条一項、二項）。政府は、毎年、政策評価の実施状況並びにこれらの結果の政策への反映状況に関する報告書を作成し、これを国会に提出するとともに、公表しなければならない、としている（第一九条）。なお、同法附則第二条で施行後三年を経過したら検討を加え、必要な措置を講ずるとし、見直しが義務づけられている。

政策評価法の概略について述べたが、政策評価法は「標準的ガイドライン」を基本としていることは言うまでもないが、必ずしも両者の項目が一致している訳ではない[11]。

政策評価に関する基本方針

政府は、行政機関の長が定める基本計画の指針となる「政策評価に関する基本方針」を定めなければならないと規定している（政策評価法第五条一項）。二〇〇一年九月総務大臣は、政策評価・独立行政法人評価委員会に対して、基本方針の立案方針について審議を求めた。その審議結果を反映した「政策評価に関する基本方針（案）」について、総務大臣は同年一二月二一日、同委員会に諮問し、同日答申がなされた。これを受け、同年一二月二七日の事務次官会議を経て、翌二八日に閣議決定され、公表された[12]。

基本方針の前文で、改めて政策評価制度を「政策の企画立案やそれに基づく実施を的確に行うことに資する情報を提供するものであり、その結果を政策に適切に反映され、政策に不断の見直しや改善を加え、もって、効率的で質の高い行政および成果重視の行政を推進するとともに、国民に対する行政の説明責任（アカウンタビリティ）を徹底するもの」と位置づけている。さらに政策評価については、各府省が、その所掌する政策について自ら評価を行うことが基本となり、各府省とは異なる評価専担組織としての総務省が府省の枠を超えて評価を行うとし、各府省が行うものを「政策評価」、総務省が行うものを「政策の評価」と区別している。

政策評価の方式であるが、標準的ガイドラインにはかなり詳しく定められているが、政策評価法には規定がない。この基本方針では、「政策評価を行うに当たっては、政策の特性等に応じて合目的的に、『事業評価方式』、『実績評価方式』及び『総合評価方式』やこれらの主要な要素を組み合わせた一貫した仕組みなど、適切な方式を用いるもの」としている。

こうして、二〇〇一年一月の「政策評価に関する標準的ガイドライン」の公表、六月の「政策評価法」の公布、一二月の「政策評価に関する基本方針」の閣議決定により、翌二〇〇二年四月からの政策評価法の施行に向けて、日本の政策評価制度の態勢が整備されてきたのである。

4　政策評価の現状と課題

政策評価の現状

法令に基づく政策評価が二〇〇二年度から実施され、三年が経過した。図表2-4は、過去三カ年間の政策評価実施件数を示したものである。各府省において毎年約一万件の政策評価が実施されている状況である。この表から判断すれば、日本において政策評価が定着し、着実に実施されているようである。

また、二〇〇四（平成一六）年度の各行政機関における事前評価の結果の政策への反映状況は、評価結果五、一四七件のうち五、一三〇件は反映され、政策の改善・見直しなどを行ったものは一八件である。この件数から見ると、政策評価の効果は不透明と言わざるえない。

一八の各府省・独立行政法人（庁、委員会を含む）は、基本計画や実施計画、評価書や反映状況などの報告書を各府省のホームページの「政策評価」という項目に掲載している。

図表２-４　政策評価実施状況

	事前評価	事後評価	全　　体
平成16年度	5,147	4,281	9,428
平成15年度	5,245	5,932	11,177
平成14年度	7,353	3,577	10,930

出典：総務省「政策評価等の実施状況及びこれらの結果の政策への反映状況に関する報告」（2004年度）より作成。

さて、田辺国昭は、諸外国と比較した場合、日本の政策評価制度の特徴として、以下の五点を指摘する。①評価制度が法律によって義務づけられていること（拘束性）、②包括的なフレームになっている、③各府省が自主的、柔軟性を持って評価システムを構築する、④各府省による自己評価と総務省による評価との二段階から構成されている、⑤政策評価と予算編成の担当組織が、総務省と財務省に分かれているため、予算とのリンクが弱い。そして、これらの特徴が長所であると同時に、問題も惹起しているという[13]。

政策評価法第一九条で、政府は、毎年、政策評価の実施状況並びにこれらの結果の政策への反映状況に関する報告書を作成し、これを国会に提出するとともに、公表しなければならないことになっている。

図表２-４のように、数字から見れば日本の政策評価は着実に定着しているように見えるが、大住荘四郎は「諸外国の類似の仕組みも当初から想定されていたとおりの『成果』をあげている

とは必ずしもいえないだろう。しかしながら、将来の政府・行政のマネジメント像を描きながら、現在のしくみを試行錯誤しながら改善を続けていくのが実態ではなかろうか」と厳しい見方をしている(14)。

政策評価制度の課題

政策評価法が二〇〇二年四月に施行され、初年度の実施計画が総務省および各府省から公表された後、衆議院調査局決算行政監視調査室は、政策評価制度の現況について学識経験者の論評をまとめた。それらの論評の評価できる点と改善すべき点をみると、政策評価制度が抱えるさまざまな課題が明らかとなる。以下にその概要を紹介する。

〈主な評価できる点〉

①法令で義務づけられ、包括的なフレームとなっている。比較的短期間に、各府省の中に組み込まれた。②政策評価結果等が各府省のホームページで公表され、国民は相当量の情報が入手可能となった。③政策手段が、政策→施策→事務・事業と体系的に国民に示され、また、各府省自身がこうした政策体系を明確に意識して業務を行うようになってきた。④各府省に政策の説明責任を課すことにより、ある程度非効率的な政策誘導に対する歯止めとなっている。

〈主な改善すべき点〉

①政策評価の効果が不透明（事前評価、事後評価で中止や見直された件数が少ないなど）、②外部評価の機能が不十分、③事前評価に比べて事後評価が少ない、④制度の形骸化の傾向（政策評価と予算編成の所管省庁が分かれており、予算とのリンクが弱い。財務省から予算査定への活用が困難と指摘される）⑤評

価対象が恣意的に選択されるおそれ（すべての政策を評価対象にすることが義務づけられていない）、⑥実績評価方式固有の課題（定量化が不十分、予算獲得手段化への危険、大臣等の責任が不透明など）、⑦事業評価方式の固有の課題（詳細情報の公開が不十分）、⑧総合評価方式の固有の課題、⑨規制の定量的な評価が、ほとんど実施されていない、⑩法令、予算等の弾力的運用が必要、⑪各府省の評価能力向上が必要、⑫立法府における積極的な活用と議論が必要、⑬国民の理解促進が必要。[15]

この中でも特に、外部評価の機能が不十分だという指摘は重要である。日本の政策評価は外部からの評価がなく、顧客である国民からの視点による評価が弱い。上山信一は、自己評価方式に客観的かつ厳正な実施を求めるのは現実的ではなく危険性があり、また、総務省と第三者委員会による各府省の政策評価の再審査は形骸化し、国民に評価の正当性を演出する虚構性と批判する。[16]外部評価機能を充実させることや市民が評価活動に参画するというエンパワーメント評価なども視野に入れるべきであろう。

総務省は政策評価法施行後三年間の取組の総括をして、「政策評価制度に関する見直しの方向性」を二〇〇五年六月に発表した。その中で、今後の課題を指摘し、その対応方策をまとめている。[17]総務省は、二〇〇五年内にこれらの対応策を盛り込んだ「政策評価に関する基本方針」の改定、新ガイドラインの策定等を予定しているが、内部評価の限界と外部評価の重要性を再確認すべきであろう。

5　政策評価とアカウンタビリティ

政策評価とアカウンタビリティ

政策評価の意義は、アカウンタビリティの確保にある。それはまず、政策評価の導入を提言した行政改革会議「最終報告」で表明された。同報告書の「はじめに」で、行政改革の要諦の一つとして、「行政情報の公開と国民への説明責任の徹底、政策評価機能の向上を図り、透明な行政を実現すること」を挙げ、肥大化・硬直化し、制度疲労のおびただしい戦後型行政システムを根本的に改め、簡素・効率的・透明な政府を実現しよう、というものであった。同報告書の「行政改革の理念と目標」においては、かつて効率的であった戦後型行政システムから二一世紀型行政システムへの転換が行政改革の基本理念とされ、その一つが行政の透明性の確保であった。そして、同報告書の「新たな中央省庁の在り方」の5、評価機能の充実強化の中で「政策評価は、評価が政策に反映されてこそ意味があるものである。政策評価の実効性を確保するためにも、評価結果の政策への反映について、政策立案部門による説明責任を明確化することが必要である。」と具体的に表明された。

中央省庁等改革基本法では、「政策評価に関する情報の公開を進めるとともに、政策の企画立案を行う部門が評価結果の政策への反映について国民に説明する責任を明確にすること」とし、情報公開と国民への説明責任を一層明確にした。さらに、「政策評価に関する標準的ガイドライン」では、「国民に対する行政の説明責任（アカウンタビリティ）を徹底すること」とされ、政策評価を導入する三つの目的の第一に取り上げられた。

こういったアカウンタビリティを徹底する目的は、政策評価の実施を通じて、行政と国民との間に見られる行政活動に関する情報の偏在を改善し、行政の透明性を確保することにより、国民に対する行政の説明責任（アカウンタビリティ）を徹底し、行政に対する国民の信頼性の向上を図る、というものであった[18]。

一九八〇年代の後半から一九九〇年代にかけて起こったバブル経済とその崩壊は、戦後型政治行政システムの崩壊の象徴であった。経済成長至上主義を掲げ経済大国という資産をもたらした戦後型行政システムは、本来国民の利益を守るべき政策決定が自己目的化し、一部の人々の既得権益を擁護したり、不透明な形での内部処理、問題解決の先送りなど巨大な負の遺産を残し、不祥事の数々や政策の失敗をもたらした。こういった一連の政府の失敗、政策の失敗を目の当たりにして、戦後型行政システムに対する不信感は最高潮に達したと言っても言い過ぎではないであろう。

戦後型行政システムの大きな特徴は、行政、官僚の情報の独占であった。言い換えれば、情報の偏在であり、情報の非公開であった。透明な行政を実現するためには、行政情報の公開が大前提である（情報公開法は一九九九年に成立）。それが、国民への説明責任の第一歩である。政策決定のプロセスを明らかにすることが、責任の所在を明らかにすることになり、公正な政策判断も可能になる。また国民も単に行政に依存するという観客意識から決別し、主権者として責任ある行動をとらなければならないのである。

さて、アカウンタビリティの観点から、各府省はその評価内容を公開することが義務づけられ

（政策評価法第一〇条、第一一条）、ホームページ等を通じて公表しているが、実際かなり専門的な内容の政策評価内容を国民が理解し、判断ができるのであろうか、という問題が指摘できる。[19] 今後、国民が分かりやすい形での公表が望まれる。そうでなければ、公表という形式だけが重視され、その内容がおろそかにされる危険性がある。

政策評価と国会

政策評価法第一九条で、政府は、毎年、政策評価の実施状況並びにこれらの結果の政策への反映状況に関する報告書を作成し、これを国会に提出するとともに、公表しなければならない、としている。公表ということは、国民に対しても政策評価の実施状況を明らかにするということである。

国会は政策評価法が施行されてから一年後の二〇〇五年七月、参議院の本会議において「政策評価に関する決議」を行った。それは、政策評価制度が導入されてからまだ日が浅く、改善すべき点が多く、政策評価制度の充実・発展を図るため、政府に対して適切な措置を講ずべきであると、具体的に指示した。そのうち政策評価全体にかかわるものとして「政策評価の実施に当たっては、政策評価の制度及び客観性を高めるため、可能な限り定量的な政策手法を採用するとともに、政策評価の結果を次年度の政策に適切に反映させるため、政策評価書の早期作成・公表及び拡充に努めること」、「総務省による評価専担組織としての政策評価の結果を踏まえ、各行政機関は政策の見直し・改善に向けた措置を講ずること。また、総務省は各行政機関が講じた政策の見直し・改善の状況について的確なフォローアップを行うこと」とした。

国会がこのように政府の政策評価に重大な関心を持つことは、立法機能と財務決定機能を持つ国会にとり、当然のことであると同時に、きわめて重要なことである。それは「政策評価の結果が最も反映されるべき場所は、国家の運営の基本である法律と予算である」からである。[20]

国会は政府からの政策評価に関する報告を受けるだけでは、国会の役割としては不十分であると言わざるをえない。それは、単に政府の成績表を見ただけにすぎない。政策評価は最終的には、国民の代表である国会がその政策評価に判断を下さなければならない。国会は政策評価の結果を新たな政策の企画立案にフィードバックさせることが必要である。政府の報告を受けただけでは免責とはならないのである。国会は、内閣の行政権の行使について監督・審査する行政統制機能を有する。したがって、国会は行政評価に関して、委員会・本会議を通じて活発な審議を展開するべきである。そうすることが、政策評価に関する行政府を一層緊張させる効果を持つばかりではなく、国民に対する国会の説明責任（アカウンタビリティ）にもつながることである。国会に求められているのは「政策決定のプロセスを国民に明らかにする」というアカウンタビリティなのである。[21]

筆者がこの論文を書いている最中に、橋梁談合事件や防衛施設庁官製談合のニュースが入ってきた。前者は鋼鉄製橋梁建設工事をめぐる日本道路公団を巻き込んだ談合事件である。公共事業に対する予算配分とその実施は、政策過程の立案、決定、実施にかかわる部分で、まさに政治・行政そのものである。そこに、政界、官界、業界が関与し、政官財の癒着という形で、このような談合事件が跡を絶たない。実は、国民はこういう無駄な税金の使われ方に敏感であり、そういう不透明な政策決定と実施に不満を持ち、それが今日の政治不信、行政不信につながっているのである。政策評価が直接に談合事件などの不正行為を防止するものではないにしても、依然としてこういう不透明な行政が行われている以上、政策評価のあり方とアカウンタビリティが一層厳しく問われなければならない。

注

(1) 上山信一「評価と監視システム」総合研究開発機構編『公的部門の開かれたガバナンスとマネジメントに関する研究』(二〇〇二年)一六六頁。注8も参照。
(2) 行政改革会議『最終報告』(一九九七年)。
(3) 政策評価研究会編『政策評価の現状と課題』(通商産業省大臣官房政策評価広報課、一九九九年)一頁。
(4) 行政改革会議・前掲書(注2)参照。
(5) 中央省庁等改革推進本部決定「中央省庁等改革の推進に関する方針」一九九九年四月二七日。
(6) 「政策評価に関する標準的ガイドライン」、二〇〇一年一月一五日政策評価各府省連絡会議了承。なお、ここでは行政管理研究センター編『政策評価ガイドブック』(ぎょうせい、二〇〇一年)一一二～一四三頁参照。
(7) 東田親司「政策評価制度の導入をめぐる論点」季刊行政管理研究八六号(一九九九年)五～七頁参照。
(8) 田辺国昭「我が国における政策評価制度の運用とその問題点」衆議院調査局決算行政監視調査室編『政策評価制度の評価と課題』(二〇〇四年)三四頁。
(9) 参議院決算委員会・二〇〇〇年八月三〇日、および衆議院総務委員会・二〇〇一年六月七日など。
(10) 政策評価の手法に関する研究会「政策評価制度の在り方に関する最終報告」(二〇〇〇年)より。
(11) 宇賀克也『政策評価の法制度』(有斐閣、二〇〇二年)四三～四四頁。
(12) 宇賀・前掲書(注11)四二頁。
(13) 田辺・前掲論文(注8)三四～三六頁。

(14) 大住荘四郎、衆議院調査局決算行政監視調査室編『政策評価制度の評価と課題』(二〇〇四年)二二頁。
(15) 衆議院調査局決算行政監視調査室編『政策評価制度の評価と課題』(二〇〇四年)五六～五九頁。
(16) 上山信一、衆議院調査局決算行政監視調査室編『政策評価制度の評価と課題』(二〇〇四年)一五～一八頁。
(17) 総務省「政策評価制度に関する見直しの方向性」(二〇〇五年)三～一二頁。
(18) 行政管理研究センター編・前掲書(注6)参照。
(19) 衆議院調査局決算行政監視調査室編『政策評価制度の評価と課題』(二〇〇四年)五～六頁。
(20) 衆議院調査局決算行政監視調査室編『政策評価制度の評価と課題』(二〇〇四年)四八頁。
(21) 中村昭雄「国民から国会へ、国会から国民へ」浅野一郎編『国会入門』(信山社、二〇〇三年)二八〇～二八二頁。

第3章　行政情報の公開と個人情報の保護

大塚　祚保

1　はじめに

情報化社会の進展の中で、国民の日常生活では、情報に関するいろいろな問題がでてくると同時に、情報の必要性、重要性が増大している。国民は、日々、情報にかかわって生活しているのである。特に日常的には、情報メディアといわれる電話、テレビ、ファックス、パソコン、携帯などにとり囲まれ、それらを使用しながら、多量の情報を収集し活用して生活している。現代人は、情報なくして生活できないとも考えられる。

行政情報の公開や個人情報の保護は、こうした情報化社会の中で国民生活の一部として一層重要なファクターとなっている。国民にとっては、行政機関のもつ貴重な情報の公開が必要であり、情報公開の拡大である。情報公開法は、情報公開の考え方やしくみをルール化したものである。他方では、多くの情報が公開される情報化社会では、個人情報を保護するための対策が不可避となる。個人情報の保護政策であり、個人情報保護法とその内容やしくみである。

防衛庁のリスト問題や住基ネットシステムの導入問題は、情報化社会に向けたしくみづくりのプロセスにおいて発生した問題事例の一つである。情報化社会において、国民と情報をめぐるシステムが理想的な形へと社会設計されることを大いに期待しているところである。

2　情報公開法および個人情報保護法の動向

一九九〇年代後半から二〇〇〇年にかけて、情報化社会に向けた情報公開法や個人情報保護法をめぐる議論が展開された。その動向は、図表3-1の通りである。

情報公開法は、九九年五月に成立し、二〇〇一年四月から施行された。情報公開法は、一九七六年のロッキード事件を機会に国レベルにおける法案制定の議論が展開された。しかし政治とカネをめぐる野党の法案制定要求にもかかわらず、与党の一貫した反対によって廃案にされた(1)。

これに対して地方自治体では、一九八二年金山町(山形県)、八三年神奈川県、埼玉県、川崎市などの先進自治体がいち早く条例化し、その後、全国の自治体へと拡大した。自治体では、情報公開に関して遅れる国に対して、二〇年余前から実施していたという歴史的経過である。

九〇年代に入り、国レベルでの情報公開法の制定に向けた流れは醸成した。九三年以降の細川、村山内閣は、情報公開法の制定に関する基本的方針を決定し、行政改革委員会等での議論を経て、法案制定への準備を進めた。九八年三月、閣議決定され、国会へと提案された。情報公開法は、三回の継続審議、一部修正を経て、九九年五月に成立、やっとのことで二〇〇一年四月に施行された。

個人情報保護法は、これに並行して九九年七月にその検討部会が設置されスタートした。二〇

図表3－1　情報公開法・個人情報保護法に関する主な動き

1999年5月	情報公開法の成立
8月	住民基本台帳法の改正（住基ネットの導入案）
2000年4月	地方分権一括法の施行
2001年4月	情報公開法の施行
8月	総務省，住基ネット導入の政令案を発表
11月	個人情報保護法案，継続審議
2002年5月	防衛庁で「情報公開請求者の個人リスト」が発覚
8月	「個人リスト」，内閣官房などの他省庁でも作成（31件）
8月	住基ネットの第1次稼働開始。矢祭町などの6自治体が不参加。
2003年5月	個人情報保護法の成立（基本部分の施行）
8月	住基ネットの2次稼働。矢祭町，杉並区，国立市が不参加。
2004年2月	個人情報の大量流出事件（民間企業）
2005年4月	個人情報保護法の施行

〇〇年一〇月に大綱ができ、二〇〇一年一一月に国会に法案が提案されたが、継続審議となった。その内容は、個人情報に関する個人の権利利益の保護が目的であり、基本原則と義務規制の二本立てである。しかし、表現の自由や報道の自由を守ることに関連し与野党が対立し、国会での審議は遅れ、二〇〇三年五月、個人情報保護法は成立し（基本部分のみ施行）、二〇〇五年四月に完全施行された。

住民基本台帳法は、九九年八月、国民全員に一一ケタの番号をつける住基ネットの導入を目的に改正された。自民党は、これと引きかえに「三年以内に個人情報保護法を法制化する」ことで合意した。(2) その後、住基ネットは、二〇〇二年八月、第一次稼働、二〇〇三年八月、第二次稼働された。自治体では、個人情報保護法が未成立のままに住基ネットが実施されために、不参加の主張が続出して混乱した。情報化社会に向けて、情報公開法や個人情報保護法は、こうした経過を持ちながら整備されたのである。

3　情報公開法のしくみ

情報公開制度の概要

情報公開制度は、国民に行政情報を公開していく手続きである。(3) そのしくみは、図表3-2の通りである。

情報公開のシステムは、大きく三つのステップがある。第一のステップは、国民（開示請求権者）が、行政機関に公開請求する。行政機関は、請求された情報を特定し、開示・非開示を決定して請求者に提示する。開示の場合、請求された情報は請求者に公開される。

第二のステップは、非開示の場合の救済制度である。行政機関から非開示とされた請求者は、回答に不服であれば、不服申請によって行政機関に再び開示請求することができる。行政機関は、不服申請された情報を諮問機関の情報公開審査会に諮問して開示か非開示かの判断を求める。審査会は、審査結果を答申する。行政機関は、この答申を尊重して情報の開示または非開示を決定し、請求者へと通知する。

第三のステップは、裁判所による判決である。上の二つのステップは、行政機関による情報公開制度であるが、請求者は、なお情報公開が得られずに不服の場合、第三のステップとして裁判

図３－２　情報公開制度のしくみ

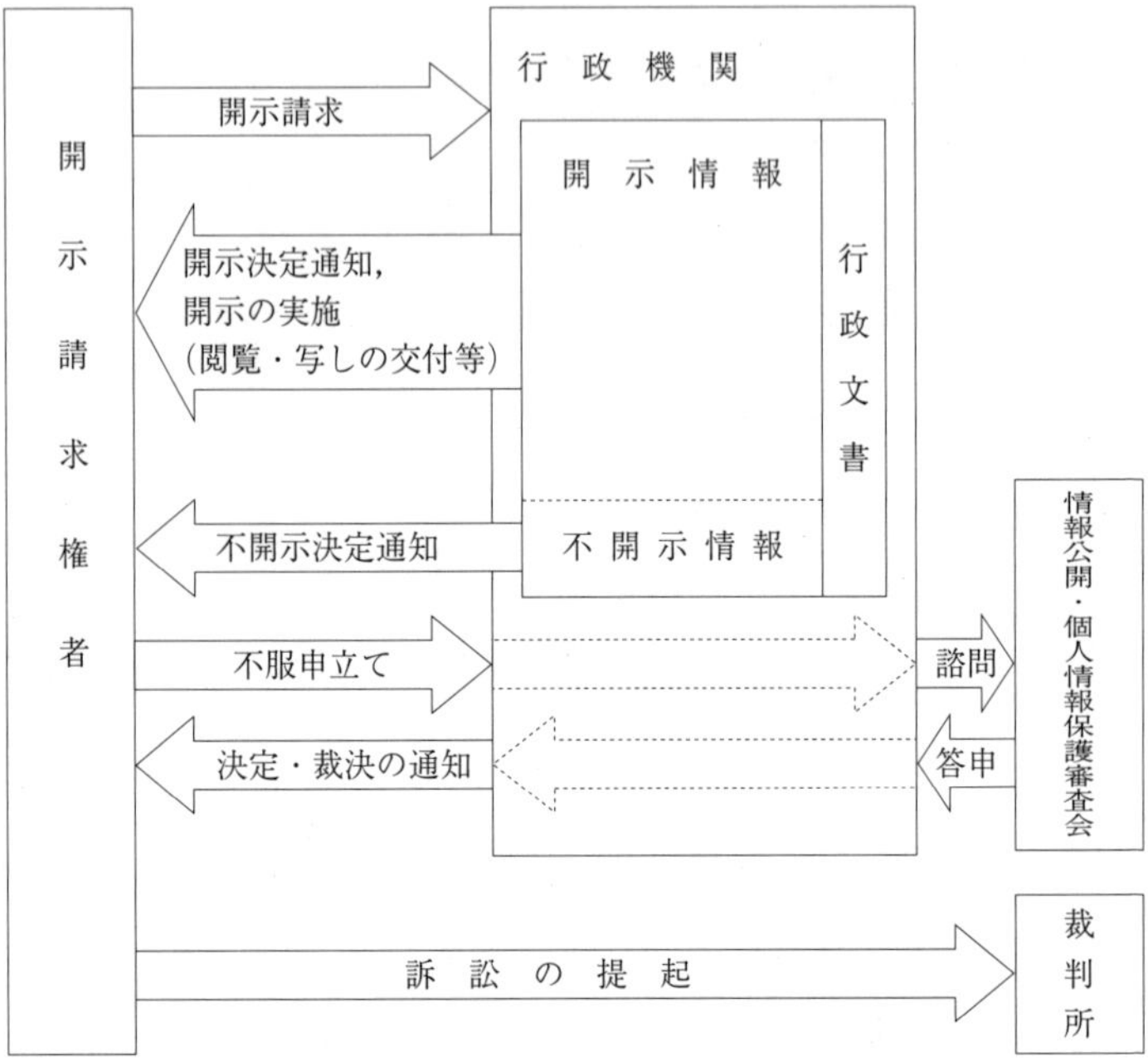

出典：三宅弘他『情報公開法解説』(三省堂，2003年) 4頁。

所に訴訟することができる。裁判所は、行政事件訴訟法に基づいて開示か非開示かの判決を行う。行政機関は、開示の判決であれば、非開示としてきた情報を請求者に公開することになる。

情報公開制度は、この三つのしくみによって行政情報を国民に公開していくものであり、公開すべきか否かに関する判断によって情報が公開されることになる。

情報公開法の内容

⑴　**目的**　情報公開法の目的は、⑴政府の説明責任を明確にすること　⑵公正で民主的な行政の推進を

図ること、の二つである。同法では、説明責任という考え方を重視しており、行政機関は、国民主権の理念の下で国民に行政活動を説明する責任を有している。情報公開は、この説明責任を果たすために行うのである。(4)

市民団体や野党は、立法化に当たり、国民の「知る権利」を明記するように主張したが、政府は、憲法上の解釈が定まっていないとの理由でこれを拒否した。自治体では、大阪府、京都府、川崎市が、この「知る権利」を明記した条例を持っている。

情報公開法は、情報公開の目的に説明責任の考え方をとっているが、国民の知る権利を保障し具体化する意味からも「知る権利」を明記すべきである。

(2) 開示請求権者

情報公開法の開示請求権者は、「何人」でも行政機関の保有する行政文書の開示を請求することができる。「何人」でも開示請求できることは、日本人以外の外国人をも対象としていることを意味する。自治体条例では、住民または通学・通勤などの自治体に関係する「住民」を範囲とする事例が多い。川崎市では、「何人」を対象としている。

(3) 行政機関の定義

情報公開の対象となる国の行政機関は、内閣、人事院、警察庁、検察庁、会計検査院などで、国会と裁判所を除く、ほぼすべての機関である。国会や裁判所は、別途に法制化することになろう。特殊法人等については、二〇〇二年一〇月、独立法人等の情報公開法が施行され実施された。

都道府県条例では、公安委員会はほとんど実施機関に入っていない。これは、警察関係の捜査に関する情報など、非公開にせざるをえない情報が多いためと言える。そこで、情報公開法の制定過程でも、防衛庁や警察庁は、適用除外を主張していたが、結局、すべての行政機関は、対象機関とすることで決着した。こうした結論は当然であり、大いに評価したい[5]。

(4) 行政文書の定義

情報公開の対象となる情報は、行政文書と言う。行政文書は、「行政機関の職員が職務上作成し、または取得したもの」であり、いわゆる「組織共用文書」である。したがって、職員が個人的に作成したり受領した文書は、これに当たらない。ただし、職員が勤務時間中に作成したり取得した文書は、原則としてこれに当たると考えられる[6]。

自治体条例では、一般的に職員が決裁や供覧などの一定の手続きを経たものだけを「公文書」として扱い、情報公開の対象としている。この「組織共用文書」は、自治体の「公文書」より広い範囲の情報である。情報の範囲が広いことは、より広い範囲の情報が公開されることであり、評価すべきである。

(5) 開示決定の内容

情報の開示は、図表3－3のように、開示決定と非開示決定の二つの方法がある。

開示決定は、全部開示と部分開示がある。部分開示は、開示する文書の一部に非開示情報が記録されている場合、その部分を非開示とし、残りの部分を開示したものである。例えば、開示情報の中に個人の氏名、住所などが含まれる場合、その部分のみを黒で消し、その他の部分を開示する事例である。

非開示決定には、非開示情報、文書不存在、開示拒否の三つがある。

図表３－３　開示決定等の種類

開示決定	全部開示
	部分開示（一部非開示）
非開示決定	非開示情報
	文書不存在
	文書の存否を明らかにしないでする開示拒否

出典：松井茂記『情報公開法入門』（岩波書店，2000年）70頁。

開示文書が存在しない場合、文書不存在とする。この場合、開示文書が物理的に存在しない場合と、文書としては存在していても公文書ではないとして文書「不存在」とする場合とがある。(7)

開示拒否は、開示請求に関する行政文書が存在しているか否かを答えるだけで非開示情報を開示することになる場合である。例えば、特定個人の逮捕記録などであり、この場合、行政機関の長は、行政文書の存否を明らかにしないで開示請求を拒否することができる。

開示請求は部分開示および非開示決定の場合、(1)そのままあきらめる、(2)不当として不服申請する、に大別できる。不服申請の場合、第二のステップとして、行政機関は、諮問機関の情報公開審査会に諮問し、審査会の答申を尊重して判断する。

(6) **手数料**　情報公開法による手数料は、有料である。

手数料の徴収は、先行した自治体条例が無料であったこともあり、制定過程で批判されてきた。結局、施行令では、開示請求に係る行政文書一件につき三〇〇円と、実費のコピー費用を徴収することで実施した。

自治体条例では、ほとんどの自治体で開示請求や開示の実施は無料であり、写しの交付についてのみ実費のコピー代が必要となる。

情報公開の有料化は、公開業務の受益者負担やいわゆる大量請求への抑制などを背景として生じてきていると思われる。今後、手数料問題は情報公開制度のなかで正しく位置づけ、そして合理的な基準で解決する必要があろう。(8)

(7) **非開示情報**　行政機関の長は、次に掲げる情報のいずれかが記録されている場合を除き、行政文書を開示しなければならない（第五条）。これは、開示請求があった場合、原則として公開しなければならないのであり、非開示は、例外的にできることである。行政機関の持つ情報は、国民のものであり、公開することが当然であるという理念を前提にしたものである。

非開示とすることのできる情報は、次の六つのタイプである。[9]

①個人情報（第1号）
②法人情報（第2号）
③国の安全・外交情報（第3号）
④公安情報（第4号）
⑤意思形成過程情報（第5号）
⑥行政執行情報（第6号）

自治体条例の場合、(1)個人情報、(2)法人情報、(3)公安情報、(4)意思形成過程情報、(5)行政執行情報、(6)協力関係情報、(7)法令秘情報の七項目が一般的である。法律と比較すると、国の安全・外交関係の情報がなく、代わりに国等関係機関との協力関係情報、法令秘情報が加わっている。

情報公開法の運用に当たっては、これらの非開示情報を狭義にとらえ、いかに行政情報の公開を拡大していくかが重要点となろう。原則公開を前提とすれば、個人情報以外の非開示情報は、全面公開にするくらいの公開性が理想的姿である。自治体では、個人情報以外は原則公開という行政運営のガラス張りの実施を目指しているところもある。

情報公開審査会

第二のステップである救済制度が、情報公開審査会の活動である。

情報公開法では、行政機関による開示決定に不服のある者は、行政不服審査法に基づき、不服申立てすることができる。不服申立てがなされれば、行政機関の長は、情報公開審査会に諮問したうえで裁決または決定しなければならない。

情報公開審査会は、内閣府に設置され、すべての行政機関に対する不服申立てについての諮問を受ける。内閣総理大臣は、九名の委員を任命し、審査会は、三名の委員による部会方式で運営される。

自治体条例では、複数（約三～五名）の委員からなる第三者機関としての諮問機関である情報公開審査会を設置し、審査会が答申をする。この答申には法的拘束力はないが、事実上、行政機関は、この答申を尊重することによって、実質的に救済の実をとることになる。[10]

情報公開審査会は、調査審議の結果を行政機関に答申する。答申を受けた行政機関は、不服申立てに対して裁決・決定を行う。情報公開審査会は諮問機関である以上、その答申には法的拘束力はない。しかし、第三者機関の判断を仰ぐという制度の趣旨から見て、行政機関がこの答申を尊重すべきことは当然である。[11]

なお、審査会の答申は、原則として尊重され、実施機関による開示拒否決定が、全面的もしくは一部修正され情報が開示されることが少なくない。こうした諮問機関としての審査会は、救済機関としての実効性を果たしているといえる。[12]

情報公開法の運用状況では、情報公開審査会の機能の重要性が明らかとなった。情報公開審査会は、施行後の二年間に、図表３－４にみるように、その答申として(1)公開の拡大を求めた例(2)非公開を認めた例(3)不存在を認めた例(4)審査の過程で文書が見つかり、公開とした例、などがある。その答申三七三件のうち、全面公開を求めたもの三五件、一部公開一八四件で、全体の五八・七％が審査会の答申により、全面公開または一部公開の判断を下された。答申に法的拘束力はないが、省庁はこの答申に従い、非公開とした情報を全面公開または一部公開としたものである。(13)

情報公開訴訟

第三のステップは、情報公開訴訟によって争うことである。情報公開訴訟は、行政機関の非公開決定を不服とする人が、行政事件訴訟法に基づく裁判をおこすことができる。その提訴先は、行政事件訴訟法に定める裁判所のほか、全国八カ所の高等裁判所のある地方裁判所（札幌、仙台、東京、名古屋、大阪、広島、高松、福岡）である。

裁判所では、開示拒否決定を「処分」と捉え、行政事件訴訟法により取消訴訟を提起する。この場合、裁判所は、開示拒否処分の違法性を審査し、それが違法であったと判断したときに処分を取り消すことになる。

裁判所は、最終的に取消訴訟に判決を下すもので、判決は、請求容認か、請求却下もしくは請求棄却となる。判決の結果、請求が却下もしくは棄却され、それが確定すると、もはやそれ以上に法的救済の途はない。反対に、請求容認の判決が確定すれば、開示拒否は取り消され、基本的には、開示請求者に開示請求文書が開示されることになる。(14)

図表３－４　情報公開審査会の答申

対象文書・情報	省庁	主な理由の骨子
【公開の拡大を求めた例】		
▽天皇・マッカーサー会見録	外務省	国際情勢の変化
▽水俣病専門委議事録の委員名	環境省	社会状況の変化
▽破綻（はたん）銀行の検査書（取引先情報などは除く）	金融庁	公的資金が投入されており，公益性が高い
▽営業停止になった警備会社の名	警察庁	業者は受忍すべきだ
▽委員任免文書記載の辞職理由	公取委	任務の重要性
▽医薬品の副作用の発現状況	厚労省	人の健康保護に必要
▽ダム建設の際の損失補償基準の単価	国交省	権利者全員に適用されており，秘する必要がない
▽特定郵便局の会計監査報告の渡切費に関する指摘事項	郵政事業庁	正当な利益を害しない
【非公開を認めた例】		
▽日ソ交渉の際の河野・フルシチョフ会談録	外務省	領土交渉がいまだ決着していない
▽破綻銀行の日銀考査報告書	金融庁	非公開を前提に日銀から提供された
▽森前首相の前科・前歴記録	警察庁	文書の有無自体を答えないのは妥当
▽愛知万博誘致のための交渉記録	経産省	他国との信頼関係を損なう恐れがある
▽病院の事故賠償金の使用実績	厚労省	個々の金額がわかる恐れ
▽公団分譲住宅の価格の決め方	国交省	民間と競合する経営のノウハウに属する
▽日米合同委員会分科会の議事録	環境省	米側の同意が必要
▽テロ対策専門家会合の文書	法務省	国の安全を損なう恐れ
【「不存在」との主張を認めた例】		
▽内閣官房報償費引き継ぎ資料	内閣府	保存期間（最大10年）を過ぎた
▽北朝鮮の核問題などの会議録	内閣府	作成していない
▽92年度までの死刑執行命令書	法務省	10年の保存期間を過ぎた
▽昭和天皇回想録・拝聴録	宮内庁	整理済み文書にない
▽脳死判定の当否を審査するために提供された記録	厚労省	公開請求時には保管していたが，既に返却した
【審査の過程で文書が見つかった例】		
▽委員の任免に関する文書	公取委	審査会事務局の職員が書庫などで発見
▽水俣病認定検討小委員会の報告	環境省	審査会事務局の職員が書庫などで発見
▽地元村長とのダム建設補償覚書	国交省	担当する出先機関の職員を聴取し発見
▽天皇・マッカーサー第３回会見記録の写し	宮内庁	職員を聴取し，法が対象とする文書を巡る認識の誤りを指摘

注：情報公開法施行２年の結果。
出典：朝日新聞2003年４月22・23日より作成。

4 防衛庁のリスト問題

防衛庁は、二〇〇二年五月、情報公開法に基づいて公開請求した人たち(一四二人分)の身元を独自で調べ、リストとしていたことが判明した[15]。

このリストは、防衛庁内局と陸・海・空のそれぞれの情報公開室が作成したもので、庁内の関係部署に配布し、コンピュータネットに掲示するという組織的なものであった。作成の目的は、職員による個人的関心や業務の効率化などであったとしているが、請求者の思想信条にかかわる内容もあることから、特定の目的があったことは明白である。とくにリストには、請求者が記入していない生年月日、職業、所属グループ、「元自衛官」、「反戦自衛官」、「市民グループ」などの思想信条にふれる個人情報の内容も記載されていた。

このリスト問題は、情報公開法の運用にかかわる問題であると同時に、個人情報の取り扱いにかかわる問題であり、情報公開制度の関係者に大きな衝撃を与えた。

リストの内容は、情報公開法により防衛に関する情報を得たいとする人たちに関する身元調査、思想調査を目的としたものであった。請求者にとっては、何のためにこのリストが必要なのか、リストによってレッテルをはられ、別の何かに使われるのではないか、などの不安を引き起こす。請求者へのこうした不安は、再び開示請求することを止めさせる、などの心理的圧力を与えることになることは明白である。

こうした防衛庁のリスト問題は、情報公開制度にとってその影響はきわめて大きい。とりわけ、請求者に対する萎縮効果は深刻である。開示請求者が監視の対象となり、身元調査までされていたのでは、今後の請求を思いとどまる人がでてくるのは当然である[16]。

総務省は、二〇〇二年六月、全省庁に情報公開請求の事務処理に関する調査を実施した。その結果[17]、情報公開の請求には、本来、不必要な肩書や職業、所属団体などを相手の了解なく受付簿に記載したケースが三二件。受付簿を電子データ化し、省庁内または担当局内でアクセスできる状態にしていたケースが九件であった。多くの省庁は、当然のようにリストを作成していたことが判明した。

警察庁では、「開示処理データベースの請求者備考」欄に、事務処理のために職業や連絡先だけでなく、所属団体および「マスコミ、市民グループ」などを記載していた。

警視庁では、情報公開センターの受付カウンターの天井に、ズームアップ機能付きの防犯カメラが設置されていた[18]。これは、「不測の事態に備えて防犯カメラが必要」としているが、公開請求者を威圧することは明白であり、情報公開の趣旨に反するといえる。

地方団体でも、同様の問題が生じている。一八都道府県では、情報公開の請求について、請求者に「請求の理由や目的」の欄を設けていた[19]。

ほとんどの団体は、「文書特定の参考にするため」としているが、請求者に無用の心理的圧迫を与えているとの指摘がある。本来、請求者は理由や目的を告げる必要はなく、今後は、理由や目的を問わないように改善すべきである。

こうした地方団体の運営実態を見ると、行政情報の公開をめぐって、原則公開という趣旨にもかかわらず、それに制約を加えようとする様々なしくみが働いている。いまだ全国的には、情報公開制度の主旨が広く理解されていないといわれる状況にあることがわかる。

防衛庁リスト問題は、情報公開制度のみならず個人情報保護法にも違反する疑いがある[20]。その一つは、保有制限の違反である。個人情報ファイルの保有は、「所掌事務を遂行するために必要な場合」に限定されているのであり、それ以外の保有は認められない。二つは、利用・提供制限の違反である。個人情報ファイルは、保有目的外の利用・提供を禁止している。リストを他の部署の職員に提供すること、またはＬＡＮにのせることは、この規定に違反しているのである。

情報公開制度は、行政情報を公開することによって、国民が行政を監視し、チェックするためのしくみである。しかし、この制度が行政機関によって悪用され、国民の思想・信条の自由が安易にとり扱われ、結果として制限されることになるとすれば、民主主義の根幹をゆるがすことになる。リスト問題は、軍隊や警察などの国家機関が国民を監視した戦前の実態を再現したものである。このことは、国民の権利やプライバシーを保証する制度のあり方が改めて問われることになる。

5　住基ネットシステム

住基ネットの導入と自治体

住民基本台帳法は、一九九九年八月に改正され、住民基本台帳ネットワークシステム（住基ネット）が導入された。これにより、すべての国民は、一一ケタの番号を付けられ、住民票の四情報（住所、氏名、生年月日、性別）が与えられた。

総務省は、住基ネット導入案を二〇〇一年八月に発表した。この時点で政府は、個人情報保護法案の成立をめざし、それと並行して住基ネットの導入を計画していた。ところが、個人情報保護法は、その内容の問題性から国会での審議が遅れ、二〇〇三年五月にようやく同法の成立をみた。そして完全施行は、二〇〇五年四月になった。

他方、住基ネットは予定通りこれに先行して二〇〇二年八月に一次稼働、二〇〇三年八月に二次稼働として実施された。

政府は、個人情報保護法が未成立の状況のままで住基ネットの実施を強行した。こうした国民の全員加入を強制する住基ネットの実施には、全国の自治体から批判の声が上がった。そして、矢祭町（福島県）、国立市、杉並区、中野区、国分寺市、横浜市の六自治体は不参加を表明した（図表3－5）。

矢祭町は二〇〇二年七月、「個人情報保護法案が成立しない状況では、町民の情報が守れない。法律によってプライバシーが守られることが運用開始の最低条件だ。」として不参加を表明した。[21]その他の市区も、ほぼ同様の理由による不参加であった。

横浜市は、二〇〇二年八月、市民選択制を導入した。これは、市民の選択制を条件に参加するもので、市民の意思に判断を委ねたものである。個人情報保護法ができていないので、市としては「安全性に疑問がある。自分の情報をネットに送信するかどうかは、市民に選択してもらう。結果として、三四五万人のうち、二四％にあたる八四万余の市民が、不参加を選択した」のであった。

二〇〇三年八月の住基ネット二次稼働の時点では、矢祭町、国立市、杉並区の三自治体が不参

図表3-5　住基ネット不参加・離脱自治体の動向

	1次稼働時	最近の動向
矢祭町（福島）	不参加	当初は個人情報保護法成立を参加条件にしたが，成立後も不参加を貫く意向
国立市（東京）	参加のち離脱	不参加を貫く意向
杉並区（同）	不参加	「選択制」を希望するが，総務省は認めず，不参加のまま
中野区（同）	参加のち離脱	再接続を正式決定。2次稼働には間に合わず
国分寺市（同）	不参加	議会が住基関連予算案を否決するも，市長権限で参加。2次稼働には間に合わず
横浜市	不参加のち「選択制」	安全性が確認できた時点での全員参加を約束するも時期は未定
札幌市	参　加	6月に就任した市長が「選択制」を目指す考え。2次稼働には参加

出典：朝日新聞2003年8月24日。

加を表明している。

総務省は、こうした自治体に対して、不参加は法律違反であり、県に市町村への是正指示を求めると主張する。横浜市の市民選択制に対しては、選択制は違法であり、市民選択制で参加することは、混乱のもとになる。制度的に予定していない違法な措置だ。今後、県を通じて「助言・監督」し、それでも改善しなければ「是正要求」することになるとしている。

国の住基ネット導入に対する自治体の反発は、分権改革以後における地方自治の一つの姿である。国の主張は、法律が優位するのであり、法に基づいて府県を通じて指示するという。他方、自治体の主張は、市民のプライバシー保護のためにはしかるべき手続が必要であり、国といえどもそれなくしては従うことはできない。国と自治体との関係は、対等協力の関係にあり、国とは別の自治体独自の判断に基づく決定もありえるのである。

住基ネットの問題性

住基ネットの実施をめぐる自治体の対応には、市民の個人情報をいかに保護するかという論点が根底にある。

住基ネットの問題点の一つは、個人情報（プライバシー）をいかに保護するかである。多くの自治体では、一九九〇年代以降の個人情報保護条例の実施によって市民のプライバシー保護のための政策を実施してきた。その際、個人情報の収集や保護には、目的外使用の禁止などによってきびしい対応を図ってきた。

住基ネットは、自治体のもつ情報を国のネットワークに接続するものであり、この限りでは、条例による目的外使用に該当することになる。これに対する国の主張は、法律は条例に優先するので「問題なし」とする。しかし自治体としては、市民への対応を前提にするとプライバシーの保護が保証されない限り、にわかに納得しがたいところである。個人情報保護法が成立していない状況は、法律が優位するとはいえ、個人情報の保護対策に欠けるとしか考えられない。したがって、自治体としては個人情報保護法の成立が前提条件であり、これなくしては市民にプライバシーを保護すると明言できないのである。

二つは、住基ネットの利便性やコスト問題である。情報のネット化は、事務処理の利便性や効率性のメリットがあるといわれる。しかし他方では、情報の漏洩によるプライバシーの流出という危険性が潜んでいる。利便性をとるか、危険性を考えるかによって選択の判断が分かれる。個人の情報を住基ネットに一元化することは、すべての個人情報が役所のファイルに集中される。その情報がもれたり、不正に使われたりすれば、個人のプライバシーにかかわる大きな被害を受けることになる。このリスクを考えると、あえて一元化する必要性は認められないという主張である。

横浜市民がネット化に反対した理由は、①制度、システム、職員意識などの点で、個人情報の保護措置に不安が残ること、②利便性よりも危険性が大きいために住基ネットそのものに反対すること、という二点に大別できる。[22] 情報の一元化に伴うプライバシーの危険性は、国民にとっては最大のリスクといえる。

コスト問題については、コスト対効果を考えるとき、コストに見合うどれほどの効果が国民に与えられるかである。住民生活での具体的サービスとしては、「住民票の写しが全国のどこでもとれるようになる、転出入の手続きが簡略化される」などである。住基ネットの整備や維持には莫大なコストがかかる。この投資コストに見合う住民サービスの提供が行われるかどうかは、重要な判断材料である。現段階では、コストに見合うサービスが提供されているとはいいがたい。住基ネット導入の強行は、何のために行われたのかを問わざるをえない。

三つは、国民総背番号制との関係である。住基ネットは、四情報（住所、氏名、生年月日、性別）からスタートした。当初の法定事務は、改正住基法による九三事務であったが、二〇〇二年一二月の行政手続オンライン化関連法により、これが二六四事務に拡大した。[23]

二〇〇三年八月の二次稼働では、ＩＣカードの利用が九〇余の自治体で実施された。今後の法改正が行われ、すべての事務の利用が可能になり、これとＩＣカードとが結びつけば、国民総背番号制と同様の機能を果たすことになる。

これは、なし崩しによる国民総背番号制の実施といえる。この危険性をいかに考えるか。そして、すべての情報がインプットされた番号の情報が漏洩したときの危険性に対する対策は、十分にとられているのか。プライバシーに伴う危険性への不安は、国や行政への不信へと拡大していくことになる。

6　個人情報保護法のしくみ

個人情報保護法の概要

個人情報保護法をめぐる体系は、個人情報保護法関係五法によって図表３‐６のように構成される。個人情報保護法は、基本法に当たる基本部分（第一章から第三章）と民間部分を中心とする一般法部分（第四章から第六章）からなっている。基本法は、個人情報保護の取扱いに関する基本的事項を定めることにより、個人の権利利益を保護することを目的とする。一般法は、民間部門の個人情報取扱事業者に関して、その業務の取扱い方のルールをまとめることによって個人情報の保護を図ることにある。

その他の公的部門は、行政機関個人情報保護法および独立行政法人等個人情報保護法と各自治体における個人情報保護条例からなる。個人情報保護法は、別個の法律・条例と連係させ体系化したものである。国民の個人情報の保護は、自治体の個人情報保護条例により直接的に保護され

図表3－6　個人情報保護法の体系

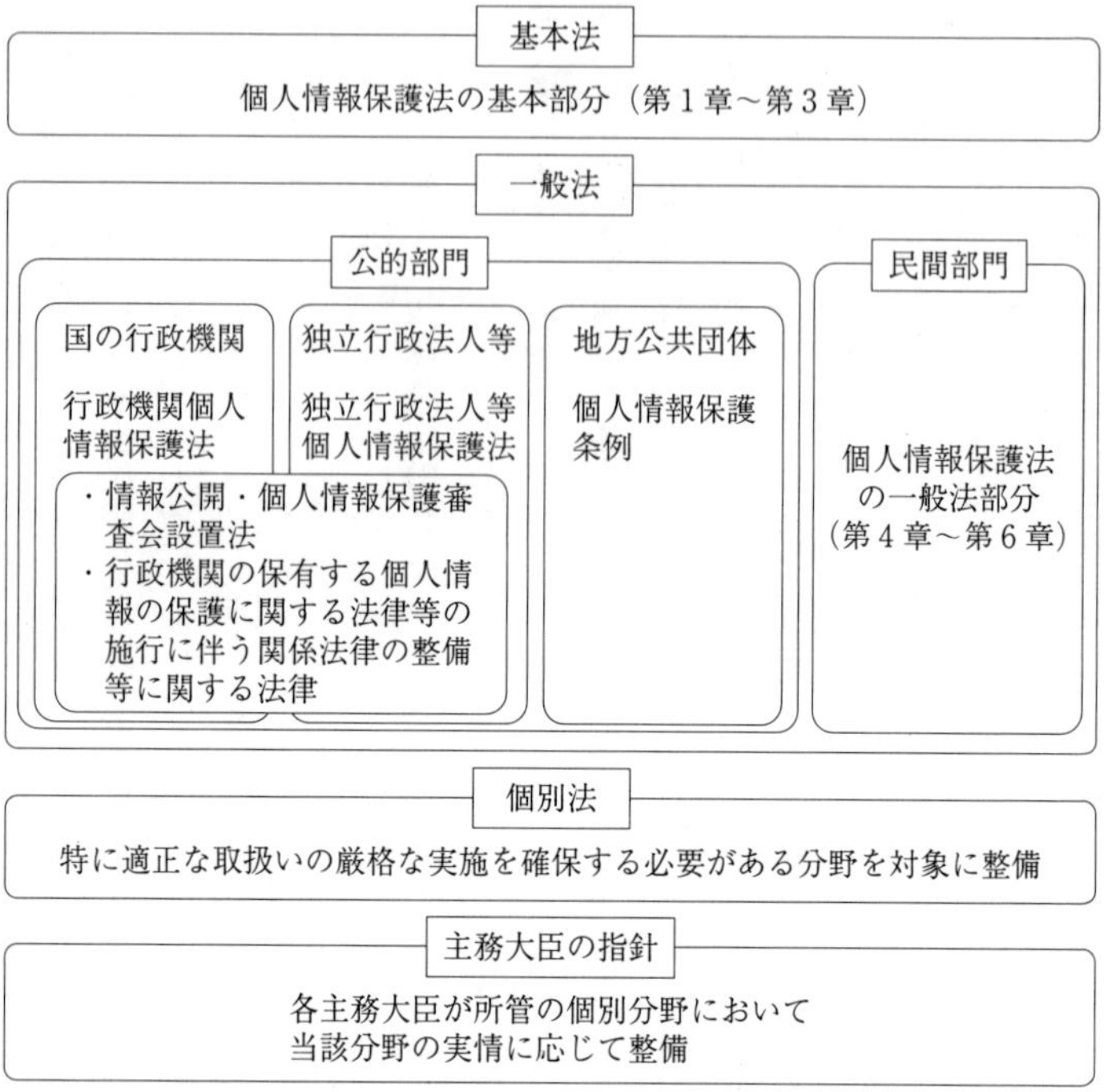

出典：岡村久道『個人情報保護法の知識』（日本経済新聞社，2005年）48頁。

ることになる。

行政機関個人情報保護法、独立行政法人等個人情報保護法は、行政機関や独立行政法人等における公務員や職員に対する個人情報の適正な取扱いが実施されるように法制上の措置をまとめたものである。特に、この義務に従わない場合、懲役または罰金を科す旨の規定がなされている。

地方自治体では、個人情報保護条例を制定し、市民に関する個人情報の保護を図っている。すでに全体の七～八割の自治体で条例化しているが、

図表3-7　個人情報保護法の構成

第1章　総則（1条～3条）
第2章　国及び地方公共団体の責務等（4条～6条）
第3章　個人情報の保護に関する施策等（7条～14条）
　第1節　個人情報の保護に関する基本方針（7条）
　第2節　国の施策（8条～10条）
　第3節　地方公共団体の施策（11条～13条）
　第4節　国及び地方公共団体の協力（14条）
第4章　個人情報取扱事業者の義務等（15条～49条）
　第1節　個人情報取扱事業者の義務（15条～36条）
　第2節　民間団体による個人情報の保護の推進（37条～49条）
第5章　雑則（50条～55条）
第6章　罰則（56条～59条）

今後、本法の主旨に従って条例の制定や内容の見直しが求められる。

法律は、法律→政令→政府の基本方針→主務大臣の指針という順によって具体化される。[24] 個人情報保護法は、こうした複雑な構造をなしており、日本では、基本法と一般法の二層構造の法律はまれであり、一つの特色である。

個人情報保護法の内容は、図表3-7の通りである。

個人情報保護法の内容

(1)　目的　個人情報保護法は、次のことを目的としている。(1)個人情報保護の取扱いに関する基本理念等を定めること、(2)個人情報取扱事業者の遵守すべき法的義務を定めること、(3)個人の権利利益を保護すること、である。

個人情報保護法は、個人情報そのものを保護することを目的とするのではなく、あくまでも「個人の権利利益」の保護が目的である。この法律は、いわば個人情報を取り扱う際の〝交通ルール〟を定めるものであり、それによって「個人の権利利益」を侵害するおそれがある〝事故〟の発生について予防しようとする法律である。[25]

(2) **定義**　個人情報とは、生存する個人に関する情報について、その情報に含まれる氏名、生年月日、その他の記述等により特定の個人を識別することができるものをいう。

(3) **基本理念**　基本理念としては、個人情報が個人の人格尊重の理念の下に慎重に取り扱われるべきであり、そのために適正な取扱いが図られなければならない（三条）。

旧法では、個人情報取扱事業者については、「報道分野における取材活動に伴う個人情報の取扱い等に関しても同様である」と指摘されたことなどにより、メディア側から表現の自由、報道・取材の自由を妨げることになるとして強い批判が高まった[26]。

(4) **国および地方公共団体の責務等**　〈国の責務〉　国の責務としては、「法律の主旨にのっとり、個人情報の適正な取扱いを確保するために必要な施策を総合的に策定し、及び実施する責務を有する」（四条）である。

政府は「個人情報について、保護のための格別の措置が講じられるよう必要な法制上の措置等を講じる」（六条）のである。

ここでの考え方は、民間部門にとどまらず、国の行政機関にも個人情報保護の義務を課すべきであり、特に、行政機関の個人情報保護の義務は、民間部門に比してより厳格にすべきであるとする。その一つは、いわゆる防衛庁リスト問題を受けて、個人情報ファイルの提供や職権の乱用に対する「二年以下の懲役または一〇〇万円以下の罰金」などの罰則規定がなされている点である。

〈地方団体の責務〉　地方公共団体は、「その区域の特性に応じて、個人情報の適正な取扱いを確保するために必要な施策を策定し、及びこれを実施する責務を有する」（五条）のである。

そして具体的には、一一条から一三条の努力義務を履行することになる。ただし、具体的な施策の策定と実施は、地方団体の自治事務である。

「法律の主旨にのっとる必要な施策」は、個人情報保護条例を制定していない団体、または要綱により措置している団体は、条例を制定する必要がある。また、条例を制定している団体では、その内容が同法による個人情報保護の水準に達しない場合、改正することが望まれる[27]。

本法は基本法としての性格から、個人情報保護に関する最低基準を定めたものであり、具体的な施策は、地方団体の自主的な取組みに委ねられている。したがって、条例による個人情報の保護は、本法の基準を上回ることは認められており、法律以上の厳しい規制を設けることができる[28]。

(5) **個人情報の保護に関する施策**　政府は、「個人情報の保護に関する施策の総合的かつ一体的な推進を図るため、個人情報の保護に関する基本方針を定めなければならない」(七条)、という義務規定がある。

国は、これまで行政機関の電子計算機処理に関する個人情報保護法(旧行政機関法)を制定してきたが、その内容は、きわめて不十分であるとの批判が強い。他方で、地方団体は、一九八四年の春日市以降、独自の判断で条例を制定し、個人情報の保護を図ってきた。民間企業では個別企業が個人情報保護システムを持ったり、業界団体などでガイドラインを策定して、その保護を図ってきた[29]。そこで政府はこうした諸機関における個人情報保護に関する施策の総合的かつ一体的な推進を図ることを目的に、基本方針を策定したものである。

基本方針は、①個人情報の保護に関する施策の推進の基本的な方向、②国の措置事項、③地方団体の措置事項、④独立法人等の措置事項、⑤個人情報取扱事業者等の措置事項、⑥苦情の円滑な処理事項、⑦その他の重要事項、などの七事項である。

政府は、以上の基本方針により、国民生活審議会、国民生活センター、認定個人情報保護団体などと協力しながら具体的な実施体制および苦情処理体制を設定する。

(6) 個人情報取扱事業者の義務等　これまで民間の保有する個人情報の保護は、事業者・業界団体の自主規制に委ねられ、国としては旧通産省がガイドラインを示して指導するにとどまっていた。

ところが、本法では個人情報取扱事業者（以下、個人事業者と略称）の法的拘束力ある義務が明記され、民間部門で個人情報データベース等を扱う事業者（五〇〇〇人以上の個人情報を保有する者）に対する、罰則付きの個別法としての性格を有することになり、次の義務が明記された。

(1) 利用目的の特定・利用目的による制限
(2) 適正な取得と利用目的の通知等
(3) データ内容の正確性の確保
(4) 安全管理措置と従業員・委託先への監督
(5) 第三者提供の制限
(6) 保有個人データの公表・開示等
(7) 個人情報取扱事業者による苦情の処理

個人事業者は、個人情報の取扱いに関する苦情の適切かつ迅速な処理に努めなければならない（三一条一項）。

(7) 個人情報取扱事業者の適用除外　個人情報取扱事業者のうち次の者については、その個人情報を取り扱う目的の全部または一部が、それぞれに規定された目的であるときは、適用除外となる（五〇条一項）。(1)放送機関、新聞社、通信社、その他の報道機関（含出版社）。(2)著述を業として行う者。(3)大学その他の学術研究を目的とする機関もしくは団体またはそれらに属する者。(4)宗教団体。(5)政治団体。

適用除外とされる個人事業者は、個人データの安全管理のために必要な措置を自ら講じ、その内容を公表するよう努力義務を課せられる。この趣旨は、報道分野における取材活動に伴う個人情報の取扱い等に関しても同様である。

旧法では、表現の自由、報道、取材の自由を侵害するという強い批判を受けたために、この適用除外の規定が設定された。

(8) **罰則**　個人事業者に対する改善中止命令違反（三四条）、報告を怠りまたは虚偽報告をしたとき（三二条、四六条）、などには、罰則規定が加えられた。さらに、適正な取得、利用目的による制限などの義務に違反した場合、主務大臣が改善中止命令を発し（三四条二項・三項）、その命令にも違反した場合、個人事業者は罰せられる。

その罰則は、六カ月以下の懲役または三〇万円以下の罰金（五六条）などである。

この厳しい罰則規定は、当時に発生した、いわゆる防衛庁リスト問題が暴露されたことにより、こうした不適切な取得などについて罰則をもって処罰する規定を設けるべきであるという批判が高まったためである。行政機関の保有する個人情報保護法および独立行政法人等に対する個人情報保護法においても、同様の趣旨から罰則規定が設けられたものである。

注

（1）大塚祚保『都市政策試論』（公人社、二〇〇四年）二一八頁。
（2）朝日新聞二〇〇二年三月一一日。
（3）この項は、大塚祚保「情報公開制度をめぐる考察」流通経済大学編『流経法学』（二〇〇三年）二三～四二頁を加筆修正したものである。
（4）松井茂記『情報公開法入門』（岩波書店、二〇〇〇年）二三頁。
（5）松井・前掲書（注4）四〇頁。
（6）松井・前掲書（注4）五一頁。
（7）松井・前掲書（注4）七二頁。
（8）本田弘「情報公開」本田弘・下條美智彦編著『地方分権下の地方自治』（公人社、二〇〇二年）一四七頁。
（9）松井・前掲書（注4）六八頁。
（10）松井・前掲書（注4）一四八頁。
（11）松井・前掲書（注4）一六四頁。
（12）松井・前掲書（注4）三〇一頁。
（13）朝日新聞二〇〇三年四月二二日・二三日。
（14）松井・前掲書（注4）一八一頁。
（15）朝日新聞二〇〇二年五月二八日。
（16）奥津茂樹『個人情報保護の論点』（ぎょうせい、二〇〇三年）一五三～一五四頁。
（17）朝日新聞二〇〇二年八月二九日。
（18）朝日新聞二〇〇三年一月二五日。
（19）朝日新聞二〇〇二年六月一一日。
（20）奥津・前掲書（注16）一五四～一五五頁。
（21）朝日新聞二〇〇二年七月二三日。

(22) 奥津・前掲書(注16)三五頁。
(23) 奥津・前掲書(注16)二〇頁。
(24) 岡村久道『個人情報保護法の知識』(日本経済新聞社、二〇〇五年) 五一頁。
(25) 岡村・前掲書(注24)三三頁。
(26) 三宅弘編『Q＆A個人情報保護法解説』(三省堂、二〇〇三年) 二四頁。
(27) 宇賀克也『個人情報保護法の逐条解説』(有斐閣、二〇〇四年) 四八頁。
(28) 三宅・前掲書(注26)三八頁。
(29) 三宅・前掲書(注26)四四頁。

第4章　行政改革と特殊法人の合理化

照屋　寛之

1　行政改革の背景

行政改革の必要性

わが国ではこれまで歴代の内閣が行政改革を行ってきたのであるが、なぜ行政改革を内閣の重要課題として取り組まなければならなかったのか。それにはいくつかの理由がこれまで指摘されているが、ここではその主たる理由であるわが国の財政危機という視点から考えてみたい。

わが国の二〇〇五年度の一般会計予算は約八二兆円であるが、このうち税金による歳入は約四四兆円、税外収入、約三・八兆円、国債発行額、約三四兆円となっている。毎年新たな借金をして予算を組む状態が一九六五年以来四年も続いている。予算規模が約八二兆円といっても、約一八兆円は借金返済に当てなければならないので、実際は約六三兆円しか行政サービスとして使えない。まさしく借金漬け予算というべき憂慮すべき事態に陥っている。二〇〇五年度末には、公債や借入金などの「国の借金」の残高が約七八一兆円になる。前年度末と比べ約七八兆円増え、国民一人当たりでは約六一二万円の借金を負っていることになる。これは国内総生産（ＧＤＰ）

約五〇〇兆円の一五六％に相当する巨額な債務である。内訳を見ると、普通国債の残高が約四九九兆円で約四二兆円の増加。財政投融資機関向けの財投債も約三〇兆円増加し、国債全体で約六二六兆円で約七〇兆円増えている。この巨額の借金を減らすためには思い切った歳出の改革が必要である。特殊法人改革、道路特定財源の一般財源化をはじめ、無駄な公共事業の見直しなどを断行しなければならない。

わが国は他の先進諸国に比較して、ＧＤＰに対する国債の発行残高の割合が著しく高く、その持続可能性が議論になっている。増税、ハイスピードインフレ、債務不履行などの経済的危機が懸念されている。図表４‐１に見るように、国債発行残高は増加し続けており、二〇〇三年度末までを考えるだけでも、わが国の財政状況がいかに危機的な状況に陥っているかが理解できる。普通国債が約四五七・〇兆円に、財政融資資金特別国債（財投債）は約九一・八兆円の巨額となり、莫大な借金を抱えた国となった[1]。

このような厳しい財政状況の中にあって、さらに、これからの少子高齢化社会、長引く景気の低迷、これまでのような好景気は将来的にも望めないことなどを考慮すると、わが国はこれまでのような財政運営は事実上不可能であり、真剣な歳出の削減を考えなければならない。このためにも徹底した行政改革が求められる。

行政改革の潮流

戦後、日本の行政において、行政改革が行われていない時期がどのくらいあるのか。実態を言えば、ほとんど切れ目なく行政改革のための審議会等が設置され、行政改革の方策が審議されて

図表4－1　普通国債および財投債の残高の推移

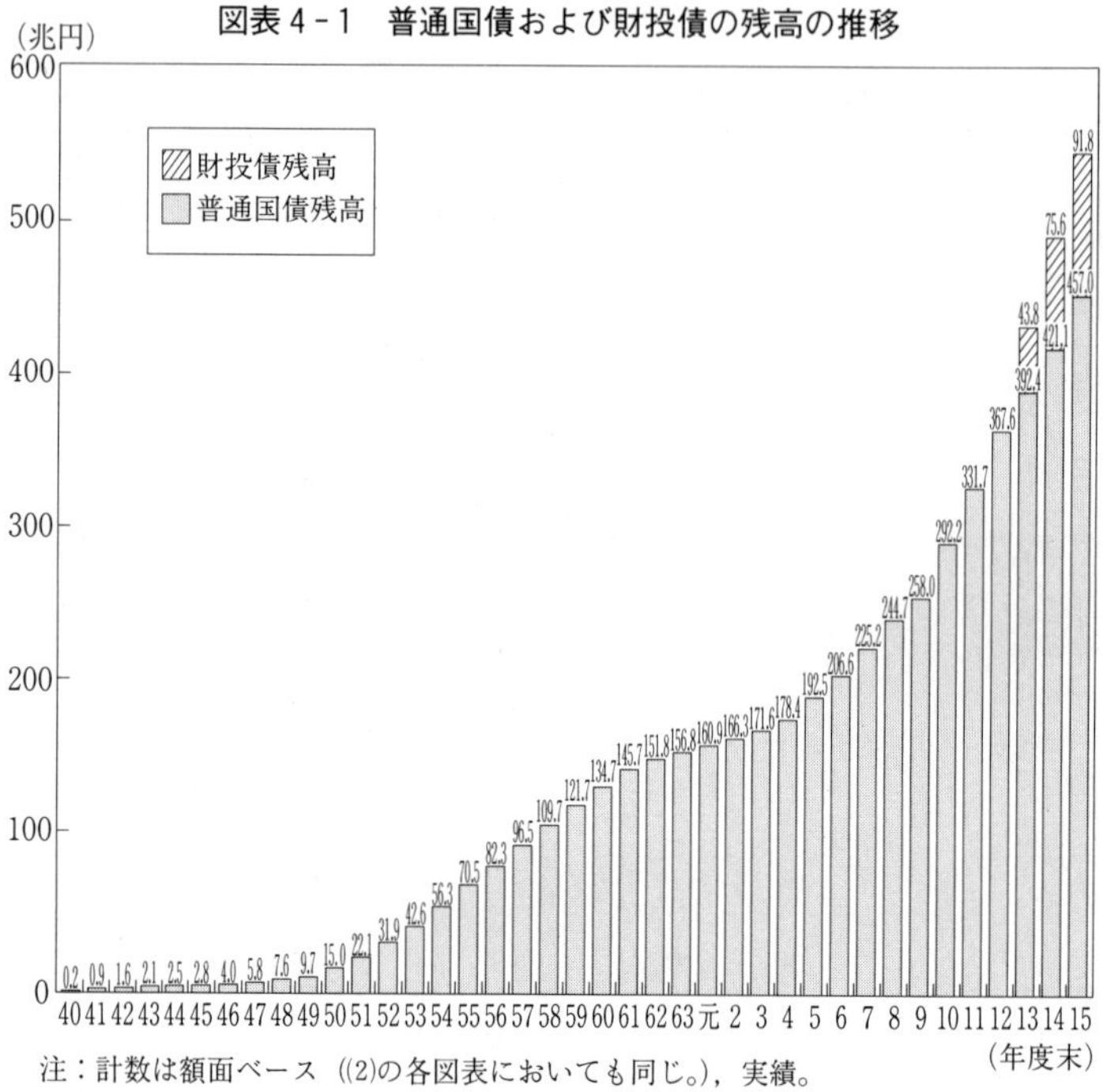

注：計数は額面ベース（(2)の各図表においても同じ。），実績。
出典：www.mof.go.jp/jouhou/kokusai/saimukanri/2004/saimu02b-04.pdf

いる。このことを考えるならば日本の行政は行政改革の歴史であった。このことは、同時に、行政改革の必要性とその改革の困難性を証左するものでもあろう。平成になってからでも今日までの一七年間に、一一人の総理大臣が誕生している。どの総理もが行政改革の必要性を強く訴えた。改革が成果を挙げていれば、どの政権も改革をテーマに掲げなくても済むはずである。それがいつまでも改革が完成しないのは、改革がせいぜいしくみの変更ぐらいまでに止まり、組織や機構の体質の抜本的変革、つまりパラダイムの変革にまで至っていないからである[2]。

本節では、わが国における行政改革の中で特に注目を集め、話題となった中曽根行革、橋本行革、現在進行中である小泉行革について考えてみたい。

(1) 中曽根行革

行政改革というきわめて難解な課題は、勇敢に誰かが提起しないと、公のアジェンダに乗せることは容易ではないことは言うまでもない。そのことを考えると、行政改革を政治課題として政治家、官僚、国民に認知させ、それをさらに公式の政策決定過程のアジェンダに乗せた中曽根康弘元首相の功績は大きく、行革のシンボル的存在として後世に語られるであろう。鈴木善幸内閣で中曽根は入閣はしたものの、次期総理を期待されながらもポストは不本意にも「閑職」である総務庁長官であった。しかし、中曽根はそのポストをうまく活用し、行政改革を政策課題に押し上げることに成功し、財界からの信用も高め総理への道を確かなものにしていった。中曽根行革の特徴は、国会や党の外にある「審議会」を活用したことである。中曽根が臨調はじめ審議会や私的諮問機関を多用したのは、党内基盤が弱く党の外にその智恵を求めたからである。自民党の族議員などを考慮すると、自民党を使っての制度改革には、自ずと限界を感じたからである[3]。

中曽根行革では、行革の目的は「財政再建が目的ではなく、国家の機能、活動を考えた上での行革」という大きな発想にがらりと組み直された。国民に改革が目指している大きな筋道を提示したわけである。中曽根行革は、人口に膾炙しているように「戦後政治の総決算」というこれまでにない大きなスローガンに明確に位置づけられた。「総決算路線」の下に、中央省庁の組織改変、三公社の民営化、財政改革という三つの改革の柱ができた。まず、総理府の一部と、行政管理庁を統合して総務庁を設置し、次いで専売公社を日本たばこ産業株式会社に、電電公社を日本電信電話株式会社に民営化した。

中曽根行革の天王山は国鉄の分割民営化であった。旧国鉄では「親方日の丸」が支配し、「赤字の垂れ流し」と言われるぐらい国営で行うことの非効率が問題を生んでいた。国鉄は当時、膨大な累積赤字を抱え、どうにもならない運営状況に追い込まれていた。国鉄改革は、「税金は累積赤字の穴埋めに使えないが、赤字を上回る含み資産を民営化すれば、赤字は解消できる。また効率化のために分割し、職場に緊張を蘇らせる」という考えの下に断行された。国鉄の分割民営化は、よく行政改革が成功した事例として挙げられる。これは、「財政再建」という旗印で大蔵省（現財務省）とタイアップして進めたこと、また国労や動労のストライキをどうにかしなければならないということで、自民党内のコンセンサスが得られやすかったということが、行革をスムーズに進めることができた要因であったと言える(4)。

国鉄改革がうまくいったのは、新会社の経営を黒字化するためにこれまでの国鉄を地域分割したからであった。黒字が期待できる東日本、東海、西日本の三社と、赤字経営になりそうな北海道、九州、四国の三社の合わせて六社に地域分割された。そして赤字の発生が確実な北海道などの三島会社に対しては、一兆円の特別基金を創設した。このような地域分割と一兆円の基金で、赤字経営のシンボルであった国鉄の経営は黒字に転換した。JR東日本、JR西日本、JR東海は株式上場を果たすまでになった。まだ上場できない北海道、九州、四国の三社や貨物会社の今後の問題などは残っているが、国鉄改革は総体としてうまくいった改革と言われている(5)。

(2) 橋本行革

一九九六年一月に誕生した橋本内閣は、一〇月の総選挙の公約に行政改革を大きく掲げた。自民党に限らず中央省庁再編を中心とする行政改革は、総選挙で各党がこぞって公約として掲げた課題である。例えば、自民党は省庁半減、新進党は当面は一五、最終的には一〇省庁、民主党は八分野への再編、社民党は省庁再編・効率化をそれぞれ訴えた。[6] 選挙の結果、自民党は勝利し、やっと単独政権に復帰した。橋本龍太郎首相は、選挙後の臨時国会で「私は、この国民本位の行政改革を中央省庁の再編を中核として進めてまいります。私自らが会長となる行政改革会議において、二一世紀における国家機能のあり方、それを踏まえた行政機関の再編のあり方と官邸の機能強化という三つの課題について検討いたします」と述べ、行政改革への取り組みの決意を明確に表明した。

橋本行革の目玉は何と言っても中央省庁の再編であり、明治以来一三〇年間続いてきた官僚主導の政治システムを徹底的に解体し、政治主導の政治・行政システムを構築することであった。橋本首相は行政改革を断行するためにこれまでにない手法で臨んだ。つまり首相直属の審議機関である「行政改革会議」を発足させ、自ら会長のポストに就き行革を断行することを意志表示した。このことが橋本行革の特徴でもあった。その会議の初会合で橋本首相は「行政改革は焦眉の急だ。将来求められている国家・行政の機構を根本的に問い直すことが、重要だ。縦割り行政の弊害を越えて、国民本位で的確かつ効率的に対応できる組織体制を造らなければならない」と述べた。橋本首相は、自民党の行政改革推進本部でも「総論賛成でも各論の抵抗は想像を絶するものがある。しかし行革に聖域はない[7]」と、予想される官僚や党内の抵抗を押さえ込んで実現を図る意欲を強調した。

行政改革を第一目標とした橋本首相は、自らが行政改革会議の会長になり、行政の抜本的見直しを行った。その中心的なものが省庁再編成である。省庁再編成とは、いわゆる「中央官庁の整理・合理化」である。時代の変容の中でうまく機能しなくなった省庁を整理統合し、新しい省庁を創設することであり、いわゆる「スクラップ・アンド・ビルト」である。従来、新しい省庁ができても既存の機能しなくなった省庁が切り捨てられることはなかった。これにより、中央官庁の組織は現在のように膨れあがり、結果的に、権力集中型になったのは言うまでもない。橋本首相は、まさにこれを解体しようとしたわけである。そして、この「省庁再編」こそが行政改革の本質と考えた。(8)

「一つの役所をつぶす間に内閣が二つつぶれる」と語られるぐらい行政改革は困難を極めるものであるが、そのような中で従来の一府二一省を一府一二省に再編し、大臣の数を二〇人から一七人に減らし、局長を一二八人から九六人へ、課室長も一二〇〇人から一〇〇〇人程度に減らし、中央集権体制に何らかの風穴を開けたという点では極めて画期的な行政改革だった。しかし、総体的に考えるならば、当初「火だるまになってもやり抜く」と決意した橋本首相であったが、官僚の予想以上の抵抗と自民党の族議員の反撃にあい、妥協に妥協を重ねざるをえなかったことも事実である。

(3) 小泉行革

首相就任最初の所信表明演説で小泉首相は「『構造改革なくして日本の再生と発展は無い』という信念の下で、経済、財政、行政、社会、政治の分野における構造改革を進めることにより、『新世紀維新』とも言うべき改革を断行したいと思います。痛みを恐れず、既得権益の壁にひるまず、過去の経験にとらわれず、『恐れず、ひるまず、とらわれず』の姿勢で、二一世紀にふさわしい経済・社会システムを確立して行きたい」と、構造改革に蛮勇を振う決意を述べた。その後、機会あるごとに「私は改革に反対する勢力はすべて反対勢力だ」「改革が実現できなければ自民党をぶっつぶす」と改革への強い決意を表明し、国民の喝采を受け、国民を引き付け、内閣支持率も九〇％に届かんばかりの史上空前の「小泉ブーム」を巻き起こした。

小泉首相の構造改革の目玉として、日本道路公団などいわゆる「道路四公団」の統合・分割・民営化、石油公団、住宅金融公庫、都市基盤整備公団の廃止を挙げて、ついに与党首脳に自分の壮大な行革構想を押し付けた。さらに、小泉首相は、総裁選、参院選を通じて「構造改革なくして再建なし」「構造改革なくして、成長なし」と訴え続けた。二〇〇一年七月、参議院選勝利で、小泉首相は「私の考えている改革は、郵政改革も含めた壮大な改革である」と強調した。大勝を背景に自らの信ずる改革案を押し通す考えを示した。(9)

小泉行革の最大のセールスポイントは郵政事業の民営化である。郵便貯金をつぶして財政投融資制度を廃止し、官が民業の分野からいっさい手を引くというものである。つまり、「民ができるものは民に、官は民の補完に徹する」ということである。小泉首相が特に郵政事業の民営化に拘ったのは、財投改革とそれに伴う特殊法人の統廃合による合理化を行うためであった。三五〇兆円とも言われる郵貯、簡保などの巨額の資金が旧大蔵省資金運用部（財投融資の原資）に投入され、存在意義の疑わしい特殊法人などで無駄に使われている。そして、そこに既得権が生まれ、利権を得る官僚が生まれる。このような「利権に群がる構図」を遮断しない限り、いかに個別の法人、業務を精査して整理合理化を試みても改革には限界があることを痛感した。そこで、小泉首相は特殊法人に流れる郵政事業の資金を止めるためには、郵政事業の民営化が特効薬だとの考えから自民党郵政族の猛烈な反対を押し切り断行した。(10)その一方で、現存の様々な規制を徹底的に撤廃・緩和していく。医療、福祉、教育などの分野で規制を撤廃・緩和し、民業が一斉に誕生する条件を整備していく。「民業を押さえつけている特殊法人や認可法人、公益法人をなくさなければならない」との議論は、実は八〇年代初めから言われたことであったが、どの内閣も行政改革によってこれを断行することはできなかった。そこに小泉行革は勇敢に大ナタを振り下ろした[11]。

行政改革と官僚の抵抗

これまで多くの学識経験者を集めた審議会で行政改革をめぐって活発な議論が行われた。しかし、そうした豪華な歴史にも拘わらず、残念ながら結果のみを客観的に見ると、その評価は小さいものにならざるをえない。行政の長たる時の総理への夥しい答申に彩られてはいるものの実現したものはあまりにもわずかなものに過ぎなかったからである。これまでの行政改革の基本的な流れは、数多くの「在庫の山」であった[12]。日本の行政改革の常として中間報告では比較的あるべき方向性が示されて、それが最終報告となると換骨奪胎されてしまうのである。したがって「日本の行革の歴史は、実はそのまま行革の頓挫の歴史であった[13]」「戦後の行政改革の歴史は、はじめに掲げた旗が、次第に傷つき、色あせてゆくことの繰り返しだったといっていい[14]」というように不名誉の記録の更新であると言っても過言ではあるまい。なぜ、そうなったのか。その理由を行政改革への官僚の抵抗という観点から考えてみたい。

これまでのわが国の行政改革を考えると、まさしく政と官の攻防の歴史であり、官が常に優位に立ち政は敗れ続けてきたのではないだろうか。したがって、行政改革を進めるには、相当のエネルギーと覚悟が必要であろう。まず政権基盤が強くなければならないことは、中曽根行革、橋本行革、小泉行革からも知ることができる。政府と与党の意思が常に一致していなければ進められるものではない。政治家として三〇年余、その間に何度も大臣を経験し、日本の政治の中枢を歩んできた故渡辺美智雄元副総理は、「行政改革は、生半可なことではできない。それは、一内閣とか、一政党とかの問題ではない。『政』対『官』の総力戦になる。与野党の総力を挙げてもまだ足りないくらいだ[15]」と、行政改革にいかに官僚が抵抗するかを体験の中から述懐していることは興味深い。

所掌事務の範囲を広げ、予算の極大化を目指し、組織を膨張させることは官僚の属性である。ところが、行政改革の方向は、基本的には「官」の領域と役割を縮小しようとするものである。したがって、行政改革は、官僚にとって近代官僚制度の発足以来最大の試練に対峙することであり、官僚が組織を挙げて反撃するのは当然である。例えば、中曽根行革では官僚から次のような抵抗があった。官僚は議員や委員会が改革のための資料を求めてきた場合、資料を出し渋ってできるだけ時間稼ぎをする。さらに強く督促されると、官僚にしか分からない専門用語を羅列した部厚い書類を提出し、説明に時間をかけて引き伸ばしを図る。次の段階では答申を骨抜きにするよう会議のメンバーに働きかけ、「うまくいったら次もお願いします」と、委員への再任を匂わせたりする。最も強力な手段は、自民党の実力者（族議員）に抵抗を頼む戦術である。自民党の政務調査会の各部会は各省庁に対応して設置されているので、党と省庁は日常的に接触しており、一種の運命共同体になっている。したがって、自民党は時には官僚の応援団になることもある[16]。

橋本行革では、行政改革の骨子となる中間報告が出て、橋本首相の描く行革の本丸というべき省庁再編案が明確になると、官僚の抵抗は予想以上のものがあった。中間報告から最終報告までのたった三カ月の間に改革の骨抜きをやり遂げ、官僚パワーのもの凄さを見せつけたのであった。行革会議の委員の一人で中間報告案の作成や最終報告書の取りまとめにも携わってきた、東北大学の藤田宙靖教授は官僚の抵抗について次のように語っている。「中央省庁を一府一二省庁に再編するという中間報告を受けて湧き起こった族議員と官僚の抵抗はものすごいものでした。まず、いろんな人から毎日ものすごい数の陳情や抗議の手紙が私の自宅に舞い込みました。郵政関係はもちろん、建設をはじめとするいくつかの省庁の関係者と思われる人たちです。しかも、それぞれの省庁の関係者の手紙はすべて同じ文面なんです。明らかに組織的に手紙を送っているとしか思えなかった。……また、各省庁の「ご説明」の攻勢もものすごかった。……中間報告案を受けた九月、十月はやはり面会の申し込みが殺到しました。それは中間報告で「負け組」と言われた省庁だけでなく、「勝ち組」のほうも勝ち取った成果を手放さないためにやってくる。『先生、こういう動きもございますが、これはこのようにお考えになってはどうでしょうか』。要するに、役人にとって、「ご説明」の種はつきないのです」[17]。このように官僚は直接「ご説明」の名目で官僚の既得権を守るべく行革の委員に自分たちの意向を伝え改革案の中に反映してもらうのである。また、間接的には関係業界から委員に手紙を送らせるなど可能な限りの手法を駆使する。

2　特殊法人改革

わが国における特殊法人設立の背景

特殊法人は「公共の利益あるいは国家の政策実施上の必要から、それぞれの特別法によって設立された法人」である。戦後の復興期から高度成長期にかけて、社会資本の整備、民間活動の補完、福利厚生の増進などという行政需要の増大に応えて数多く設立された。特殊法人には実に様々な名称のものが含まれる。例えば、二〇〇五年三月現在では、「公社」（日本郵政公社）、「公庫」（住宅金融公庫、中小企業金融公庫など）、「事業団」（日本私立学校振興・共済事業団など）、「特殊銀行」（国際協力銀行、日本政策投資銀行）、「持ち株会社」（日本たばこ産業、関西国際空港株式会社など）、「基金」（社会保険診療報酬支払基金）などがある。ＮＨＫも特殊法人である。すでに多くの特殊法人が「独立行政法人」に変わった。(18) このようにその名称はバラバラで分かりにくい。そのいずれもそれぞれ設立に当たっては法律が制定され、その設立者が政府であることは共通している。その数は現在七七である。

特殊法人の設立は、わが国の高度経済成長と密接な関係があると言われている。それを裏付けるかのように、図表４－２に見るように、その数の急増は経済成長とほぼ一致している。一九五五年から六七年までの一二年間に、八五の特殊法人が設立された。これは年平均七法人が設立されたことになる。このように多くの特殊法人が誕生した要因は急激な経済成長であった。わが国は今でこそ莫大な財政赤字を抱えているが、高度成長期には毎年税収が一〇％以上も伸びていた。

図表4-2　特殊法人数の推移

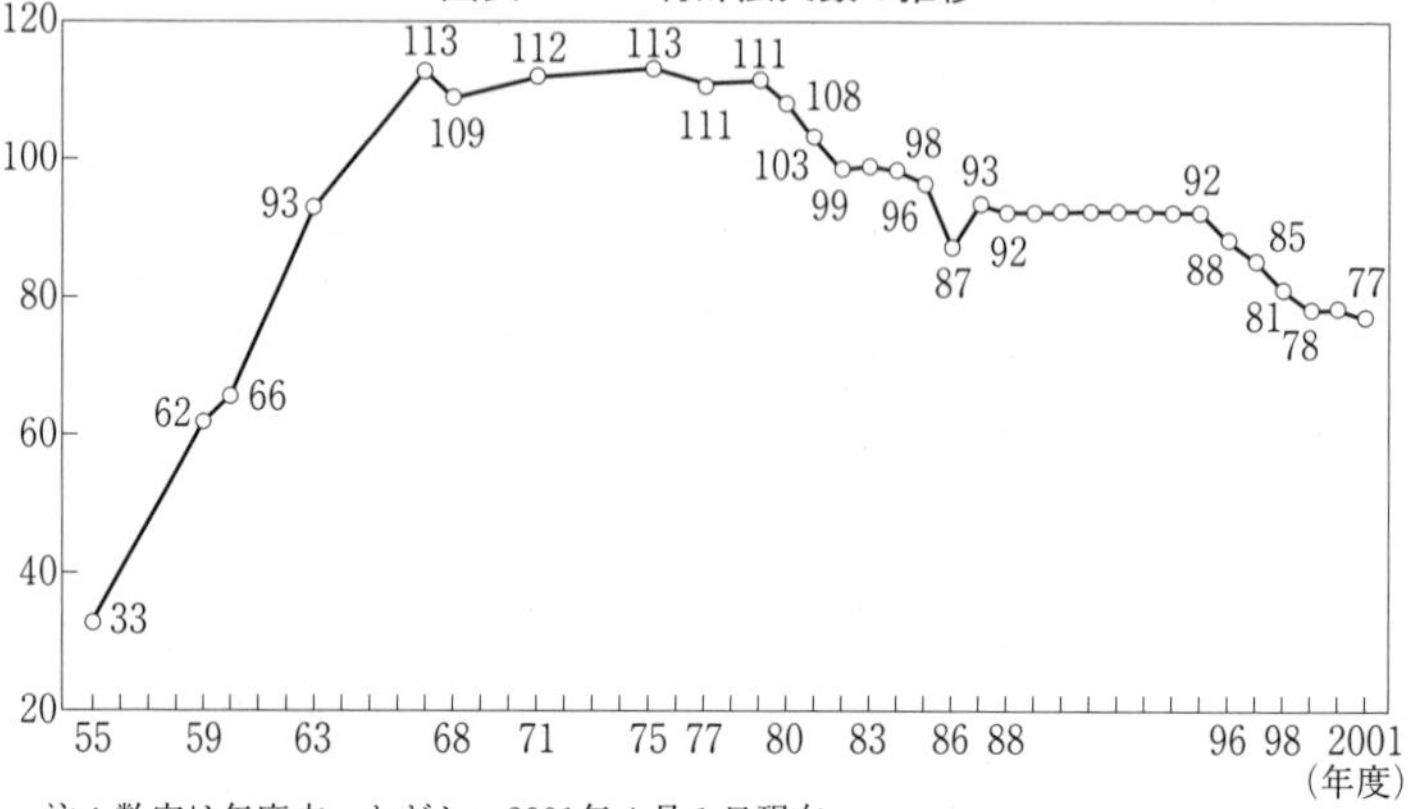

注：数字は年度末。ただし，2001年4月1日現在。
出典：並河信乃『検証　行政改革』(イマジン社，2002年) 204頁。

とは言っても国家公務員の数を増やすわけにはいかない。しかし、税収は毎年のように増え、経済成長とともに政府が行うべき仕事も必然的に増えていったのは当然である。そこで政府がとった手法が特殊法人の設立であった[19]。つまり、特殊法人は政府の子会社のようなものである。政府本体(親会社)の肥大化を避けるために作られた「特殊」な会社である。旧総務庁によれば、特殊法人とは、「政府が必要な事業を行おうとする場合、その業務の性質が企業経営になじむものであり、これを通常の行政機関に担当せしめては、各種の制度上の制約から能率的な経営を期待できないとき」に設置された法人である。もう少し具体的に言うと、これらの特殊法人は、政府が必要な事業を実施しようとする場合、通常の行政機関に担当させたのでは各種の制度上(主として予算面、人事面)の制約から能率的な経営を期待しにくいことなどから、国の特別の監督の下に独立の法人によってその経営を行わせようとするものである。

コラム　特殊法人と国民生活との意外なかかわり

通常、行政と国民生活は密接な関係にあり、私たちは一日たりとも行政との関係を絶って生活することはできない。朝起きてから寝るまで行政とかかわっているる。今、話題となっている特殊法人との関係はどうであろうか。日常生活とはあまり関係がないのではないかと思われがちであるが、実は、意外なほど密接なつながりがある。堤和馬氏は日常生活と特殊法人の関係をその著『特殊法人解体白書』で分かりやすく説明している。朝、起きてテレビをつけニュースを見る。東京では一チャンネルは、ＮＨＫ（日本放送協会）。顔を洗うために水道の蛇口をひねる。毎日何気なく使う水道の水。東京地方では、利根川上流の水資源開発公団のダムを水源にするところが多い。仕事に行くために電車に乗る。通勤で乗る電車はＪＲ。ＪＲとは、中曽根行革のシンボルであった「国鉄の民営化」によってできた会社である。民営化されたが政府が株式を保有するいわゆる「特殊会社」であり、特殊法人の仲間である。

毎日使っている電話も中曽根行革で電電公社が民営化されて誕生した日本電信電話会社であるが、広い意味で特殊法人である。会社への融資は、特殊法人改革で整理統合がささやかれている中小企業金融公庫、政策投資銀行である。いつも買い物をしている小さな商店には、国民生活金融公庫。マイホーム購入資金は住宅金融公庫。大学生の学費は日本育英会。私立大学へは日本市立学校振興・共済事業団からの多額の補助金が交付されている。休日、家族でドライブに出かける場合には、小泉改革で真っ先にターゲットにされた日本道路公団の高速道路。四国へ渡るにはいつも空いている明石大橋。これは借金で有名な本州四国連絡公団の経営となっている。関西から海外に行くには関空。関空は関西国際空港株式会社。成田空港は東京国際空港公団の経営となっている。こう見てくると、公共事業から通信。放送、公共鉄道、政策金融、教育費、福祉、研究、と信じ難いほど幅広い。したがって、特殊法人に接することなく一日たりとも生活することは難しい。これだけ生活に密着しているならば、これら特殊法人の運営がうまくいくかどうかで、国民生活の質の向上を大きく左右することは間違いない。さらに、その運営のあり方如何によっては国民に甚大な損失を与えかねない。問題点があれば積極的に改革していかなければならない。特殊法人は、天下り官僚の一生涯を豊かに守るための利権構造にしてはならない。

またその設立根拠を特別の法律に置くのは、国の特別の監督規定を必要とすること、国の出資は法律に基づかなければならないとする原則があることなどがその理由である[20]。

しかし、特殊法人の仕事の現状・実状を考えると、いま特殊法人が担っている事業の大半は、多くの研究者、関係者が指摘するように、民間でも十分にやれる事業であり、特殊法人でなければならない必然性はない。それにもかかわらず、高度成長期に多くの特殊法人が設立されたのは、前述のように、政府本体（親会社）を肥大化させたくないが、仕事は行政のほうで確保しておきたい、つまり、民間に任せたくないという省庁側の思惑から設置されたのではないかとの指摘にはかなりの説得力がある。

特殊法人の現状と改革の必要性

特殊法人は「官と民」の接点にあって、その良いところを取り入れるための組織である。しかし、その運営においては必ずしもそうはならなかった。現在では、その役目を終えたもの、類似事業を行って重複が目立つもの、民間から見れば民間に任せればと思われる法人が多いのも事実である。今日、行政改革の中で特に特殊法人の改革が重要な政治課題になるのは、ほとんどの法人が巨額の赤字を抱えており、さらに以下に詳細に見るように多くの問題を抱えており、もはやこれ以上現在のままで存続させることは不可能になってきたからである。

(1) 経営の非効率性　特殊法人設立の目的は、主として事業経営の効率性にあった。しかし、皮肉なことに特殊法人に対する批判の多くは、経営の非効率性に注がれている。親方日の丸意識が強く、国の事業の代行であることから、多くは独占的性格が強く、競争原理が働かないため労務管理が著しく難しいとか、各省の監督が事細かに規定されているため自主性の働く余地がほとんどないなどの問題が提起されている。[21] ちなみに、特殊法人の借金の大きなものは、住宅金融公庫の七七兆円、日本道路公団の二七兆円、公営企業金融公庫の二二兆円などである。このうち日本道路公団の負債は一〇年で倍増、首都高速道路公団は二・四倍に増加している。関西空港会社の負債は一兆五〇〇億円で、開港時の三・四倍に増えている。[22] これは事業経営での見通しの甘さや非効率が主な原因であり、民間企業では絶対にありえないことであり、まず、民間であればこのような負債をする前に倒産している。さらに、二〇〇二年三月三一日における全特殊法人の負債総額は三六〇兆三五二一億円になった。これは国民一人当たりに換算すると約二八三万円である。もちろんその赤字は最終的には国民の税金で補填しなければならない。したがって、現状のままこれらの法人を存続させるならば、わが国の財政赤字はますます膨大なものになる。[23]

しかし、このような巨額の負債を抱えるようになったのは、特殊法人だけの責任ではなく、例えば、道路公団であれば、高速道路の建設を計画した当時の建設省ならびにそれを後押しした政治家や地元自治体の責任も大きい。このように特殊法人が手がけている事業には採算性という観点から疑問の事業が多く、しかも計画する側（官庁・政治家）と実行する側（特殊法人）が分離している。したがって、計画を常に見直していくというしくみがなく、無責任体制のもとで計画が暴走することになった。そのような運営になったもう一つの理由は、特別会計や財政投融資などで毎年のように潤沢ほどに財源が確保されていることが、無駄遣いに拍車をかけていると言える。[24]

しかし、特殊法人がこのように借金を抱えていても天下り官僚は、在職中にその責任を追及されることもなく高額な給料をもらい、退職時には巨額の退職金を受け取っている。民間企業ではまったくありえないことである。特殊法人は「非効率経営」の典型的な事例である。一九九七年一二月にまとめられた行政改革会議最終報告でも、特殊法人の問題点として、①経営責任体制の不明確性、②事業運営の非効率性・経営内容の不透明性、③組織・業務の自己増殖性、不要・不急の業務の拡張④経営の自律性・自立性の欠如、などが厳しく指摘された。[25]

(2) 官僚の天下り　特殊法人のもう一つの問題点は、高級官僚の天下りである。おそらく、一般国民が特殊法人に対して抱くイメージと批判の第一が「天下り」ではないだろうか。官僚OBが特殊法人に天下って高額の給与をもらい、さらにいくつもの特殊法人を渡り歩き、そのたびに多額の退職金をもらっている。現在七七ある特殊法人のうち、所管官庁のOBがトップに座っていないのはわずか二つにすぎない。今や、特殊法人はその本来の役目を忘れ天下り役人の一生涯を豊かにするための利権構造になっているのではないかとの疑問もある。二〇〇一年の統計で見ると、特殊法人の総裁に天下った場合、年収は約二四〇〇万円、在職二年で退職すると退職金一一六〇万円となり、二年間の在職で約六〇〇〇万円にもなり一般のサラリーマンでは考えられない高額の収入を得ることになる。彼らの報酬は多くの場合、前職の本省での報酬よりも増える。世間の常識とはかけ離れた特権の世界である。したがって、官僚にとって特殊法人は多ければ多いほど良い。これを整理統合、廃止する改革には当然、組織を挙げて反発することになる。[26]天下りの問題は、役人のOBに高額の給与や退職金を支払っているという税金の無駄遣いだけではない。官僚が天下ることによって、官庁との結びつきは、法律面、資金面に留まらず人的なものまで加わって、相互の関係は渾然一体となる。その結果、特殊法人の当初の設立目的がほぼ達成した組織でも、それを存続させるために官庁は新たな政策を考えることになる。[27]

いっそのこと特殊法人への天下りを全面禁止し、そのうえで各省庁に「それでもこの法人は必要ですか」と問い掛けてみたらどうだろうか。結果はずいぶん違ってくるのではないか。小泉首相は就任当初から、「事務次官が当然のごとく特殊法人の総裁などになっている。これは見直す必要がある」と明言していた。しかし、小泉政権が発足した以降も、特殊法人や独立行政法人の総裁、理事長などに天下った官僚OBは数十人規模におよび、特殊法人などから移行した独立行政法人の役人数も、むしろ発足前よりも一〇〇人前後増え、その大部分を天下りが占めるといったありさまである。(28) 要するに、特殊法人がある限り、官僚はあの手この手を使って天下りをする。

その他にも、特殊法人の問題として指摘されるのは独特の制度に守られ、さらに制度が非常に複雑に入り組んでいるために、国民にはその実態が良く分からないということや、特殊法人の事業が民間の事業を圧迫していることなどがある。このような問題点を抱えている特殊法人を存続させることはできないとの声は強い。真に国民生活に必要な特殊法人は存続させるとしても、不必要になった特殊法人を廃止あるいは整理合理化することは行政の責務である。

特殊法人改革の視点

以上の問題点を踏まえて特殊法人を改革するならば、次のような視点で行うべきであろう。

第一は、設立当初の役割を終えた特殊法人は、廃止か民営化を基本にすべきである。存続の必要があるものについては、民営化を原則とする。これまでの特殊法人改革は統合によって数を減らすことを主眼としてきた。そのため抜本的な改革にはならなかった。理念なき安易な統合で、役割を終えた特殊法人をこれ以上、存続させることは国民の理解を得られない。しかし、現実の特殊法人改革ではエージェンシーを特殊法人にも適用しようという考え方があるが、それを特殊法人温存の隠れ蓑にしては真の特殊法人改革にはならないことは言うまでもない。時代の流れの中で不要となった特殊法人を廃止する英断が政治・行政に求められている。[29]

第二に、存続が必要な特殊法人は財政投融資資金に甘え、頼るのではなく、極力、市場から資金調達を図るべきである。そうすれば、経営責任の意識が生まれ、業務の遂行に当たって、企業性・自主性を最大限発揮するようになるであろう。独自で資金調達するならば必然的に経営努力をしなければならなくなるので、今回の日本道路公団の橋梁談合事件のように、公団の金が無駄に使われることもなくなる。あるいは、公団の工事は過大設計なども通常に行われてきたようである。また、会計検査院から無駄遣いが指摘されることもあるように、これまでの特殊法人には民間企業のような経営感覚がなかったと言われている。財政投融資資金や補助金の上に胡座をかく時代が終わったことを認識し、経営を行わなければ廃止しか選択肢はない。

第三に、廃止か存続かの精査を行い、どうしても存続が必要な特殊法人に対しては、天下りを厳格に禁止し、それを条件に存続を認めるべきである。[30] 天下り官僚の高額な給与、退職金を考えるならば、天下りを禁止するだけでもかなり財政的には好転するのではないだろうか。今や、特殊法人は官僚の第二の就職先であり、各省庁の天下り先であり、必要以上の数の役員ポストを作り、人件費の面でも無駄が多い。無理にでも仕事を作って存続させているのは、官僚体制の強固な支援の枠組みを壊したくないからである。そのために、その役割を終えた特殊法人も廃止することが容易ではない。「特殊法人の理事総数に占める元官僚の割合は四三・五％に達する。中には理事全員が官僚ＯＢの法人もある。官僚の天下り先となっていることが特殊法人改革を阻む一因になっている」[31]ことは確かである。官僚の天下りが禁止されるならば、特殊法人の廃止に官僚の抵抗もおそらくこれまでよりは弱まり、特殊法人改革そのものが進むことになる。

第四に、存続する特殊法人に対しては、情報公開制度を積極的に適用すべきである。政府は一九九五年一二月一九日の閣議決定により、特殊法人のディスクロージャー（財務内容等の公開）についての措置を講ずることとした。これを受けて九七年六月二四日「特殊法人の財務諸表等の作成及び公開の推進に関する法律」が公布された。この法律によって、特殊法人に対して主務大臣の承認を受けた後、貸借対照表および損益計算書を官報で公告するように義務づけられた。しかし、官報掲載の財務諸表は概略的で、財務状況を把握するのは、困難と言われている。[32]橋本行革の際も、行政改革委員会の作業部会による情報公開法要綱では、特殊法人は対象から外されているものの、「法制上の措置その他の必要な措置」の必要性を指摘している。[33]

二〇〇一年四月、国レベルで情報公開制度がスタートしたが、情報公開の実施機関に特殊法人は含まれていない。ただし、公布二年後に特殊法人を情報公開の対象にするかどうかを検討することになっていたが、いまだ実現していない。特殊法人問題に詳しいジャーナリストの櫻井よしこ氏は、「情報公開法の対象からも外されている特殊法人の情報は、外にはもれてこない。したがって、取材に行っても、立て板に水の如く流れる虚構の説明の虚の部分を突くことがなかなかできないで、取材者としては呻吟することになる」[34]と述べ、情報公開の必要性を訴えている。特殊法人が国の情報公開の適用外のままでは、国民の利益を守ることは難しい。存続する特殊法人に対しては、明確な情報を国民に公開することを早急に義務づけるべきである。

3　歴代内閣と特殊法人改革

村山内閣と特殊法人改革

土光臨調以降、特殊法人改革についての議論は一時中断した。特殊法人改革が正面に据えられたのは一九九四年の村山内閣であった。九四年二月に細川内閣が突然国民福祉税構想を発表し、各方面からの激しい反発に合い、翌日撤回した。その時に、増税の前に行政改革をやるべきだとの意見が各方面から強く出された。細川内閣は四月に退陣、次の羽田内閣も短命で、六月には自民党と社会党の村山連立内閣が誕生した。村山内閣は一方では消費税率の引き上げの検討を始めたが、一九九四（平成六）年の税制協議において消費税率を引き上げる問題で大蔵省が必要としていた七％を五％に押さえ、その不足分は行政改革によって捻出することを提案した。ここから村山内閣にとって行政改革は公約となり、特殊法人改革が政治日程として急浮上することとなった。

村山内閣の特殊法人改革では、特殊法人を廃止することより統合して数を減らすことが改革の中心であった[35]。例えば、船舶整備公団と鉄道整備基金の統合のように、無駄な特殊法人を統合して「超無駄な特殊法人」を作ってみても、特殊法人改革とは何の関係もない。行政目的の終わったものは統合ではなく、廃止でなければならない[36]。これほど議論されても、結局、法人の整理はいくつかの法人の統合と社会保障研究所という政治的に意味のない機関の廃止が決まっただけであった。しかし、驚くべきことに、この研究所の職員数はたったの二一人、役員は四人だが、常勤は二人であった。当時、特殊法人で働く職員数は約五七万人という数字を考えると、たった二人しかいない社会保険研究所を廃止しても特殊法人改革という名には値しない[37]。結局、「不退転の決意」で特殊法人改革に乗り出した村山内閣であったが、自民党の「族議員」の抵抗に遇い、最終的には「一六法人を八法人に統合、三法人の民営化、一法人の廃止」に止まった。しかも、主要な法人には手がつけられなかった[38]。

このように村山内閣の特殊法人改革は、実に中途半端な改革に終わってしまった。統合は改革と言えるのか疑問である。あるべき特殊法人改革は、不要な法人の廃止、経営が不透明で非効率な法人の民営化であって、特殊法人の統合ではないことは言うまでもない。統合になったのは、特殊法人の効率化のためというよりも政治的な抵抗が少なかったからである。廃止となれば多くの抵抗が予想される。ところが統合することで表面上は改革のように見え、実質的には制度が温存されることになる。このような合理的根拠のない統合が、次の特殊法人改革を必要とすることになる。

橋本行革と特殊法人改革

一九九六年橋本内閣が誕生した。橋本内閣は中央省庁の半減や独立行政法人制度の創設など中央省庁の改革に専念し、特殊法人の検討は自民党の行革本部が中心となって行った。こうした党の検討を受けて、橋本内閣では九七年に三回に分けて整理合理化案を閣議決定した。日本開発銀行や住宅公団、年金福祉事業団、農用地整備公団、雇用促進事業団の廃止などが並ぶが、そのほとんどは事業を新たにつくるところに引き継ぐ、数合わせに過ぎず、本格的な特殊法人の改革には程遠いものであった[39]。

橋本内閣では、「特殊法人等の見直しについて」（一九九七年三月一二日）において特殊法人の整理統合についての指針が明確に示された。特殊法人等については、行政改革の趣旨に則り、また、財政構造改革にも資するために、組織の合理化を進めるとともに、事業経営の効率化を図るように務める。まず、次のような基準で事業の見直しを行うことにより、組織の廃止、統合、民営化などに向けて整理合理化を進めることとなった。①政策目的の達成度、経済社会情勢の変化、官民の役割の見直しなどの観点からみて、政策として必要性が乏しくなったもの、②費用対効果、目的対手段などの観点からみて、政策として過度あるいは不整合と認められるもの、③特殊法人等の事業としてではなく、政府の直接処理、地方公共団体への移管、民営化あるいは民間委託など他の方法によることが可能あるいは適切なもの、④計画に比し採算が悪化し、特殊法人等の事業として行うに適切でないもの、⑤縦割り的発想から取り上げられている事業であるなどのため他の特殊法人等でも類似の事業が行われているもの。

さらに、①から⑤による事業の見直しにもかかわらず、組織の廃止、統合、民営化に至らず、事業の縮小に止まった場合もそれを必ず役員数および職員の定員の削減に反映させるものとする。事業の見直しの有無に関係なく、すべての特殊法人等を通じ、経営の効率化を図ることに努め、役員の定数および給与並びに職員の定員および給与を見直すとともに、その法人が行う調達などの取引について系列企業などとの癒着関係を根絶するなど市場原理を徹底的に導入するものとする。このような経営の効率化によって、特殊法人等の業務にかかる政府交付金、補助金、補給金等および資金コスト低減のための政府出資金、補助金などを削減し、財政負担および企業の公的負担の軽減を図ることとする。[40]

このような見直しの方針通り、橋本内閣で特殊法人問題の解決に向けて取り組むとができたならば、特殊法人改革は大きく前進していたに違いない。ところが、その後も特殊法人の問題は、行政改革の中での最優先課題として取り上げられた。その後の特殊法人の経営のあり方、借金の巨大化、談合問題などを考えると、従来の特殊法人改革のように、結局、橋本内閣でも大きな成果を挙げることはできなかった。改めて特殊法人改革の難しさを実感させられることになった。

小泉内閣と特殊法人改革

小泉内閣の特殊法人改革で最大のターゲットは、公共事業関係の特殊法人であった。すなわち、国土交通省所管の日本道路公団・首都高速道路公団・阪神高速道路公団、本州四国連絡橋公団、都市基盤整備公団である。これらの公団がなぜターゲットにされたのであろうか。小泉純一郎首相は、「聖域なき構造改革」を掲げて自民党総裁選挙に圧勝し、国民の圧倒的人気で総理大臣となった。したがって、公共事業の見直しを対象にしたのは当然であり、道路をはじめとする公共事業が特殊法人改革によって見直しの対象になった意義は大きい。なぜ、高速道路建設が特殊法人改革の最優先の対象になるのか。その理由は常識的に見るならば、公共事業の中で特別に予算規模が大きいことなどが考えられるが、政治的には、公共事業を最大の基盤とする橋本龍太郎元総理（自民党旧経世会）らの政治勢力に対する牽制という意味もあったといわれている。[41]

二〇〇一年一一月、まず日本道路公団など先行七法人の改革プログラムが発表され、一二月にはすべての特殊法人・認可法人一六三法人を対象とした「特殊法人等整理合理化計画」が発表された。その内容は民営化などが四五、独立行政法人に移行するもの三八、他の機関などに統合するもの一七、今後さらに検討するもの一三（政府系金融機関八、ギャンブル法人五）、現状維持五（日銀、日赤、NHKなど）となった。なお、民営化の対象として掲げられたものは四五もあり、そのうち一九は民間法人化するものであり、特殊会社（株式会社）にするものとして一四法人掲げられているものにはJR七社、NTT三社、JT、電源開発や帝都高速度交通営団のように、民営化されたり、すでにその方針が決まっているものがほとんどであった。(42)

小泉内閣の特殊法人改革の最大の争点であった道路公団改革は、道路公団民営化四法案が国会で成立し、二〇〇五年一〇月一日から民営化された。この法案が閣議決定されたとき、小泉首相は「民営化問題が持ち上がった時には、こういうことができるとは誰も信じなかった」と胸を張った。小泉首相は、自民党内の橋本派を中心とする多くの「抵抗勢力」と戦いながら法案成立にまで漕ぎ着けたことに満足げであった。しかし、改革の中身は抵抗勢力との妥協によって小泉首相が当初描いていたものとは大きく違った。自民党の道路族は、経営形態では譲ったものの、高速道路の建設計画九三四二キロは予定通り全線実現することになった。「民営化」という冠は小泉首相が取ったものの、「高速道路建設」という実は自民党道路族が取ったと言われている。

道路公団改革の本質は、これまで、国の税金や財投資金を湯水のように使い、無駄な高速道路を建設し続けたことで、結果的に約四〇兆円もの借金をかかえるようなシステムを根本的に改革することであった。そのためには、地元の利益を考えて、採算も合わない高速道路建設に圧力をかけてくる政治家（道路族）の介入をいかに排除していくかが重要であった。そして、その上、巨額の借金を新たな国民負担ではなく、通行料で返済していく道筋をつけることであった。しかし、改革の中身は、採算の合わない道路を建設するために「新直轄方式」（国自らが税金で高速道路を建設するしくみ）と、新会社が政府保証を受けて民間から資金を調達し、新たな高速道路を建設するしくみによって従来どおり高速道路が建設できる。この道路公団の改革は、結果的に見ると小泉首相が道路族に妥協に妥協を重ね、成立はしたものの改革の真髄は骨抜きにされた。真の評価は実際に民営化されて、一〇年、二〇年経って見ないとできないかもしれない。(43) 民営化とは言うものの、国民が考えているような民間会社になるわけではなく、株式会社という特殊会社にするということであり、「官製民営化」の見本である。したがって、財投機関であることも変わりなく、高速道路建設をこれまで通りできるし、公団という名前が消えるだけで中身は変わらない。これが道路公団などの改革の中身である。

小泉首相は特殊法人改革に激しい抵抗が出てくることは、十二分に承知しながらもあえてその改革に着手したのである。しかし、その抵抗はおそらく小泉首相が当初考えていたよりも強力なものであった。小泉首相は多くの特殊法人の統廃合・民営化を声高にぶち上げたのであるが、予想以上の妥協をせざるをえなかった。小泉首相自身は改革は進んだと言っているが、特に道路公団の民営化に関しては、本音では官僚と族議員に阻止されたと思っているかもしれない。

注

（1）www.mof.go.jp/jouhou/kokusai/saimukanri/2004/saimu02-04.pdf 一三三頁参照。

（2）栗原猛『改革はなぜ進まないか』（ＮＣコミュニケーションズ、二〇〇四年）一一六頁参照。

（3）並河信乃『検証　行政改革』（イマジン社、二〇〇二年）七三頁参照。

（4）栗原・前掲書（注2）一〇五、一〇八頁参照。
（5）並河・前掲書（注3）一九八頁参照。
（6）読売新聞一九九七年九月四日。
（7）朝日新聞一九九六年一一月二七日。
（8）拙稿「行政改革」秋山和宏・石川晃司・照屋寛之編『発言力』（サンワコーポレーション、二〇〇〇年）一二二頁参照。
（9）屋山太郎『抵抗勢力は誰か』（PHP、二〇〇二年）七三頁参照。
（10）江田憲司「日本の官僚はどこへ行くのか」論争一九九九年一一月号、六六頁参照。
（11）屋山・前掲書（注9）四六頁参照。
（12）白石一郎・富士通総研経済研究所『行革をどう進めるか』（日本放送協会、一九九八年）一六頁。
（13）松原聡『日本リストラ——行革こそ再生の切り札』（東京書籍、一九九九年）一六頁。
（14）朝日新聞一九九七年九月四日（社説）。
（15）金子仁洋『「政」は「官」をどう凌ぐか』（講談社、一九九五年）七九頁。
（16）栗原・前掲書（注2）一〇四頁参照。
（17）藤田宙靖「行革会議委員全内幕を語る」文芸春秋一九九八年二月号、三九〇頁。
（18）松下文洋『道路の経済学』（講談社現代新書、二〇〇五年）二五頁。
（19）松原聡『特殊法人改革』（日本評論社、一九九五年）九一～九三頁参照。
（20）（21）小田村四郎「特殊法人の効率性」季刊行政管理研究一九七八年六月号、一頁参照。
（22）栗原・前掲書（注2）五四頁参照。
（23）www.nomuralaw.com/tokushu/
（24）並河・前掲書（注3）三五～三六頁参照。
（25）「行政改革会議最終報告Ⅳ　行政機能の減量（アウトソーシング）、効率化等」参照。
（26）櫻井よしこ『日本のブラックホール　特殊法人を潰せ』（新潮社、二〇〇一年）一八頁参照。

(27) 並河・前掲書（注3）三九頁参照。
(28) 江田憲司『小泉政治の正体』（PHP、二〇〇四年）四五頁参照。
(29) 日本経済新聞一九九七年三月一六日（社説）。
(30) 野上修市『「行政改革」の開幕と行方』（新日本法規、一九九七年）二四四頁参照。
(31) 日本経済新聞一九九七年三月八日。
(32) www.nomuralaw.com/tokusyu/newhtml/jouhoukoukai/jouhou.html
(33) 日本経済新聞一九九六年一二月一〇日。
(34) 櫻井・前掲書（注26）五頁。
(35) 松原・前掲書（注19）一一〇頁参照。
(36) 吉田和男『行革と規制緩和の経済学』（講談社現代新書、一九九五年）一六〇頁参照。
(37) 松原・前掲書（注19）一一五頁参照。
(38) 日本経済新聞一九九七年三月一六日。
(39) 並河・前掲書（注3）五五頁参照。
(40) www.jimin.jp/jimin/saishin97/gyoukaku-04-2.html
(41) 堤和馬『特殊法人解体新書』（中公新書、二〇〇二年）一一九～一二〇頁参照。
(42) 堤・前掲書（注41）一七五頁参照。
(43) 江田・前掲書（注28）四五頁参照。

第5章　人事行政と公務員制度の改革方向

李　憲模

1　はじめに

国家の運営および行政活動を行う上で、より重要なのは、有能な人材をいかに発掘・育成・管理するかにあるといえる。とりわけ、日本のように、天然資源に恵まれない国ほど、公共と民間部門とに係わらず、有能な人材の発掘・育成・管理の重要性はいくら強調しても度が過ぎることはないはずである。その意味で、国や自治体が競争力を高めるには、その組織の人材競争力をたゆまず強化することが前提条件となる。

近年、日本では、中央・地方を問わず、従来公共部門における重要な担い手であり続けた公務員に対する国民の視線に厳しいものがある。これには、バブル経済崩壊後の厳しい財政事情も影響しているようだが、相次ぐ不祥事による公務員の倫理観・規律観の弛緩、政策立案・執行能力に対する信頼の低下、コスト意識・サービス意識の欠如、民間との待遇の格差など、様々な指摘があり、これらが原因で国民の指弾を受けていると思われる。

こうした状況の下で、公務員集団はたえず自己変革を求められるようになり、さらには、既存の公務員制度についても種々の問題が提起され、本格的な改革のメスが入れられようとしている。本章では、国の運営における人事行政のもつ意義や重要性を人事行政の歴史と絡めながら検討する。その後、現在の公務員制度改革論の背景や課題について市民アンケート調査結果などを踏まえつつ、今後あるべき公務員制度改革の方向性を述べることにする。

2　人事行政の意義および発展

人事行政の意義

現代国家の行政活動は、行政部が公共の問題を解決するために行う活動と、これを効率的に遂行するために必要な政府組織内の管理活動とに分けられるが、人事行政は、公益を達成するため、政府組織に必要な人材、すなわち公務員を充員・配分・管理する行政活動や技術をいう。「行政は人なり」と言われるように、「人」すなわち職員は「物」や「金」とともに行政にとっては欠かせぬ三大要素の一つである。しかし、行政は個々の職員がばらばらに存在するだけでは成立せず、各レベルの組織単位ごとに職員の集合的努力が必要となるが、この集合的努力をより良く実現するためのしくみと運営を維持するのが広い意味での人事管理、換言すれば人事行政に他ならない[(1)]。

人事行政は、国や自治体といった政府が、多様な行政活動を遂行する上で、その活動が民主的・能率的に遂行され、かつ効率を高めるため、行政活動の担い手である職員、すなわち公務員集団を効率的に管理・活用して本来の行政目標を達成するところに意義がある。そのためには、行政の担い手である公務員が、自らの職で満足を得ることによって、より優れた能力が発揮でき、行政水準のグレードアップに貢献できるような人事行政でなければならない。こうした人事行政の目標は、有能な人材を確保し、その人材の能力を最大限に維持し、活用することに他ならない。

かつて、辻清明は人事行政は公務を運営していく「基盤行政」であり、「一切の行政の土台」と定義しながら「人事の問題は、行政の核心である」というヘルマン・ファイナーの言葉を引用し、人事行政の重要性を強調したが、(2) まさにその表現の重みは、今もまったく変わることのない至言であるといわねばなるまい。昨今の人事行政は、量・質ともに激しく変化しつつある国内外の状況を的確に捉え、行政課題を見つけ解決しえる人材を確保し、管理する必要があるのであり、結局、積極的な意欲と高いモチベーションをもつ有能な人材が長期的には、行政の効率性を高めることになるという点で、人事行政の重要性が確認される。

人事行政の発展

公務を執行する人の人事に関する権限に属する行政作用である人事行政は、国の行政の基盤となる行政であり、人事行政が一般行政の持つ目的を達成するための基本となる行政である以上、それがいかなる規範、制度、機構の下で執行されるかは重要な意義を有しており、それゆえ、人事行政が執行されるための規範、制度、機構は一国の政治社会体制の根幹にかかわるものである。かかるものとしての人事行政は、それを制度の面を重視して、時代により官吏制度ないしは公務員制度と呼ばれる。(3)

官吏制度ないしは公務員制度が確立され始めたのは、絶対君主制時代である。もちろん、それ以前の中世封建時代にも、君主を輔弼し執務を司る家臣は存在したが、今日にいう公務員には程遠い。なぜなら、中世封建時代の君主と臣下との関係は、身分的支配・服従関係であり、君主の家内事務と国家の公共事務は区分されていなかったためである。したがって、この時代には今日のような公務員制度は発達していなかった。

今日のような、人事行政の制度や機能が確立され始めたのは、産業革命以降、大量生産体制に相応しい経済の統一市場の形成というニーズが増大するにつれて、分権的な封建社会が中央集権的統一国家を目指す必要に迫られてからである。絶対君主国家は、中央集権的な統一国家を維持するため、常備軍を創設し、財源調達や管理を担当する官僚組織の確立が必要になってきたのである。そこで、大規模の官僚組織を整備し、管理するための人事行政の制度と機能が体系化され始めた。

さて、絶対君主制時代以降、今日のような公務員制度が、いかなる変遷過程を経て今日に至っており、その制度の特徴は何かを簡単に記しておきたい。

猟官制（spoils system）

猟官制は、政党に対する貢献や人事権者の信頼関係を基準に公務員を任用する制度である。そのため、公職は選挙で勝利した政党の戦利品として政党の支持者に配分される。猟官制は、一八二八年に米大統領に就任したジャクソンによって初めて確立されたが、この用語は一九世紀中葉に米上院議員マージーの用いた「獲物は勝者のもの（to the victor, belong the spoils）」という有名な文句から生まれた(4)。

猟官制は、①公職の開放化が促進され、特定の集団による官職の特権化を予防、②行政に対する民主的統制の強化と行政の民主化に貢献、③公職の官僚主義化と沈滞化の予防、④民主政治の基礎となる政党政治の理念の具現に寄与、⑤重大な政策変動と政治的変革への対応に有利、という点などが長所として挙げられる。

だが、こうした政治家による直接的な公務員の人事統制は、やがて深刻な政治腐敗と行政の非能率を生み出し、政府は戦争や行政国家化によって複雑かつ膨大になった行政ニーズに対応することができないまま、財政的にも困窮化していった[5]。なお、猟官制は、①行政の素人である非専門家の任用による行政の専門化を阻害、②政権交代のたびに人員が大量に交替されるため、行政の継続性、一貫性、安定性を阻害、③政治的要求を充足するために必要のない官職の増設などによる財政上の無駄を招き易い、④公職への就任や身分の維持が専ら所属政党や執権者に対する忠誠に依存するため、行政の公平性・中立性を保障することが困難である、といった弊害が同時に存在する。

しかしながら、猟官制には前述の弊害や短所を併せ持っているとはいえ、現代の先進民主国家においては、程度の差こそあれ、政治的な任用は依然として行われており、まさにそれは政治と行政との関係を考えると、当然といえば当然のことである。ただし、どのポストまで、どの程度の範囲まで政治的任用を行うのが妥当なのかは、各国の政治体制や政治風土・歴史などに大きく依存されざるをえないので、一概に猟官制の現代バージョンともいえる政治任用の是非を論じることは困難である。

コラム　不景気になると公務員の人気は高まる？

「不景気になるほど公務員の人気は高まる」といわれるが、果たしてどうなのか。かりにこの仮説が成立するのであれば、九〇年代以降の景気低迷による長引く不況の下、公務員希望者数に変化がみられているに違いない。

国家公務員Ⅰ・Ⅱ・Ⅲ種の場合、九一年度を基点にその後四年間は軒並み応募者が増加している。ところが、五年目からは減少傾向をみせ、九九年度一時微増するが、それ以降は再び減少し、その後はほぼ平行線を辿っている。そこで、九一年以降四年間の時期がまさにバブル経済の崩壊期と重なるため、前記の仮説が説得力を得ていると思われる。しかし、九五年以降は全体的に減少傾向にあり、ここ四年間（〇一～〇五年）の統計をみても応募者数が微増・減を繰り返しており、それが直ちに景気の好・不況による変動であるとは判断し難い。

さて、国家公務員を就職先として希望する若者の動機をみると、①社会的貢献度が高い、②仕事のスケールが大きい、③安定している、④若くして責任ある仕事ができる、といった順になっている。不況の煽りで公務員を希望するのであれば、「安定」が、もっとも上位にランクされて良いはずだが、むしろ「社会的貢献度」や「仕事のやりがい」を追い求めて公務員の道を選ぶ傾向が窺える。

人事院『公務員白書』（〇二年度版）のアンケート調査結果によると、国家公務員Ⅰ種希望者も民間企業第一希望者も、公務員は社会的貢献度が高く、身分の安定と高い社会的ステータス、という点で共通の認識を示しているものの、「実力本位で昇進できず」、仕事も「創造的、挑戦的ではなく」、「若くして責任ある仕事ができない」といったイメージになっており、働かない、前例踏襲主義で新しいことをしない、年功序列である、といった典型的な公務員批判イメージが民間企業第一希望者には多いという。

こうした結果を総合して判断すると、国家公務員という職が若者を惹きつける魅力ある就職先となるためには、典型的な公務員のマイナスイメージを刷新する努力こそが急務であって、景気の好・不況による公務員の人気云々は、結局、根拠に乏しい仮設にすぎないと言わざるをえまい。

成績主義（merit system）

成績主義（merit system）は、人事管理が実績に基づいて行われる人事制度で、公務員の任用を能力の実証に基づいて行われなければならないというもので、資格任用制ともいう。成績主義は、猟官制の実施に伴う政党政治の変質と堕落現象および非能率を是正する手段として提案された。猟官制は、社会環境の変化に伴い、少なからぬ副作用を生み出し、これが成績主義樹立の要因となった。アメリカの場合、猟官制克服のため、一八八三年ペンドルトン法[6]が制定され、資格任用制と政治的中立性を根幹とした最初の連邦公務員制が制定された。

成績主義とは、一言でいえば、公職の任免を個人の能力、資格、適性に基準して実施する制度である。成績主義の主要構成要素は、公職就任の機会均等、公開競争と実績による任用、公務員の政治的中立と身分保障を含む。成績主義は、究極的には人事行政の能率性、民主性、公平性を追求するという点で正当性が見出される。つまり、成績主義の基本原則である公開競争試験は、公職就任の機会均等という民主的要請を充足させ、公務員の政治的中立性を求めるため行政の公平性が保障される。また、公務員の身分保障は、行政の安定性と継続性を維持し、さらには行政の専門化を促進するのに寄与する。

だが、成績主義も時代状況の変化に伴い、いくつかの問題点を孕んでいると言わねばならない。第一に、成績主義が、ともすれば、外部に門戸を開放しない消極的な人事行政につながり、公職世界の閉鎖性・硬直性を一層強化する恐れがあること、第二に、能力による任用と身分保障という隠れミノによって保護されるあまり、国民からの監視の目が届き難く、政治指導者が公務員を統制することが困難であること、第三に、公務員の政治的中立性は、国民のニーズに公務員が鈍感になる要因ともなりえること、などを成績主義の短所として指摘することができる。

しかしながら、現代のいかなる民主主義の国といえども、大多数の公務員を選挙ではなく、また縁故や選挙運動への貢献でもなく、資格・能力を基準に競争試験によって選んでいるのが実状であり、資格任用制が前記した課題を抱えているとはいえ、現代民主国家においては、公務員任用の基調をなしていると言わねばならない。[7]

3　現行の公務員制度

公務員の概念

公務員とは、簡単に定義すれば、「政府（国および地方公共団体）の行政機関において公務に従事している職員」と言える。しかし、一言で公務員といっても、公務員の種類は様々であり、公務員の意味も多義的であるため、公務員という概念を定義するのは容易なことではない。

日本国憲法においては公務員に対し、「すべて公務員は、全体の奉仕者であって、一部の奉仕者ではない」（一五条二項）と定め、公務員が政治的偏向をもたず、公正・中立の立場を堅持するよう公務員に不偏不党性を要求している。また、「公務員を選定し、及びこれを罷免することは、国民固有の権利である」（一五条一項）とし、戦前の天皇の官吏という概念を否定している。だが、二〇〇四年度末現在約四〇八万人（国家公務員九六・七万人、地方公務員三一一・七万人）を数える公務員の中で、国民が実際に選定・罷免できるのは、国会議員および自治体の首長・議員、リコール（解職）の対象となる役職者など、限られた公選職の公務員のみであり、その他の大半の公務員に対する国民の選定・罷免権は実際有しない。憲法の考え方は、政府の少数の主要メンバーを国民に選択させることによって、政府全体への民主的コントロールを確保しようとするものである。[8]

憲法の他にも、公務員に対する法制上の記述は、刑法（第七条）、国家賠償法、国家・地方公務員法などにおいて規定しているが、公務員に関する定義が一義的に定まらないのが現状である。そこで当然ながら、一言で公務員といっても、種々の職種に細かく分類されており、実定法においても一律的な適用がなされておらず、職種によって異なる法制の適用を受けることとなる。[9]

通常、一般的に公務員という場合と、法制上の規定による公務員という場合とでは概念のズレが生じる。例えば、①閣僚の経歴をもつ有力政治家、②中央省庁の高位公務員、③自治体の清掃担当職員という三人がいると仮定した場合、それぞれ三人で共通しているのは、法制上の身分が「公務員」だということである。しかし、法制上の分類に基づいて区分するならば、①の政治家は、公務員の中でも特別職の公務員に該当し、国家公務員法の適用を受けない、②の場合は、国家公務員でその点①と同じだが、特別職ではなく一般職に分類され、当然国家公務員法の適用を受ける立場であり、もっと細かく細分化するとキャリア出身の公務員である。これに対し、③の場合は、特別職でなく一般職であるという点では②と同じだが、決定的な違いは、③は国家公務員でない地方公務員であり、非現業ではない現業公務員であるという相違がある。このように、同じ公務員といってもそれぞれ細かく分類・区分されており、さまざまな形態をとっているため、一概に一括りにするのは困難を極める。

そこで、本章で公務員と表記する場合は、国家公務員と地方公務員とに係わらず、特別職ではない一般職で、仕事の形態が現場中心の勤務形態よりも、主に行政機関や役所内で働く非現業の行政一般職の者を公務員という。

公務員の種類

現行公務員制度の適用を受けている公務員は、大別して国家公務員と地方公務員とに二分される。国家公務員は、国の行政機関で公務に従事する者をいう。選挙で選ばれた「国会議員」をはじめ立法、司法、行政の各部に属するすべての職員を含む。他方、地方公務員は、地方公共団体のすべての公務員を指す。すなわち、都道府県、市町村、特別区、地方公共団体の組合、財産区および地方開発事業団の公務に従事する者は、正式採用か臨時採用かなどを問わず、すべて地方公務員である[10]。

公務員は、一般職と特別職とに大別される。国家公務員については、国家公務員法に詳細に列挙されている（第二条一項）。ここに列挙されている特別職とは、内閣総理大臣をはじめ、大臣、副大臣、政務官、大公使などの政務に従事する者の他に、三権分立の原則に基づき人事権が別途設計されている司法部（裁判官、裁判所職員）、立法部（国会職員）に続き、防衛庁職員、宮内庁職員などがすべて国家公務員特別職として分類される（全部合わせて約三〇万七〇〇〇人、二〇〇五年度末予算定員、以下同様）。

これに対し、一般職とは、特別職に属する職以外の国家公務員をいい、国家公務員法では職員と表記される（一般職職員約六六万四〇〇〇人）。一般職には、さらに現業と非現業とに分けられるが、非現業国家公務員は約三〇万人で、人事院勧告の対象となる公務員である。

地方公務員についても、国家公務員の分類基準に準じているため、ほぼ同様に整理されるが、若干の相違もある。例えば、国家公務員では一般職と分類されている非常勤の顧問、参与等について、特別職に分類されている。地方公務員も、一般職は特別職以外の者すべてが該当するのは国家公務員と同様である。国家・地方公務員を合わせた人数は、二〇〇四年度末現在約四〇八万人で国家公務員が九六・七万人、地方公務員が三一一・七万人である。

4　公務員制度の改革方向

一般的に優れた国家は優れた公務員制度を持ち、劣った国家は劣った公務員制度しか持っていない。公務員制度の良否はその国家の運命を左右し、国民の幸・不幸に直接つながるとされる。[11] その意味で、国家の隆盛や国民生活の向上に資する良質の公務員制度をいかに作り上げ、維持・管理していくかは国家次元という大局的な視野で眺望し設計する必要がある。

日本では、明治新政府によって官吏制度が形作られて以来、戦後の改革によって現在の公務員制度が整備され、運用されてきた。これまで過去にも、一九世紀後半からの行政国家化と第二次世界大戦後の福祉国家化による行政の量・質における拡大と変貌、一九七〇年代のオイル・ショック以降の「福祉国家の危機」をきっかけとする行政の抜本的な見直しが、各国において公務員制度改革を促す大きなきっかけとなってきたが、[12] 近年の公務員制度改革を促している要因や背景は何かを探ってみたい。

コラム　日韓における女性公務員の地位は？

近年、日韓両国は「男女共同参画社会基本法」などに見るように、男女平等社会の実現へ向けた制度的な装置が整いつつあるといえる。日本の場合、国が率先して女性国家公務員の採用・登用に取り組む必要があるという認識の下、人事院が策定した「女性国家公務員の採用・登用の拡大に関する指針」に基づき、各省庁は二〇〇五年度までの目標を設定した「女性職員の採用・登用拡大計画」を策定し、女性の採用・登用の拡大に向けた取り組みを推進しており、女性に対する受験制限の緩和も施されている。実際、最近五年間（〇二年度基準）の試験採用者の男女別構成比をみると、女性の割合は三〇％台で推移していたが、国家公務員の管理職女性公務員の割合をみると、八五年（全体の〇・五％）から〇二年（全体の一・三％）に約三倍近く増加している。

他方、韓国の場合も、公職の男女区分募集制の廃止（八九年）、女性採用目標制実施（九六～〇二年）、軍加算点の違憲決定（九九年）など政府の政策的努力によって女性公務員の比率が増加の一途を辿っている。なお、韓国は女性政策を主務とする「女性家族部」を設置するなど、国レベルにおいて積極的な政策を展開している。こうした積極的な女性政策が奏功したのか、〇三年度末現在の韓国の公務員（中央・地方）人数は、九〇万弱であるが、その中で女性公務員は三〇万人を少し超え、全体の三四％を占めている。なお、中央行政機関の管理職における女性の割合を見ると（〇三年三月現在）、室・局長クラスは一・五％、課長級は四・五％、係長級は七・三％と増加している。

このように、日韓両国における女性公務員、とりわけ管理職への進出の度合いを見るかぎり、やや韓国の方が女性の割合が高く、その点評価に値するかもしれない。しかしこれは、あくまで国家公務員における女性管理職の割合を示しているだけにすぎず、社会全体レベルにおける日韓の男女平等指数には開きがあるのも事実である。例えば、国連開発計画が発表した『人間開発報告書』（〇一年）によると、男女平等指数、女性権限尺度において、日韓両国とも順位が低くランクされている。この報告書を読むかぎり、日韓両国は公職への女性の進出は国の政策の後押しもあり、徐々に漸増しているとはいえ、社会全体から見ると、まだ日韓両国の女性の前には「男性優位」「男尊女卑」という旧態依然とした厚い壁が立ち塞がっているように思えてならない。

今なぜ公務員制度改革なのか

二〇〇一年一二月二五日に閣議決定された「公務員制度改革大綱」（以下、「大綱」という）において、政府は、昨今の厳しい経済状況や財政事情に触れた後、行政改革を最重要課題の一つとして位置づけ、中央省庁体制の新たな確立とともに内閣機能の強化について述べている。そして新たな中央省庁体制と同時に行政の組織・運営を支える公務員について、政策立案能力に対する信頼の低下、前例踏襲主義、コスト意識・サービス意識の欠如などを問題点として指摘している。

そこで、真に国民本位の行政を実現するためには、公務員自身の意識・行動自体の改革が不可欠であり、公務員の意識・行動原理に大きな影響を及ぼす公務員制度を見直すことが重要であると言及している。しかも、公務員制度の見直しに当たっては求められる専門性、中立性、能率性、継続・安定性の確保を確認しながら政府のパフォーマンスを飛躍的に高めることを目指すと述べている。

戦後改革によって形作られた現行の公務員制度が、一九五〇年代の戦災復興、六〇年代の高度経済成長、七〇年代の二度にわたるオイル・ショックを乗り越え、八〇年代のいわゆる日本の全盛期を具現するまで、大きな役割を果たしてきているのは否め難き事実である。しかし、九〇年代に入り、バブル経済が崩壊し、景気低迷で混迷を続けるようになると、公共・民間部門を問わず、既存のシステムに対する見直しの必要に迫られるようになった。

そこで、当然ながら民間部門では、企業の競争力を強化する必要に迫られ、「人件費コストの適正化」を優先課題とし、経営効率の向上と雇用コストの軽減のために、多様な雇用形態を最適に組み合わせる考え方を徹底させ、実績主義的な人事・賃金・退職金制度への改革などが取り入れられるようになる。このことは、必然的に行財政改革も射程の内になり、国民負担率の軽減を理由にした行財政改革を求められるようになる。具体的には、社会保障制度の合理化・効率化、国および自治体の議員や公務員の削減、公務員給与水準の適正化、特殊法人改革、公共事業の見直しなどが挙げられる。(13)

こうした民間部門における変化や要求の一方、行政と公務員に対する根源的な疑念が国民各層に広がり、既存の公務員制度システムに対する信頼低下や不満などが公務員制度改革を導くベクトルとなって表れつつある。近年公務員制度改革論議が活発化された背景には、やはり九〇年代以降の公務員に対する国民感情の変化を看過してはならない。それに加え、より根本的には、ミレニアム世紀を向かえ、国内外の諸般情勢の変化があることも見落としてはならない。二〇世紀型の国のシステムが行き詰まり、新たな二一世紀型のシステムの構築が急がれる今、国内的には、天文学的な累積債務、急激に進む高齢化・少子化に伴う生産年齢人口の減少、成長一辺倒だった右肩上がり経済の終焉、今や人・物・資金・情報の往来に国境の境目が崩壊され急速に進む国際化、通信手段の発達に促進された情報化社会の到来等などは、次々と新しい行政課題を突きつけており、既存の行政組織をまたがりより複雑・高度化している。(14)

こうした歴史的な転換期ともいえる国内外の諸情勢の変化に敏捷に対応し得る生産性と効率性に優れた行政組織への転換がまさに今求められているといえよう。

公務員制度の改革方向

二〇〇二年七月に連合・連合官公部門連絡会が「行政と公務員に、何を求めているか」というテーマで市民を対象にアンケート調査を行っている。(15) このアンケート調査の結果を基に、今後の公務員制度改革に向けた方向性を推論してみるのも意義があると思う。なぜなら、今次の公務員制度改革において最も重視され、優先視されるべき課題は、何よりもまず国民に信頼される公務員像の構築であり、そのためには、国民の意見に耳を傾けることが必要かつ不可欠となるためである。

まず、「行政の不祥事についてどう思いますか」という質問に対し、「あまりにひどくてうんざり」(五二・一%)、「残念で、憤りを感じる」(四四・〇%)とし、ほとんどの人が厳しい批判を寄せている。その理由として、①原因究明が曖昧、責任逃れ、もたれあい蔓延、②事後処理などへの不要な時間、費用の無駄、③国民無視、消費者不在の行政決定、④倫理観、道徳観の欠落という回答が、「そう思う」と「ややそう思う」を合わせると、いずれも九〇%前後と高い数値を示している。

第二に、前記したように、公務員の不祥事が続く原因については、「公務員の自浄努力、危機意識の欠落」(五二・〇%)、「政・官・業の癒着構造」(四六・一%)、「歪んだエリート意識や倫理観喪失」(三八・五%)、「省益優先や縄張り主義」(三六・三%)、「公務員としての使命感、目的意識の希薄」(三〇・五%)が挙げられている(八項目から三つ以内選択)。このように、公務員の相次ぐ不祥事に対し、公務員自らの自浄努力や危機意識の乏しさを過半数以上の人が指摘しており、古くてかつ体質化されている政・官・業の癒着についても、約半数の人々は指摘している。

第三に、〇一年閣議決定された「大綱」について、これを「知らない」という応えが六一・九%だったのに対し、「よく知っている」という答えはわずか七・一%にすぎなかった。このように、公務員制度改革の枠組みを定めている「大綱」の存在やその決定について、知っているのはわずかな少数に過ぎない。このことは、公務員制度改革が、真に国民本位の、国民のための改革であり続けるためにも国民の意見が広く反映されたものでなければならないことを考えると、大きな問題といわねばならない。なぜなら、本来、国民のため、国民本位の公務員改革を目指すのであれば、その改革の過程に国民が如何なる形であれ、コミットしなければならないし、国民のコミットのない改革など成功の見通しはなきに等しいからである。このように「大綱」が決定されるまでの過程が、国民には知らされておらず、経済産業省の一部グループと数人の首相経験者による非公開の謀議で決められ、「官の、官による、官のための」改革案になっているというシビアな批判にさらされても仕方があるまい。[16]

第四に、今次の公務員制度改革の目玉の一つであり、世間の風当たりの強い、「キャリア制度」と「天下り」に関する市民の意見は、「キャリア制度」については、「廃止すべき」が三八・四%、「再検討すべき」四七・一%を合わせると、ほぼ九〇%にのぼる。そして「天下り」については、「廃止すべき」五四・二%、「再検討すべき」三四・七%でこれもほぼ九〇%近い人が廃止や全面禁止、再検討を求めており、最も厳しい眼差しで注視しているのが読み取れる。他方、「キャリア制度」と「天下り」に支持を表明している人は、それぞれ四・五%、二・一%に過ぎない。

第五に、市民はどのような改革課題、方向を重視しているかを問うた結果（八項目から三つ以内を選択）、回答は分かれたが、「公務員一人ひとりの職業倫理観の確立、意識改革」四〇・四%、「能力・実績に基づく人事・給与制度確立」四〇%、「政・官を主導する政治家が必要」三六・一%、「政治家と官僚の接触の原則禁止」三三・八%、「戦略思考の優秀な人材を登用」二八・

四％を記録し、その後を「多様な人材確保、採用枠の拡大」、「官・民の人事交流の促進、活性化」、「公務員の基本労働権の確保」という順に続いている。

最後に、公務員制度改革の決定方法をたずねたところ、七五・一％が「政府と公務員組合、国民の代表が協議して決める」ことを求めている。「今までと同じで政府が決めたらよい」はわずか四・〇％であり、「政府と公務員組合との協議」としたのは、一二・一％であった。こうした結果をみると、国民不在の公務員制度改革のプロセスに国民は不満を感じているようで、このことが、いずれ国民の支持を必要とする改革の道程に足かせとなりはしないかと危惧される。

以上のような、市民を対象にしたアンケート調査結果を総合すると、①行政の不祥事による公務員の信頼低下、②公務員の自浄努力の欠如、政・官・業癒着、エリート意識への批判、③「キャリア制度」「天下り」の禁止・再検討、④一人ひとりの職業倫理観の確立、意識改革、⑤能力・実績に基づく人事・給与制度の確立、⑥政・官を主導する政治指導部の力、などに公務員制度改革に対する国民の最も大きな関心や批判が寄せられており、こうした国民の指摘を謙虚に受け止め、真に国民本位の、国民のための公務員制度改革の実現に導く改革案を練り上げなければならない。

5　おわりに

公務員制度改革は、今後日本の行政のあり方や国民生活に大きく影響するものであるだけに、慎重に慎重を重ねなければならない。だが、公務員制度改革が当初の予定より遅々として進まないのは、実態の見えない政治主導という空虚な掛け声と政治のリーダーシップ不在に大きく起因するが、より根源的には、国民不在のまま「公務員の、公務員による、公務員のため」の改革に成り下がっているためではないだろうか。

そもそも、改革とは、何か奇抜なアイデアを実践するものではない。現実の利害関係によって歪曲された原論を正すものである。その意味で、公務員制度改革は真に国民のための改革のはずであり、国民による改革でなければならない。また、いかなる改革であれ、クーデターでもない以上、それを成功させるためには、国民の全幅的な支持と信頼を取り付けなければならない。その意味においても、今次の公務員制度改革の主体はあくまで国民であることを忘れてはならない。

本来ならば、今次の改革の対象たる「官僚」に改革の下図を描かせるようでは、改革の前途は遼遠にならざるをえまい。要は、従来通りの「官僚任せ」「役所任せ」ではなく、国民・政治家・官僚が同等の立場で改革過程に参加すべきであり、今次の公務員制度改革こそ、従来の「官僚主導」から「政治主導」のシステムが確立されるかどうか、日本政治の真骨頂が試されるものといってよい。

注

(1) 阿部齋・今村都南雄・寄本勝美編『地方自治の現代用語』(学陽書房、二〇〇一年)一六三頁。
(2) 辻清明『公務員制の研究』(東京大学出版会、一九九一年)二頁。
(3) 人事行政研究会編『公務員』(現代行政全集4、ぎょうせい、一九八五年)一七〜一八頁を参照。
(4) 阿部・今村・寄本編・前掲書(注1)一六五頁。
(5) 西村美香「公務員制度」森田朗編『行政学の基礎』(岩波書店、一九九八年)一一〇頁。

(6) ペンドルトン法は、猟官制を是正し、資格任用制を広く導入したアメリカの連邦公務員法である。猟官運動に失敗した男によるガーフィールド大統領の暗殺事件を契機に一八八三年に制定された。ペンドルトン法の成立事情については、西尾勝『行政学』（有斐閣、一九九三年）二四頁に詳しく紹介されている。

(7) 西尾隆「公務員制度と人事」福田耕治・真渕勝・縣公一郎編『行政の新展開』（法律文化社、二〇〇二年）二〇六頁。

(8) 西尾・前掲論文（注7）二〇六頁。

(9) たとえば、国家公務員法における特別職の公務員が適用除外となることがある（国家公務員法第二条五項）。

(10) ただし、例外として「地方警務官」がある。地方警務官は勤めるのは、自治体警察である都道府県であるが、身分は地方公務員ではなく、一般職の国家公務員である。現在、警視正以上の階級にある警察は、勤務地は都道府県といった自治体であるが、身分は地方公務員ではなく、国家公務員の一般職である（警察法第五六条）。

(11) 坂弘二『地方公務員制度』（学陽書房、二〇〇二年）一頁。

(12) 西村・前掲論文（注5）一〇九頁。

(13) 白藤博行「地方公務員制度改革論」西谷敏・晴山一穂編『公務員制度改革』（大月書店、二〇〇二年）一二九～一三〇頁を参照。

(14) 公務員制度改革に関する研究会『公務員制度改革に関する提言——中間報告』（二〇〇四年六月）を参照。

(15) 以下のアンケート調査の結果に関する記述は、連合・連合官公部門連絡会による「行政と公務員に何を求めますか」（二〇〇二年七月）を大いに参考にしている。詳しい資料の内容については、http://www.komu-rokyo.jp/komu_shiryo.html を参照。

(16) 北沢栄『官僚社会主義——日本を食い物にする自己増殖システム』（朝日新聞社、二〇〇二年）二五八～二六二頁を参照。

第Ⅱ部　地方行政の先端理論

シリーズ日本の政治

3

現代日本の
行政と地方自治

第6章　自治体におけるオンブズマン制度

照屋　寛之

1　自治体とオンブズマン制度

自治体へのオンブズマン制度導入の潮流

一八〇九年にスウェーデンで制度化されたオンブズマン制度は、一九五〇年代に世界的に導入され、特に、七〇年代から八〇年代には各国に加速度的に普及した。今やオンブズマン制度は、行政の監視、行政の苦情処理および行政改善にとって不可欠な制度になっている。ところが、世界各国がオンブズマン制度を導入するという潮流の中で、わが国はその制度化がきわめて遅い。はじめて川崎市で一九九〇年にオンブズマン制度が導入されてからかれこれ一五年になる。しかし、その普及の速度はあまり芳しくないのが実状である。ちなみに、全国の自治体におけるオンブズマン制度導入の状況は、二〇〇四（平成一六年）一一月現在、都道府県で五道県、市町村（特別区を含む）で、一一七の特別区および市、合計一二一の自治体で導入されているにすぎない。情報公開制度が「作る時代」から「使う時代」「改正の時代」と言われているが、オンブズマン制度は、いまだ「作る時代」である。その主な理由としては、「オンブズマン制度は政治や行政の制度として中心的な位置を占めるわけではなく、住民の権利を擁護し自治体における主人公としての住民の地位を保証する補完的な装置に過ぎないからである[1]」と言われている。さらに、制度化が進まない別の背景としては、行政側がチェックされる立場にあり、あまり積極的になれないということもある。また、本来ならば率先して制度導入に立ち上がるべき議会も監督機能が奪われることに対する警戒感があるかもしれない。

わが国の場合、オンブズマン制度を導入しても、これまで自治体の事務の主要部分が国の各省庁からの機関委任事務の形をとっていただけに、それを放置したままで導入してもどれだけの自主的な活動ができるのか疑問である、との指摘もあったように、機関委任事務制度の下ではオンブズマン制度を導入してもその効用には自ずと限界があったであろう[2]。しかし、機関委任事務が廃止された現在、オンブズマン制度は自治体でその本来の機能を発揮することが可能であろう。

地方分権が声高に唱えられる中にあって、これまで以上に自治体の権限は増加し、それに伴って行政機能がますます拡大し、それに伴う官僚主義化の危険性が増大することは確実である。このようなことを考慮するならば、自治体でもその制度の導入を真剣に検討すべき時期であろう。さらに、市町村合併による自治体の規模拡大の中で、オンブズマン制度の導入の必要性はこれから徐々に高まるであろう。二一世紀において、公正な行政の展開を期すためには、国・地方において、オンブズマン制度の確立は、自治体の重要な責務であり、行政の標準装備といってもいいのではないだろうか。

自治体オンブズマン制度の存在意義

(1) 政策変更機能

オンブズマン制度を導入し、オンブズマンの意見表明や勧告によって、今日の行政運営に求められる民主的な手続きの確立、これまでの縦割り行政の弊害の除去、わが国の行政にありがちな先例踏襲による形式主義などが見直されつつある。このように、行政運営の積極的な改善を期待することができ、オンブズマンの意見表明や勧告を受け入れることによって政策変更が行政の現場で実際に行われている。今日、行政の非効率の問題、環境問題、学校・家庭教育問題、高齢化社会の到来による老人医療問題など多様な課題があり、これまでのような個々の苦情あるいは行政運営の改善によっても抜本的な解決に結びつかない場合も生じる。そこで、オンブズマンには日々の業務を通じた市民感覚で新たな価値の提示を行ったり、政策変更や政策形成への市民の公的代弁者としての役割が期待されている。政策変更など政策にかかわる意見表明や勧告を行うオンブズマンも実際に見られるようになっていることは、オンブズマン制度の機能として強調すべきである[3]。

(2) 職員の意識改善機能

オンブズマン制度の機能として、自治体職員の意識改革を挙げることができる。制度ができるまでは市民から行政に関する苦情が出されると、職員は行政側に立った判断基準で処理することが一般的であった。しかし、制度導入後は市民と行政との間にオンブズマンが入ることになり、これまでのような対応では処理することができなくなった。しかもオンブズマンの管轄は職員の行為も対象範囲としているので、市民に対する対応が悪いと、オンブズマンに苦情としても申立てられることになる。今日ではオンブズマン制度が導入された自治体では、巨大な行政に対して弱い立場にあった市民を公正な立場で、むしろ市民の側に立ってオンブズマンが救済することによって、職員が緊張感を持って仕事をするようになり、職員の意識は変わっていくことになる。[4] 沖縄県の初代オンブズマンの石田穣一氏は「県の担当者は、一般的にみて調査に協力的である。中には不快感や迷惑がる態度をとることもあり、オンブズマンの存在自体が煙たがられるが、これがまさに実質的な行政監視機能であり、また結果的に職員意識改善機能も果たすことになる」[5] と、その効用を体験の中から述べている。

(3) **行政の対応能力の向上機能**　川崎市市民オンブズマンの第一期のオンブズマンを務めた杉山勝彦氏が、「条例に基づく是正勧告などの措置を念頭におきながら、調査をし、その過程で市側にオンブズマンの意見を出すと、すばやくその意見に沿った改善策が市から提案され、苦情申し立ての趣旨に沿って解決する事案が、制度の開始当初に比べて、はるかに多くなった」。さらに「市民から出た苦情に対する市の職員の受け取り方、その苦情についてオンブズマンが質問をしたり、意見を言ったりすることに対する職員の反応というものが、オンブズマン制度を始めた当初に比べてだんだん柔軟に協力的になってきているということを感じている」[6] と述べていることに注目すべきであろう。「制度がスタートしてまもなく、オンブズマンがあるテーマにつき是正勧告を行ったところ、市長は関係部局の職員を呼び、なぜもっと早く改められなかったか注意し、オンブズマンの勧告を早急に実現するよう指示した」[7]。このようにオンブズマン制度を導入したことによって、職員の対応が迅速になっていることが報告されている。

(4) **業務執行手段の改善機能**　住民からの行政への苦情は、行政運営を改善するきっかけとなる。現在の行政を取り巻く社会環境は変化しており、また、住民の意識自体も不明確である。政策を具体化する事務事業の内容が住民意思と時としてミスマッチングが起こることもあり、それが苦情の一因となることもある。したがって、自治体は住民が望む行政サービスがどのようなものであるかを認識し、常に内容をチェックしなければならない。その点、オンブズマンは、苦情処理に当たって、苦情発生事案毎に苦情内容を分析・評価し、その行政活動の基となる制度自体が道理に適うものか、という価値判断をも行う。オンブズマン制度は、苦情をその場限りで処理するのではなく、行政改善へフィードバックし、行政の質の向上を促すところにその意義があるといえる(8)。

市民から寄せられる多くの苦情には、行政および職員に対する不満、非難があふれているが、そういう市民の不満に対する行政側、職員の反応には、この制度開始当初とは変化が見られた。たとえば、オンブズマンが、条例に基づく是正勧告等の措置を念頭に置きながら、調査を行い、その過程で市側にオンブズマンの意見を述べると、すばやくその意見に沿った改善策が市から提案され、苦情申立ての趣旨に沿う解決ができる事案が、制度の開始当初に比べて非常に多くなったとの報告は予想以上に多い。例えば「川崎市ではオンブズマン制度が制定されたことにより、職員がミスのないように緊張して仕事をするようになってきたことなどは最大の効果である(9)」との声もある。

自治体オンブズマン制度導入の契機

オンブズマン制度を導入する契機は、大きく二つに分けられる。一つは、不祥事の防止策、市民との信頼回復策として導入を検討するものである。不祥事が首長の選挙の時期と重なる場合、制度導入が選挙の公約に挙げられることも多い。二つ目は、行政改革の契機となるもので、広聴機能の強化や住民参加の充実策として導入したものである。

一般的にわが国でオンブズマン制度の導入は、汚職事件など行政に疑惑が起こったときにその制定の動きがあった。わが国で最初に設置された「川崎市市民オンブズマン」の導入においても、現役の助役がリクルート事件に巻き込まれたり、行政幹部の不正事件が重なったことが、導入の直接的な契機であった。オンブズマン制度自体は、こうした疑惑事件解消そのものには無力であるものの、行政への監視機能の強化や信頼回復のための有力な手段と考えられている[10]。そこで、川崎市では、独立性の高い議会型オンブズマンに近い形態のオンブズマン制度を模索・検討した。ところが、地方自治法上の制約もあり地方自治法一三八条の四第三項に基づく長の付属機関として設置せざるをえなかった。したがって、条例で制定され、任命にあたって議会の同意を要することに加え、実際の運用においても職権行使の独立性を保持する努力がなされた[11]。

次に制定した埼玉県の鴻巣市が、一九九三年一〇月にオンブズマン制度を「条例」(鴻巣市オンブズマン条例)で発足させているが、この制度の導入も、前市長の公共工事をめぐる疑惑問題が契機となっている。「(市長選を争った当時の市長時に)公共事業をめぐる疑惑が取りざたされ、それが新聞に大きく取り上げられて、市民の批判を浴びたことから、現市長は、このような疑惑を払拭するため、市民に対してガラス張りの市政、開かれた信頼された市政運営を行うための施策をということで、当時、川崎市で検討され、導入されようとしていたオンブズマン制度を、本市でも導入することを公約に掲げて当選を果たした[12]」ことが導入の大きなきっかけとなった。したがって、市政への信頼性の回復と開かれた行政運営のために独立性の高い鴻巣市オンブズマンが条例に基づき制定された。

藤沢市でも、一九八二年に再開発事業をめぐる不祥事をきっかけにオンブズマン制度に関心が高まり、制度導入の意見が出された。まず、不祥事が発生したことによって、市議会に設置された「不祥事等調査及び防止特別委員会」の中ではじめてオンブズマン制度について言及され、その後も議会での一般質問や毎年行われる市民集会などでオンブズマン制度の導入について意見が出されたことを契機として、ついに、市当局もオンブズマン制度の検討を始めた。その後、一九九四年の市長選挙でオンブズマン制度導入を公約した市長が当選したこともあり、その導入が市の政策課題となり、ついに、九四年に「藤沢市オンブズマン条例」が提案・可決され、九六年一〇月より施行された[13]。

新潟市では、一九九三年二月に市の「要綱」(新潟市行政評価委員会要綱)によってオンブズマン制度を導入した。これは、第三セクターが経営していたビルの経営管理問題で市の経営の失敗から市の財政に九五億円もの損失が出たため、市政への市民の不信を招いたことが、オンブズマン制度導入の契機となった。しかしながら、「新潟市の場合、リクルート疑惑により緊急に制度を導入する必要があった川崎市と背景を異にしていることから、まず第一に、第三者から苦情や不満の処理方法が適切かどうかの評価を行ってもらうことに重点を置いた制度を発足[14]」させることに重点が置かれることになった。

県政レベルでの導入も同様な契機であった。わが国で県レベルで最初にオンブズマン制度を導入した沖縄県の場合、一九九〇年、一期目の知事選に立候補した大田昌秀元沖縄県知事は、「汚職・腐敗を未然に防止するオンブズマン(住民行政監視)制度をつくる」ことを選挙で公約した。二期目の知事就任後、九五年にオンブズマン制度を導入した。制定当時、実際に政治的な汚職事件が発生していたわけではないが、オンブズマン制度を設置することによって、これを未然に防止するために導入した。[15]県レベルで二番目に導入した宮城県の場合は、実際に汚職事件が発生していた。前の知事の汚職が発覚し、その後、官官接待あるいはカラ出張というような、不祥事が続発し全国的に注目されていたので、県民の信頼を回復し、県政刷新の一環としてオンブズマン制度を導入することになった。[16]

現代社会における公的機能の範囲と浸透度はきわめて広く、市民の権利侵害が多々見られる。そのため行政の監視・改善だけでなく、一歩進んで市民の権利の救済、特に弱い立場にある市民の救済の必要性という視点からオンブズマン制度を検討することが本来の姿であるべきである。ところが、このようにわが国では、県レベル、市レベルとも政治的な汚職事件が、オンブズマン制度導入のきっかけとなっているのが実状である。

一方、行政改革や住民参加の視点からオンブズマン制度を検討した自治体もある。愛知県西尾市では、一九九四年六月に市民一〇人からなる「西尾市行政改革懇談会」が設置された。この懇談会の提言により、行政運営については、「開かれた市政と市民参加の視点」を重視して行われることが必要との基本理念に立脚して、行政改革の進捗状況はできる限り分かりやすい表現で住民に情報提供すること、住民が意見や提案を申し立てることのできるオンブズマン的な組織を設立し、監視機能、調査機能および公表機能の強化を図る必要があることが協議された。その後、一九九五年三月に策定された行政改革大綱の中で、行政評価委員会構想が、重点措置事項に位置づけられ、住民自治に基づき、開かれた市政と市民参加の視点を重視した行政運営の基本的な姿勢をもって行政改革を推進するために「監視、調査、公表」機能を持った中立的な第三者機関を設置し、市政の公正性および信頼性を高めることを目的とし、公的オンブズマンである「西尾市行政評価委員会」が九五年四月スタートした。[17]

自治体オンブズマン制度の特徴

(1) 行政からの独立性

オンブズマンは、その職務の性質上、自治体のすべての機関、組織、職員からの独立性が求められる。オンブズマンの活動には、任命者から独立の地位が与えられ、独立性が保障されなければならない。そのためオンブズマンは心身の故障、職務上の義務違反、偏った見解など、その役割に相応しくない言動や行動は慎まなければならないが、通常、こうした行為以外で解職されることはなく行政の見解からも影響を受けず、独立が認められる。したがって、通常、オンブズマンに関する条例では、オンブズマンの任免は、市長が市議会の承認を得て行い、その任期（一般的に二〜三年が多く、一期のみ再任を認める自治体も多い）を明確に定めることにより、その中立性と地位の安定を保証している。要するに、オンブズマンは、市長からまったく独立して活動することを必要とするが、その独立性の実効は、オンブズマンの人選と適切な判断が重要な要素であることは当然であり、市の側にもオンブズマンの独立性を尊重するという強い姿勢があることによって保たれることは言うまでもない。公的に設置されたオンブズマンは、個々の苦情や自らの発意に基づいて独立して公平に調査し、苦情処理のみならず行政運営を基本的に改善するところに大きな特徴がある。[18]

(2) 名称上の特徴

オンブズマンの名称を一瞥してみると、色々な名称があることも特徴の一つであろう。約半数が「オンブズマン」の名称をつけている。例えば、「川崎市市民オンブズマン」、「巣鴨市オンブズマン条例」、「藤沢市オンブズマン条例」、「川越市オンブズマン」、「新座市オンブズマン」、「札幌市オンブズマン」、「三鷹市総合オンブズマン」などとなっている。

最近、「御殿場市オンブズパーソン」や「府中市オンブズパーソン」のように、「オンブズパーソン」の名称を使用している自治体も増えている。このように、「オンブズマン」という名称を避ける傾向が出てきたのは、「マン」が男性を意味するとして、男女平等の見地に対する配慮とともに、新聞紙上に登場するいわゆる「市民オンブズマン」という「民間オンブズマン」と混同されることを嫌ったことも理由にある[19]。

ところが、最近では、「オンブズマン」「オンブズパーソン」を直接名のらない自治体が多くなっている。「新潟市行政評価委員会」、「西尾市行政評価委員会」のように、市政参与委員、行政評価委員という名称をとった自治体もある。山梨県の「行政苦情審査員」、秋田県の「県民行政相談員」、北海道の「苦情委員」、上尾市の「市政相談員」、新宿区の「区民の声委員会」などのように、制度の活動趣旨をそのまま名称として使用している自治体もある。

自治体オンブズマン制度の問題点

一般的に指摘されているのが、現行のように行政部設置で良いのかという問題である。自治体でオンブズマンを設置する際には、国の法体系の枠の中での制約を受けるだけでなく、日本の場合には、特に自治体議会の地位が低いために、そこからの制約も受けることになる。例えば、日本の地方自治法では、執行部に付属機関を設置することはできるが、議会に付属機関を置くことはできない。そのため自治体オンブズマンには議会オンブズマンは設けられない。そのため、川崎市でわが国ではじめて自治体オンブズマンが制定されたとき、議会オンブズマンの方が正当的であるという意見が強かったにもかかわらず、行政オンブズマンにせざるをえなかったという経緯がある。

このように、自治体オンブズマンについては、法律の枠および公定的な解釈によって制限されることが少なくない。しかし、分権化時代の到来において自治体議会の活性化が、わが国の自治のために強く求められている今日、これからオンブズマン条例を制定する際には、もっと自由な条例作りが望まれるところである[20]。

次にオンブズマンの勧告自体に問題があった時にはどうするかという問題である。オンブズマンが勧告するまでには調査員などによってあらかじめ綿密な調査が行われるが、法や行政に詳しいオンブズマンが決定するものであり、またそれは勧告であって強制ではないので、市民に損害を与える恐れは少ないであろう。しかし人間であるから誤りのあることは当然である。そこでこの問題については、最高裁判決について専門家による判例研究が盛んに行われているように、オンブズマンの勧告についても専門家による勧告研究が行われることが望ましいのではないかとの意見もある。この点に関して川崎市の市民オンブズマン制度の制定にかかわり、オンブズマンも務めた篠原一東大名誉教授は、「オンブズマンの勧告や意見表明を研究する会を作っても良いのではないかと前から考えていた。例えば、最高裁を強制するのではないけれども、最高裁判決を研究するという判例研究ができるわけである。オンブズマンの下した採決について、同じようなことを自分たちでやろうかといっている[21]」と述べている。制度を充実・発展させるためには、そのような研究も将来的には必要ではないだろうか。

人間の制度に万全ということはありえないのであるから、オンブズマンを何か抗い難い権威と考えることも避けなければならないであろう。オンブズマンの判定に恐れるばかりでなく、それを受容できない場合はその所以を明確にすることは当然許されるし、むしろそうすることが結果的にオンブズマンの技量を高めることにもなる。わが国にはかなり強い制度信仰、あるいは制度の過大評価があるだけにオンブズマンの勧告や意見表明を研究することも必要であろう。[22]

さらに、次のようなことも問題ではないだろうか。オンブズマン事務局が県の特定の課に所属し、その課の職員がオンブズマン事務局長になるというような場合、オンブズマンの「独立性」を脅かすのではないかという問題もある。現実には、オンブズマン事務局が県や市の特定の課に所属し、その課の課長補佐がオンブズマン事務局長となるというような形態も珍しくないため、その運用次第ではオンブズマンの独立性を脅かすという潜在的な問題を秘めている。本来、事務局長は、オンブズマンの意を体して行政側に提言すべき役割を担っているが、往々にして、事務局長が所属する課の課長の命を受け、そのまま県の意向をオンブズマンに伝えるという動きを無自覚に行ってしまってしまう事例も少なくない。また、このように、事務局が県の特定の課に所属するときは、オンブズマンの活動に際して必要となる費用も、その県の課が支出することになり、調査のたびに県の課に費用を申請しなければならない。これも、考えようによっては、オンブズマンの「独立性」との関係できわめて問題となる。このようなことから、オンブズマンの活動に要する経費を県の担当課に要求しなければならないというような形となっていることは、県が経費の面でオンブズマンの活動に何らの制約を課すことも可能であるという点で、オンブズマンの独立性に反するという問題点がある。[23]

コラム　オンブズマン名称考

一般的に政治・行政における制度の名称は一つに統一されており、そして何の不自由もなければ問題もない。さらに、名称はある程度世界的にも統一されている。ところが、オンブズマン制度だけは、その呼び方も世界的にまったく様々で、統一性がない。フランスはメディアトゥール、イギリスとニュージーランドは議会コミッショナーとなっている。わが国でのオンブズマンの訳もこれまた様々である。護民官、苦情処理官、行政監察員（官）、行政監視官、住民行政監視などが代表的な訳である。しかし、どの訳も行政が住民を監視するかのような印象があり、オンブズマンの活動内容を十分に言い表していない。この訳ではオンブズマン制度を普及させることは容易でない。柔らかなイメージの訳としては「代理人」がある。

オンブズマンはその発祥の地であるスウェーデン語としては男性女性に等しく通ずる「人」を意味しているようであるが、英語では男性中心になりやすいということから、「オンブズパーソン」の語が次第に採択されている。Ombudsman の Man は、通常、男性を意味しているが、実際のオンブズマンには女性も多いことから、この名称は男性中心の考え方であり、女性軽視であるとの意見もある。そこで、最近では Ombudsman ではなく Ombudsperson の方が一般的になりつつある。

オンブズマンには、名称の上でもう一つ紛らわしいことがある。最近、良く新聞などで見かける「市民オンブズマン」という「民間オンブズマン」と自治体オンブズマンのような「公的オンブズマン」との区別も一般の市民には分かりにくいようである。むしろ「市政オンブズマン」と称したほうが市民には分かりやすいかもしれない。あるいは、市民オンブズマンは「市民の公的代理人」であると考えれば分かりやすい。オンブズマンというだけで政治的な活動と勘違いする市民も多いようである。そのため、オンブズマンという呼称を避けている自治体もある。林屋礼二氏は、オンブズマンは歴史的に公的制度を意味するのであるから、地方自治体のこうした制度には「オンブズマン」という言葉を意図的に回避すべきではない。ニュージーランドでは、主席オンブズマンに、「オンブズマン」という名称の使用を許可する権限が与えられており、許可なしに「オンブズマン」の名称は使用できないことになっている。オンブズマンは名称をめぐって話題が尽きないようである。

2　自治体オンブズマン制度の現状

オンブズマンへの苦情申立て

オンブズマンは住民からの苦情に基づいて活動を開始する。苦情の対象は、行政機関の業務に関する職員の仕事全般である。ただし、判決、裁決により確定した権利に関する事項、議会に関する事項などは除かれる。それ以外の事項は、許認可等の処分のほか、行政指導や事実行為の当為も苦情の対象に含まれる。オンブズマンは、住民の苦情申立てに基づいて活動するのが原則であるが、例えば、川崎市の条例三条（二）のように「自己の発意に基づき、事案を取り上げ調査すること」という条項があれば、オンブズマンが「自己の発意」により職権で活動することも可能である。これは、違法不当な行政を監視するという意味からは、必要であり望ましい活動方法である。新聞等の情報、いわゆるマスコミ情報から調査を開始したり、苦情申立てを契機に苦情の範囲を超えて調査し、是正を勧告することもある[24]。

しかし、オンブズマンによる積極的な調査に否定的な考えもある。例えば、沖縄県行政オンブズマン設置要綱には、川崎市の条例三条（二）のように「自己の発意に基づき、事案を取り上げ調査すること」という条項がない。したがって、県民からの苦情が無ければ、事案を取り上げ調査したり、提言などを行うことはできない。沖縄県の場合、この条項を入れなかった理由は、オンブズマンが、自己の発議ということで動き出すと、現在のスタッフでは調査に応じきれず、また、一般的な問題について自由に取り上げる権限を持つと、私的な市民団体の活動との区別がつきにくくなるからである。

もともとオンブズマン制度は、県民の代理人として苦情の救済を第一の目的とするのであるから、これを基本とすることは当然である。もし「自己の発意」を明文化すると、オンブズマンとしては、逆に発意による調査も責務を負うことになるので、常に新聞、テレビ、県民とのふれあいを通じ、不満を事前に察知し、事案を取り上げ、調査するかどうかを検討しなければならなくなる。これは容易なことではない[25]。

オンブズマンの調査活動

オンブズマンの職務の中心は、住民から申立てのある行政への様々な苦情を調査することである。調査は、まず、苦情申立人から苦情の内容を聞くことから始まる。次に関係の行政部職員に対するヒアリング、現地調査が中心であり、強制的な調査は行われていない。また、苦情の内容によっては、専門機関に鑑定や分析などを依頼することもある。制度の運用は、オンブズマンの考え方に左右されるが、苦情申請人の代理者として執行機関に対しアカウンタビリティ（説明責任）を十分に追求できる活動が期待される。そのためには、まず、申立てられた苦情内容を精査し、オンブズマンの識見で論点を整理する。次に、苦情の原因に関する資料の閲覧・分析、必要に応じて他の自治体における同種の制度の調査を行うなど、行政の内部に深く入り込むような職務執行が必要である。ただし、裁判で確定している案件、あるいは係争中の案件など、オンブズマンが扱うことが適当でない場合には、申立人に対して対象にならない旨を通知する[26]。見方によっては、自治体オンブズマンが市民からの行政苦情を調査し処理していくプロセスは、分権化時代における自治体行政の透明・公正化と市民との協働の実現に、その最先端でかかわっていることにもなるといえる[27]。

オンブズマンの調査の結果、行政側に問題がある場合には、是正措置を求めたり、制度の改善について意見表明をする。行政機関はその意見を尊重して是正措置を講ずる場合には、その旨をオンブズマンに報告し、申立人に対しても結果を通知する。しかし、行政側に非違ある場合、条例に基づく是正勧告を行うが、実際は、調査段階で非違および改善策を示唆することで、行政側がそれに応じ、解決することが多い。したがって、是正勧告や意見表明にいたるケースは多くはない[28]。

時間、人員、経費等の制限はあるが、苦情調査を通じて行政監視機能や行政改善機能が発揮できる。しかし、調査し結論を出すのは容易ではない。オンブズマン経験のある杉山克彦氏は「オンブズマンは、市民の苦情と市側の論理が拮抗対立したとき、何を基準に判断し結論を見出すべきか、思い悩むことしばしばである。『市民主権』はもちろん最高理念であって、具体的な判断基準ではない。法令に従って判断する裁判官の方が、基準が明白であるだけに、悩みが少なかったような気がする。平均的な市民の感覚、望ましい市政はかく在るべしといった判断基準が、具体的ケースへの適用として見えてこないことが少なくない」と、調査し、判断することの難しさを述べている[29]。

オンブズマンの権限

オンブズマン制度がうまく機能するためには、どうしてもオンブズマンに調査権限がなければならない。これは必須の条件である。オンブズマン活動では、初期段階で苦情申立て人からの申立てに基づいて調査を開始するが、その段階で職権による調査権を認める制度となっている場合が多い。また、その業務の遂行段階においても調査権限が与えられており、苦情申立てに関する行政側の所有している情報を閲覧することができるのが一般的である。その際、調査に立ち合う行政職員はオンブズマンの調査に協力することが定められており、一方で当然であるがオンブズマンには守秘義務が課されている。[30] 例えば、川崎市では、オンブズマンが調査のためにある部局へ行き、資料を請求すると行政側は出さなければならない。出さなければ、その職員は地方公務員法に問われることになる。このような制度的な保証がなければ、オンブズマン制度は十分に機能しない。[31] オンブズマンは苦情などの調査の結果、行政機関の業務の執行や職員の行為に、違法または不当な点があった場合、法令等に違反または誤認等があった場合など必要があると認めるときは、行政機関に対して意見を述べ、または是正すべき措置について勧告し、あるいは、苦情の原因が制度上の欠陥に起因するものであれば、制度の改善について提言を行うことができる。さらに、オンブズマンは、行政に対しての勧告、提言、意見表明を行った内容および行政機関からの是正等の報告内容を「運営状況報告書」により広く住民に公表することができる権限を有している。これらのことは、オンブズマンの活動の効果を担保する有効な手段である。[32]

オンブズマン制度の課題

オンブズマン事務局のスタッフ組織　オンブズマンが住民の代理人として有効に機能するためには、オンブズマン事務局独自のスタッフ組織を整備することが重要である。すなわち、行政機関からの出向職員でオンブズマン事務局を補充するのではなく、中立的独立的機関として独自の採用計画により職員を採用すべきである。スウェーデン型に見られる法律家中心の組織ではなく、法律、心理学、政治学、行政学、都市計画等の専門家からなる効率的で調査能力のある少数精鋭の組織が必要である。世界のどのオンブズマンも職員を採用するなどの人事権を有している。[33]しかし、わが国の現状では、オンブズマンが独自に職員を採用することは無理であるが、将来的には、オンブズマン制度をいっそう充実させるためには、職員の採用のあり方も大きな課題の一つである。例えば、各自治体オンブズマンを組織化し、共同で事務局を設置し、職員を採用し各自治体に配属することはできないだろうか。

オンブズマン事務局の設置場所　オンブズマン事務局をどこの場所に設置するかという点も検討すべき課題である。事務局を庁舎の中に置くほうが効率的だという意見と、庁舎外の場所に置いて、物理的にも独立性を演出していくべきであるというように大きく意見が二つに分かれている。わが国の自治体のオンブズマン事務局のほとんどは庁舎内に置かれている。川崎市は庁舎外にある。これは、オンブズマンが市とは関係なく、市から独立に市の行政上の行為を外から監視するものであることをシンボライズしている。これに対して、沖縄県などのオンブズマンは県庁舎に事務所を置いている。これは、オンブズマンが仕事をする上では便利である。また、県民にとっても、問題があったときに、直にオンブズマン事務所にかけこめるというメリットがある。[34]

広域的オンブズマンの共同設置　わが国において政令指定都市など規模の大きな自治体では、オンブズマン制度導入の動きがあるが、それ以外の自治体ではその動きがない。おそらく、その理由は、人口の少ない自治体では、オンブズマン制度を制定してもその活用はあまり期待できないからであろう。またオンブズマンを選任することも容易ではない。さらに、オンブズマン事務局スタッフの人件費の面からもその導入は難しいのではないか。そこで、このような自治体の場合、オンブズマン事務局の運営を共同で設置することはできないか。その制度には多くの素晴らしい機能・効用があることはすでに述べた。もしこのような共同設置が可能であれば、小規模自治もその制度の恩恵を享受することができる。この点も大いに検討に値するのではないだろうか。

制度導入と住民への周知徹底の必要性　オンブズマン制度を導入はしたものの、住民がなかなか利用しないということも珍しくはない。現在、わが国ではほとんどの自治体で情報公開制度を実施しているが、その利用は必ずしも活発といえない。これは住民の行政への関心が低く、また、自分の意見を主張するという意識も低いなどが考えられるが、このような住民にいかにしてオンブズマン制度を周知徹底するかは、行政にとって大きな課題である。沖縄県の初代オンブズマンを務めた石田穣一氏は、「私は、個人的に講演を依頼されることが多いので、その話しの中でさりげなく公的オンブズマン制度や苦情申立て方法についてふれ、私的な市民団体活動と違うことを理解してもらうように勤めた」と述べているように、県民、市民に広く普及させるためには、そのPR活動にも積極的に務める必要がある。[35]

3　自治体オンブズマンの具体的事例

沖縄県におけるオンブズマン制度の実際

オンブズマン制度導入の経緯　沖縄県の大田昌秀元知事は、大学教授の頃からオンブズマン制度に関心を持ち、一九九〇年一〇月、県知事選挙に立候補した際、「汚職・腐敗を防止するオンブズマン（住民行政監視）制度をつくる」ことを選挙公約にした。知事就任後、九一年八月、総務部に専任の参事を配置し、知事の特命事項としてオンブズマン制度の調査研究を始めさせ、九三年一月、「オンブズマン制度に関する調査報告書」が作成された。同年四月、組織規則改正により、「オンブズマン制度に関すること」が広報課の所掌事務となり、職員に参事一名、主幹一名が配置された。九七年三月、知事決済による「沖縄県行政オンブズマン設置要綱」を制定し、四月には行政オンブズマン制度が発足した。ここに県レベルで全国ではじめての「県政オンブズマン」がスタートすることになった。沖縄県は、情報公開の制度化は県レベルでも他府県よりも遅れたが、オンブズマン制度は県レベルで全国初となった。[36]

沖縄県行政オンブズマン制度の概要

制度の目的　県政に対する県民の苦情を簡易・迅速に処理し、県民の権利利益を擁護するとともに、公正を図り、県政に対する信頼の確保と開かれた県政の推進に寄与することを目的としている。

オンブズマンの職務　オンブズマンは、県民の立場に立って、公正・中立な立場で次の職務を行う。

(ア)県政に対する県民の苦情を調査し、簡易・迅速に処理すること。
(イ)県政の非違等について、是正等の措置を講ずるよう提言すること。
(ウ)県政に関する制度等の改善を求める意見を表明すること。

(エ)提言、意見表明等の内容を公表すること。

要綱による設置　沖縄県行政オンブズマンは、「沖縄県行政オンブズマン設置要綱」によって設置された。要綱による設置であり、法令による権限に裏付けされていないので、その本来の役割を十分に果たせるのかという不安の声もあった。行政オンブズマン制度検討委員会では、特に制度化のための法形式、すなわち、条例によって制定するのか、あるいは要綱によって制定するのかの問題提起があり、一部委員から「条例による方法を取るべきではないか」との意見もあったが、検討の結果、「要綱によって制度化し、将来必要により条例化する」との結論に至った。[37]

オンブズマンの人数と所属　沖縄県行政オンブズマンは二人である。代表制ではなく、両オンブズマンはまったく対等の立場で、単独でオンブズマン活動をするのが原則である。行政オンブズマン個人の人格的要素や識見を重視し、判断の一貫性を求めるならば、一人制が基本であるが、行政オンブズマンの制度化によって処理すべき事案が増加する場合を想定し、また、その目的にも謳われているように、簡易・迅速に処理することが、制度の特徴であるので二人制が採用された。オンブズマンは、県の機構としては、知事公室広報課に所属している。

オンブズマンの身分　行政オンブズマンは、知事から委嘱された非常勤の地方公務員である。オンブズマンは、人格が高潔で社会的信望が厚く、行政に関して優れた識見を有する者を知事が委嘱する。任期は二年、一期に限り再任できることになっている。地位や職務の遂行に関しては独立性が保障されており、本人の意思に反して罷免されることがないよう身分保障されている。

事務所の場所とスタッフ　オンブズマン相談室は、沖縄県庁の一階のよく目立つ場所にある。県民相談室も一緒に仕事をしている。スタッフ人員が限られ、相談内容も関連することがあるので、県民の利便性も考慮しての発想である。[38]職員は専従二人と県民相談室との兼務一人の三人である。

沖縄県行政オンブズマン制度の特徴

沖縄県行政オンブズマンの特徴として「相談事案の移送」を挙げることができる。県民にとって、行政への苦情が起こった場合、国、県、市町村の何れに相談をすべきか、良く分からないことが起こることも十分考えられる。しかし、相談には行ったものの窓口が違うということで受け付けてもらえなかったり、タライ回しをされたりすると、それだけで行政に対する不信・不満を募らせることもある。[39]そこで沖縄県ではこのようなことを事前に防ぐために、沖縄行政監察事務所と沖縄県が連携して、それぞれが受理した相談事案を相互に移送するシステムを確立することにより、その的確な処理を図りもって県民の利便性に資することを目的に、一九九七年一一月、総務省（旧総務庁）沖縄行政監察事務所と沖縄県行政オンブズマンとの間で、「相談事案の相互移送に関する申し合わせ」を締結した。その申し合わせによると、「沖縄行政監察事務所から沖縄県に移送する事案：沖縄県の固有事務に属する相談のうち、沖縄行政監察事務所が沖縄県に移送して処理ことが適当と判断したものは、沖縄県に移送する。沖縄県から沖縄行政監察事務所に移送する事案：国の行政事務及び特殊法人の業務に属する相談事案のうち、沖縄県が沖縄行政監察事務所に移送して処理することが適当と判断したものは、沖縄行政監察事務所に移送する」[40]ことになっている。九四年度苦情申立ての中で「書面で申立てた分」一一六件のうち、「県営住宅の入居日の教示に関すること」、「県設置の駐車場での行商行為の制止に関すること」の二件は、国から県へ移送された。また、「非行のあった大学病院医師の処遇に関すること」、「国民年金保険料過誤還付・充当通知に関すること」[41]の二件が県から国へ移送された。沖縄県に倣って、宮城県のオンブズマン制度も東北管区行政監察局と宮城県県政オンブズマンとの間で事案の移送システムを導入した。

オンブズマンの提言と意見表明

オンブズマンは、調査の結果、県の行政に問題があると判断した場合には、その改善について提言や意見表明を行うことができる。これによりオンブズマンの重要な機能である行政改善機能が果たされることになる。しかし、実際に提言や意見表明がなされることはそれほど多くはないし、公式の提言等によって行政が改善されることは、法令、議会、予算などの関係があるため困難な場合も多いので、実務の上ではむしろ担当部局との協議を通じて行われる救済、改善、事実上の行政監視機能が重要である。オンブズマンの提言や意見表明は強制力はないが、沖縄県行政オンブズマン設置要綱の第一六条で「県の機関は、前条の規定による提言又は意見表明を受けたときは、当該提言又は意見を尊重しなければならない」と規定されており、県および関係部局はこれを尊重しなければならないので、その影響力は大きく、県行政の監視、改善にオンブズマン制度が大きく寄与している。[42]前述したように、提言や意見表明は多くはないが、実際の沖縄県でのオンブズマン活動において県民から申立てられた苦情に対してどのような提言、意見表明が行われ、行政改善に至ったかを見てみたい。

第一号「宜野湾港マリーナ施設の使用許可についいて」(平成七年一〇月五日)
【意見表明】使用許可に当たっては、新たに申請者名簿などを整備し、これらを活用して申請者を選定するよう明確にされたい。また、継続使用については、更新手続きを新設するとともに更新回数に一定の限度を設けるなどして待機者にも申請の機会を増やすよう検討したらどうか。さらに、(財)沖縄県公園・スポーツ振興協会に対する委託業務の範囲を見直すとともに厳正な指導、監督を行われたい。
第二号「沖縄県職員採用試験の受験年齢について」(平成七年一〇月五日)
【意見表明】幅広く、かつ、高い識見を有する県職員を積極的に採用するため、採用試験の年齢制限を引き上げるよう見直したらどうか。
第三号「土地関係苦情事案の多発について」(平成七年一〇月五日)
【意見表明】公共用地等の取得と維持管理に携わる職員の研修を徹底し、部局内の事務手続きに際してチェック機能を活性化するとともに、上司による適切な指導監督が行われるようにされたい。また、用地業務の全般についても体制の強化に配慮されたい。
第四号「美ら島を守るためについて」(平成八年八月六日)
【意見表明】沖縄の青い海、美しい自然は、赤土、ゴミなどで汚染され、観光立県の将来が危ない。美ら島(ちゅらしま)の美しさ、景観を守るための実行ある方策を積極的に推進されたい。
第五号「首里城周辺の混雑緩和について」(平成九年八月二五日)
【意見表明】首里城公園を訪ねる観光客の交通阻害、雑踏などで、観光客も付近住民も困惑し、非常に不愉快な思いをしているので、早急に対策を検討されたい。
第六号「講師謝礼金支払基準と運用の見直しについて」(平成一一年三月一六日)
【意見表明】沖縄県が支払う講師謝礼金は、基準が実状にそわず、これによれない場合の運用にも問題があり、優れた人を講師に得ることが困難な実状にあるので、その改善を図られたい。

第七号「植樹帯の見直し撤去について」（平成一一年三月一六日）

【意見表明】既設の県植樹帯のうちには雑草が繁茂し、歩行者等の通行に支障を来たしている箇所が各地に見受けられるので、改訂後の県道植樹帯設置基準に沿って抜本的な見直しを行い、交通の支障になっている低木等植栽の撤去等についての長期計画を策定・実施し、人と車が安全で快適な運行ができるよう検討されたい。

第八号「県職員の電話の応対について」（平成一一年三月三〇日）

【提言】県職員が、電話で応対するときに、所属と名前を名乗るようにしたらどうか。そのための是正措置をすみやかにとられたい。

第九号「環境美化について」（平成一二年七月一〇日）

【意見表明】『沖縄県行政システム改革大綱』が策定され、その具体的方策の一つに『美ら島づくりに向けて環境保全率先行動を実施すること』があげられた機会に、汚れた場所を清掃するだけでなく、汚さないための方策を検討されたい。

第一〇号「保健医療体制整備のための医師の養成確保について」（平成一三年七月二六日）

【意見表明】県の『沖縄県保険医療計画』に示された医師の養成確保の理念を実現するため、具体的な方策を検討されたい。

第一一号「県住宅の管理運営に関する県の指導の強化について」（平成一四年七月五日）

【意見表明】県営住宅の管理運営については、住宅供給公社や県営住宅居住者の自治会に任せるだけでなく、県は適正な管理運営に向けて指導を強化すべきである。

第一二号「3町村（竹富町、座間味村、渡名喜村）に県税の収納代理機関の対策について」（平成一五年一一月二六日）

【意見表明】竹富町、座間味村、渡名喜村には、収納代理金融機関がないので、県税を納付するのに不便

図表6-1　苦情相談等件数（平成7年度〜平成16年度）

事項＼年度	7年	8年	9年	10年	11年	12年	13年	14年	15年	16年	合計
苦情申立(書面)	120	13	24	35	29	33	32	19	32	26	345
電話等による苦情	65	4	14	30	36	22	26	92	188	206	683
相談・要望等	506	229	60	71	187	247	170	96	125	139	1,830
問い合わせ・資料請求	176	145	77	121	110	103	192	68	45	30	1,067
合　計	849	391	175	257	362	405	420	275	390	401	3,925

出典：「沖縄県の行政オンブズマン平成16年度運営状況報告書」9頁。

である。このような不便な状況を改善する対策を早急に検討して下さい。

第一三号「父子世帯の県営住宅への優先入居について」（平成一六年八月九日）

【意見表明】県営住宅の入居者選考の際の優先入居対象世帯に、父子世帯を加えることを検討されたい。(43)

この一三までの意見表明に対して、行政側が素早く改善策を講じたことは注目すべきであり、オンブズマン制度がうまく機能していることの証である。特に注目すべき改善策として、第二号の改善状況がこれまでの「満二一歳以上二八歳未満」から「満二一歳以上二九歳まで」となったことは、受験生にとって大きなメリットになったにちがいない。第五号の改善状況は、「①首里城への進退路コースを一方通行にした。②屋台土産店舗の営業場所を仮説店舗の中に移転した。③正規のタクシー乗り場を設置した。守礼門の団体写真撮影場所を歓会門に移し、撮影場所を指定した。④バス駐車場の拡張」によって解決した。この件は改善策の代表的な事例となっており、附近住民の不便解消に大きく役立ったといわれている。第八号については、接遇マニュアルを作成し、それを通じて行政サービスの向上に努める」と改善策を講じた。これらの改善状況を見ると、いかにオンブズマン制度が県民にとって必要であるかを実感するものである。なお、制度発足から二〇〇四（平成一六）年までの苦情相談の総件数は図表6-1に示す通りである。特に発足時の件数の多さは、県民が同制度の必要性を望んでいたことを示すのではないだろうか。

注

(1) 篠原一・林屋礼二『公的オンブズマン』（信山社、一九九九年）五七頁。
(2) 佐藤竺『地方自治と民主主義』（大蔵省印刷局、一九九〇年）二六四頁参照。
(3) 今川晃「分権時代の自治体オンブズマン制度」地方自治職員研修二〇〇〇年八月号、三五頁参照。
(4) 上木雄二「オンブズマンと自治体改革」武藤博己編著『自治体経営改革』（ぎょうせい、二〇〇四年）一五五頁参照。
(5) 石田譲一「沖縄県行政オンブズマンの活動状況」篠原・林屋・前掲書(注1)一二四頁。
(6) 橋本定「基礎的地方公共団体におけるオンブズマン制度のあり方と課題」篠原・林屋・前掲書(注1)一〇七頁。
(7) 杉山克彦「川崎市オンブズマンの六年間を回顧して」篠原一・林屋礼二『公的オンブズマン』（信山社、一九九九年）三〇頁。なお、川崎市のオンブズマン制度については、杉山克彦「川崎市におけるオンブズマン制度について」判例タイムズ八一五号（一九九三年）でも詳細に述べられている。
(8) 上木・前掲論文(注4)一五三〜一五四頁参照。
(9) 宇都宮深志『公正と公開の行政学』（三嶺書房、二〇〇一年）二九八頁。
(10) 今川・前掲論文(注3)三四頁参照。
(11) 林屋礼二『オンブズマン制度』（岩波書店、二〇〇二年）七七頁参照。
(12) 鴻巣市オンブズマン事務局「鴻巣市オンブズマン」行政苦情救済オンブズマン二〇〇二年二月号、一二頁参照。
(13) 藤沢市オンブズマン事務局「藤沢市オンブズマン制度」行政苦情救済オンブズマン二〇〇二年八月号、三二頁参照。
(14) 園部逸夫・枝根茂『オンブズマン法』(弘文堂、一九九七年) 七八頁参照。
(15) 沖縄県『沖縄県の行政オンブズマン　平成一六年度　運営状況報告書』(沖縄県総務部知事公室広報課) 八頁参照。
(16) 林屋礼二「宮城県県政オンブズマンの活動状況」篠原一・林屋礼二『公的オンブズマン』(信山社、一九九九年) 一三六頁参照。
(17) 愛知県西尾市企画部企画課「西尾市行政評価委員会の概要」行政苦情救済オンブズマン二〇〇二年五月号、一八頁参照。
(18) 杉山・前掲論文(注7)三〇頁参照。
(19) 林屋・前掲書(注11)七二頁参照。
(20) 林屋・前掲書(注11)七七～七八頁参照。
(21) 篠原一「オンブズマン制度の理論と課題」「自治体における行政オンブズマン制度フォーラム　報告書」平成一〇年八月一日、北海道庁にて開催 (主催：道政改革推進委員会) 一三頁参照。
(22) 安藤高行「オンブズマンと情報公開」行政苦情救済オンブズマン二〇〇二年一一月号、六四頁参照。
(23) 『e-ラーニング　行政改革・自治体改革白書 (行政オンブズマン編) (二〇〇六年度版)』一二六頁参照。
(24) 杉山克彦「川崎市『市民オンブズマン制度』の実情」ジュリスト一〇五四号 (一九九四年)、三三一頁参照。
(25) 石田穣一「沖縄県行政オンブズマンの実務と課題」沖縄キリスト教短期大学紀要二八号 (一九九九年) 三四～三五頁参照。
(26) 上木・前掲論文(注4)一六一頁参照。
(27) 兼子　仁「自治体オンブズマンの任務とその問題――川崎市市民オンブズマンの実績をふまえて」行政苦情救済オンブズマン二〇〇三年一一月号、四二頁参照。

(28) 杉山・前掲論文(注7)三三頁参照。
(29) 杉山・前掲論文(注7)三一頁参照。
(30) 前掲白書(注23)一一頁参照。
(31) 篠原・前掲論文(注21)一一頁参照。
(32) 行政苦情救済オンブズマン二〇〇三年五月号、一七頁参照。
(33) 宇都宮・前掲書(注9)三一四頁参照。
(34) 林屋・前掲書(注11)一〇四〜一〇五頁参照。
(35) 石田・前掲論文(注25)三八頁参照。
(36) 園部・枝根・前掲書(注14)八六頁参照。
(37) 沖縄県総務部知事公室広報課編『沖縄県オンブズマンハンドブック』(一九九五年)四一頁参照。
(38) 石田穣一「沖縄県行政オンブズマンの活動状況」篠原一・林屋礼二『公的オンブズマン』(信山社、一九九九年)一二〇〜一二一頁参照。
(39) 石田・前掲論文(注25)三六〜三七頁参照。
(40) 沖縄行政監察事務所と沖縄県(「行政オンブズマン」)の「相談事案の相互移送に関する申し合わせ」参照。
(41) 沖縄県・前掲報告書(注15)二、四頁参照。
(42) 石田・前掲論文(注38)一二六頁参照。
(43) 沖縄県・前掲報告書(注15)一〇〜一五頁参照。

第7章　行政施策のアウトソーシング

大塚　祚保

1　はじめに

大きな政府を小さな政府へと改革する方向にある。官から民への移行であり、行政のスリム化である。その具体的な方法は、行政の民間委託、民営化、規制緩和などによる行政改革である。アウトソーシングとは、公共セクターが外部（アウト）から高度なノウハウを持つ民間事業者を調達（ソーシング）し、委託することである。[1]

日本では、大きな政府を小さな政府へと改革するために、一九八〇年代以降、様々な行政改革が行われてきた。そのほとんどは、行政をスリム化するための次のようなアウトソーシングなどの方法による。(1)行政の効率化・コスト計算、(2)民間委託、(3)民営化、(4)規制緩和、(5)指定管理者制度、などである。それらの内容を概略しながら、以下で論述したい。

第一は、行政の効率化、コスト計算の必要性である。行政のスリム化のはじまりは、行政の「非効率」「高コスト」への批判である。従来の行政サービスは、「悪かろう、安かろう」であった。ところが、近年では、「悪かろう、高かろう」となったといわれる。行政のすることは、サービスが悪いが、安いからしかたないという国民のあきらめであった。お役所仕事のことばは、それを象徴していた。しかし、近年では、サービスが悪く、かつ、コストが高いのでけしからん、という怒りの声である。

「悪かろう、高かろう」の行政は、「良いサービスと低いコスト」の行政に改革しなければならないのである。サービスの効率性を高め、コストを下げる改革である。効率性を高めるためには、民間的経営手法の導入が進められた。従来の行政は、住民の税金をもって事業を展開するので、コスト計算するという考え方が欠落していた。しかし、行政といえども安い経費で有効に税金を使わねばならない。組織体として赤字を出さないというコスト感覚である。

コスト高の原因は、人件費高にあり、そのためには、職員数の削減、給与の削減が必要である。その一つの対策には、民間委託によって職員数を減らし人件費を抑制するという方法がとられた。

第二は、民間委託の活用である。民間委託は、行政のコスト高を抑制するための対策の一つとして導入されている。民間企業に業務を委託することによって、行政の業務を減らし職員数を減らす。その結果として人件費を削減するのである。3節で述べるように、多くの自治体で多くの業務について民間委託を活用している。

そこでの問題点は、公私の守備範囲をどこに設定するかである。経費の節減だけを考えれば、かなりの業務が民間委託されてしまう。究極には、行政が不用となるあるいは、自治体としての機能ができなくなるということになろう。行政は、何をするか、民間は何ができるか、この双方の守備範囲を再確認しなければならない。いずれにしろ、民間委託によって、行政の業務が民間へと配分されつつある。

第三は、民営化である。大きな政府となった行政は、多様な業務を拡大した。景気の低迷とともに、小さな政府への要請が主張されている。特殊法人の民営化・廃止、道路公団の民営化、郵政の民営化などの必要性が叫ばれ、改革されつつある。しかし、官僚による抵抗、族議員による反対などの抵抗は強く、なかなか改革されないのが実態である。

小さな政府への要請がすべて正しいとは思わない。しかし、政府のあり方の見直しを前提として、そのプロセスでの小さな政府への改革は必然であろう。社会経済の状況に合わせた見直しは必要であり、そのためのスクラップ・アンド・ビルドの改革は重要である。民営化は、そうした改革の一つであり、拡大した官を民へと移行させるためである。

特殊法人は、各省庁が公共事業を直営で行うために作った組織であり、九〇余の法人がある。しかし、国による公共事業は、財政赤字とともに減少し、そのしくみは不用となった。にもかかわらずムダな公共事業を進め、官の天下り先を確保し、非能率、高コストな組織を維持してきた。不必要になった特殊法人を見直し、官から民へと移行させ、国民の税金のムダ使いを止めさせる改革は重要である。道路公団の民営化や郵政の民営化は、その一つの事例である。詳細は2節で述べる。

第四は、規制緩和である。規制緩和は、公共部門が国民や民間企業に対して持つ許認可権などの規制を緩和するまたは撤廃することである。国民生活や民間活動は、規制緩和によって活動の自由が保証され、経済活動の活性化をもたらす。公共部門は、許認可権を失い、その役割を縮小することになる。しかし、規制をもつ官僚や族議員は、自己の権域を侵されることから根強い抵抗、反対をくり返し、遅々として改革が進まない。言うに易く行うに難し、といわれる行政改革の実態である。

第五は、指定管理者制度である。官製市場といわれる公の施設の管理運営について、民間企業へと開放するしくみである。そのしくみによれば、公の施設は公設民営から民設民営すら可能となろう。官製市場という新たな分野に民間企業を参入させることにより、新たな経済活動と効果をねらいとした政策である。

今後の公共施設は、民間委託に加えた指定管理者制度の実施により、さらに大幅な民間企業の活動領域へと開放されることになる。こうした公共施設をめぐる改革は、利用者の住民にとってサービスが向上することになるのか、コストが上昇することになるのか、そのゆくえが注目される。

行政施策のアウトソーシングは、こうした多様な分野で、様々な方法で拡大しつつある。この改革は、正しいあり方となるのか未確定の分野も多い。現段階では、行政のスリム化を求める試行の一つであると考えられる。

2　行政サービスと民営化

一九八〇年代から今日まで、大きな政府から小さな政府に向けてさまざまな行政改革が行われてきた。近年の行政改革の原点は、高度成長から低成長へと経済基調が急転換したオイルショックにあるといえる。国および地方自治体は、厳しい財政再建のために様々な行政改革を実施してきた。肥大化した政府を小さな政府へと転換させるための改革であり、行政サービスのスリム化である。その方法は、民間委託、民営化、規制緩和などによる官から民への移行である。

一九七五年代に入り、さかんに論じられたのは都市経営論であり、財政の赤字を解消するための行政の削減、見直しを図り、スリム化することである。行政事務の民間委託は、その具体策として自治体レベルで最初に論じられた。それまで行政サービスは、行政職員による直営方式が前提であるとされてきたが、行政事務の一部を民間企業に委託し、行政サービスを代替して行う方式である。民間企業の方が、コストが安くサービスが良いというのである。

この議論には、組合をはじめ根強い反対論があった。しかし、結果はのちにみるように、多くの自治体では、公共施設の管理運営をはじめ行政事務が民間委託方式へと変わった。今や、民間委託は当然のことになっている。

指定管理者制度の導入は、こうしたアウトソーシングをさらに拡大させる強力な要因となるものといえる。まさに、官製市場を民間企業に開放することを目的としているわけで、官の縮小と民の拡大がねらいである。以下、小泉政権により行政改革として実施された官から民への流れ——民営化——について考えてみる。

骨太の方針

官から民への行政改革は、二〇〇一年の小泉政権によって積極的に推進された。その内容は、民営化、規制緩和を中心とする行政改革であった。その基本的方針は図表7－1にみる経済財政の基本方針（骨太の方針）に示されている。

二〇〇一年の骨太の方針では、次の政策を提案している。(1)官と民との役割を見直し、民間活

図表7-1　骨太の方針

	内　　　　　　　容	首　相　発　言
2001年	国債発行30兆円以下，不良債権処理の抜本的解決，郵政事業民営化の検討，5年間で530万人の雇用創出。	借金をすれば景気がよくなるとは思っていない。
2002年	2010年代初頭に国と地方を合わせた基礎的財政収支（プライマリーバランス）黒字化をめざす。	財政改革，10年かけてじっくりやる。ゼロ成長でも我慢して改革すべきだ。
2003年	「三位一体の改革」で地方補助金を4兆円削減し，一定割合を税源移譲，一般小売店での医薬品販売など規制改革の推進。	一つひとつでは難しい。地方分権は三つ一緒にやろう。
2004年	地方へ3兆円税源移譲，05年に郵政民営化法案提出，社会保険制度見直し開始，デフレからの脱却を確実なものとする。	郵政民営化とは経済活性化の手段である。民間にできることは民間でするのは賛成。
2005年	政府の途上国援助（ODA）の事業量の戦略的拡充，公務員の総人件費削減，定員の純減目標，市場化テストの本格的導入など。	いろいろな意見を聞いて仕上げるのが民主政治。批判する人は，何でも批判する。

出典：朝日新聞2005年6月22日。

力を引き出すこと、その際、肥大化した行政部門を見直し、「民間にできることは民間に委ねる」こと、(2)国と地方とのあり方を見直し、地方の自立を求め、効率的な資源の配分を求める、(3)公的部門を縮小する民営化、規制改革プログラムを示す、(4)特殊法人の見直し、道路公団、郵政の民営化を検討する。

二〇〇三年の骨太の方針では、国と地方における三位一体の改革を提案した。三位一体とは、国から地方への補助金の削減、国から地方への税源の移譲、地方交付税の見直しについて一体化して進めることである。補助金は、〇六年までに四兆円余を削減し縮小する。地方交付税を見直し縮小する。一定割合の税源を国から地方へと移譲する、という方向にある。しかし、補助金や交付税の縮小は可能でも、国から地方への税源移譲は、官僚の抵抗も強く進まない実態にある。

二〇〇四年の骨太の方針では、国から地方に三兆円規模の税源を移譲する。国では、総務省と財務省とで何の税源を移譲するかで意見対立する。地方では、三兆円に見合う補助金の削減案をまとめることになる。しかし、どの補助金を削減するかということになると、三〇〇〇余の自治体の中で意見がまとまらない。また、官僚や族議員による根強い反対もある。国は、早期に補助金や交付税を削減した。しかしそれに見合う税源移譲は、なかなか進まない。これでは、国の財政赤字を減らし、地方の赤字が拡大するだけであり、自治体からの強い批判がある。

二〇〇五年の骨太の方針では、少子高齢化を背景に「小さくて効率的な政府」を明記した。公務員の人件費の削減、定員の純減目標の設定、医療費の抑制など官から民への政策の推進を目指している。

郵政の民営化

郵政の民営化は、官から民への重要政策の一つである。二〇〇三年四月、郵政公社が発足した。公社では中途半端であるという意見があるが、民営化への一歩であることに間違いはない。公社化へのポイントは、①企業会計の原則　②独立採算制　③経営の自由の拡大、へと移行することである。そこでの問題点は、①特殊会社　②三事業の一体化　③郵貯、簡保の廃止、などについての方向性にある。しかし、これについても立場によって議論は分かれるので、そのゆくえは、いまだ不透明な点も多い（図表7-2）。

図表7－2　郵政改革をめぐる主な出来事

1997年12月	政府の行政改革会議が「3事業一体の郵政公社化」の最終報告
1998年6月	中央省庁等改革基本法成立。郵政3事業の公社化を定める。
2001年4月	郵政民営化を掲げる小泉首相が政権発足
6月	首相の私的諮問機関「郵政3事業の在り方について考える懇談会」発足
2002年7月	日本郵政公社法，信書便法が成立
9月	郵政3事業懇談会が最終報告。民営化3類型（①3事業一体の特殊会社化②同民営化③郵貯・簡保を廃止し民営化）を併記
2003年4月	日本郵政公社発足
9月	小泉首相が自民党総裁選で「07年4月民営化」を公約に掲げ圧勝
10月	自民党のマニフェストで「04年秋ごろをめどに結論」と明記
11月	総選挙で自民党など与党は民営化に原則賛成の立場表明
2004年4月	内閣官房に「郵政民営化準備室」設置
9月	郵政民営化の基本方針を閣議決定。持ち株会社の下での4分社化を打ち出す
2005年1月	小泉首相が施政方針演説で4分社化を明言
4月	政府が郵政民営化法案を国会提出
7月	衆院本会議で5票差で法案可決，参院へ送付

出典：朝日新聞2005年7月27日。

郵政民営化の基本方針（骨子）

郵政民営化の基本方針への骨子は二〇〇四年八月に発表された。それによると、次の方向が示される（図表7－3）。

①経営の自由拡大、民間との同一条件の確保、事業分離を重視。

②〇七年四月に民営化し、遅くとも一七年には最終的な民営化とする。

③最終的な民営化の姿

(1)持ち株会社を設け、四機能を株式会社で独立。

(2)窓口会社は、過疎地の拠点を維持。

(3)郵便会社は、全国一律サービス義務を課す。

(4)郵便・保険の新規契約分は、政府保証を廃止。

図表7-3　郵政民営化の流れ

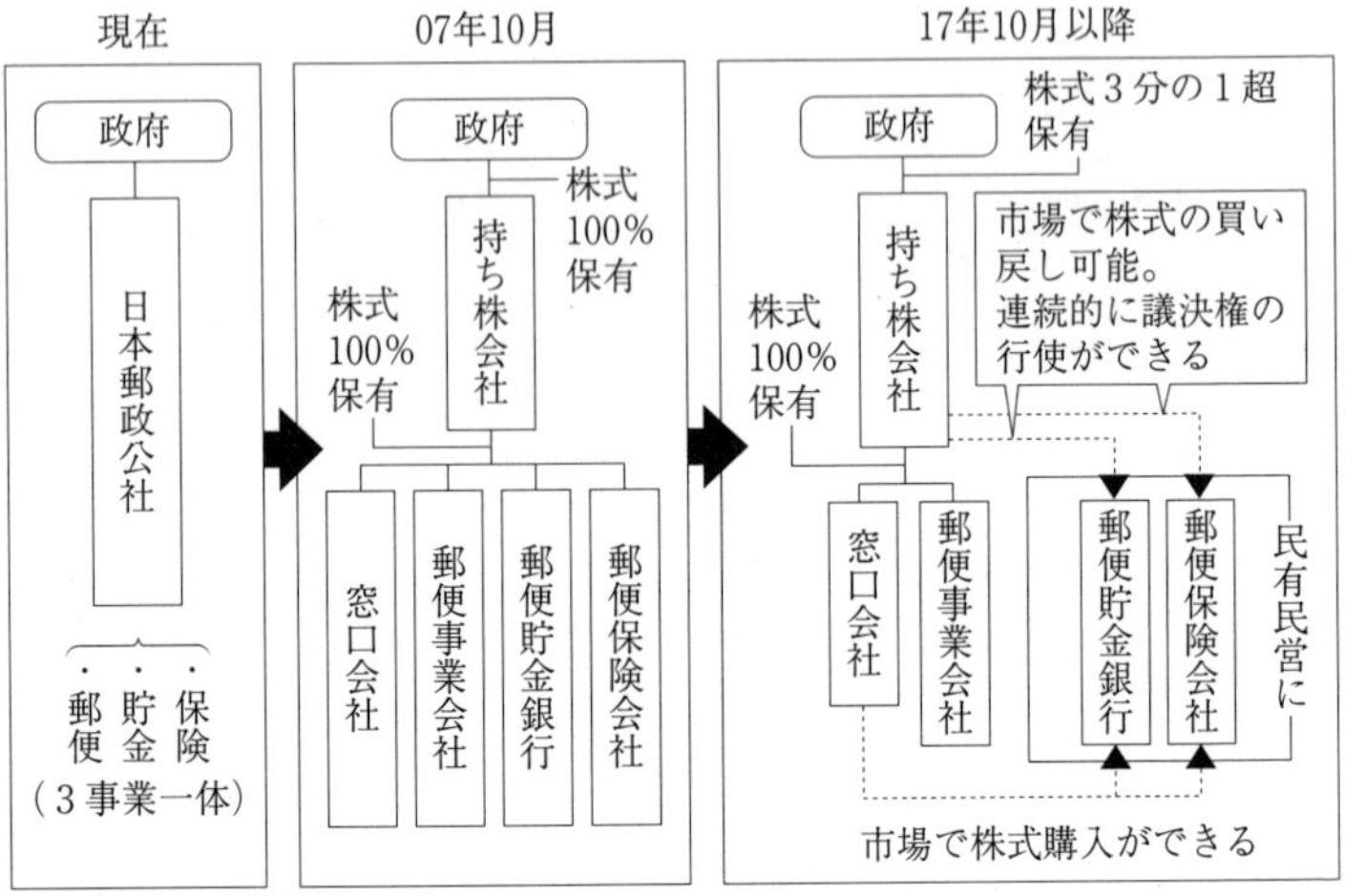

出典：朝日新聞2005年10月15日。

(5) 新旧勘定は、一括管理す。
(6) 窓口会社の地域分割、○七年四月時点の組織形態、全国一律サービスの義務付けはさらに検討する。

④職員は国家公務員でなくす。
⑤移行当初から納税義務。経営自由度の拡大。
⑥三年ごとに状況を見直す委員会を設置。

郵政改革の最大の目的は、郵貯と簡保の資金三五〇兆円を官から民に移すことである。その資金を国民のためにいかに有効に活用するかが重要である。特殊法人などの官へと流れていた資金の流れを変え、財政の健全化を図ることは、民営化の一つのねらいである。政官のゆ着構造、官の天下り問題などの温床であったもので、これらの構造改革は行政改革の一つである。郵政職員二六万余を非公務員化し、国家公務員総数の削減、人件費の削減を図る必要があり、これも行政改革である。公務員は少なければよいわけではないが、不用な業務に配置する必要はない。常にスクラップ・アンド・ビルドをしながら適正配置が必要である。

郵便局のネットワークは、全国に二万四〇〇〇カ所あり、そのサービスを確保するために維持するとされる。この窓口ネットワークは、地域住民にとって貴重な拠点であり、有効活用する必要がある。郵便局が地域住民のニーズに対応した必要な施設となれば、自ずと地域に存続することになろう。例えば、郵便関係以外のコンビニのような小売業（日用品）、旅行代理業、チケット販売、介護などの幅広い事業の可能性がある。民営化すれば、郵便局も地域住民のニーズに合った施設へと再生することができよう。

郵便事業は、全国一律サービスを確保するために郵便局ネットワークとともに維持する。郵便事業単独では、すでに赤字構造になるとされる。そのためには、新たな事業での収入増と財政的補助が必要となろう。いずれにしろ、地域での生き残りが可能な、独立した事業組織としての企業努力をしなければならない。

郵貯、簡保事業については、銀行業界、生命保険協会などとの連携を図りながら、民営化へと移行することになろう。これらの業務は、すでに国民の税金を投入して行う必然性はなく、官から民へと移行すべきであろう。

二〇〇五年一〇月、郵政民営化法案は成立したので、今後、民営化に向けた諸政策が具体的に展開されることになろう。

3　民間委託のしくみ

自治体における民間委託は、一九七五年代のオイルショックによる低成長期以降、自治体経営の改善を求めて導入された。その目的は、自治体運営の効率化やコスト削減であったが、当時、直営方式から間接経営方式へということで、公務員や職員組合をはじめとして根強い反対論が展開された。

その評価はともかく、しかし、現在では自治体でコスト削減を目的とする民間委託が急速に拡大した実態であり、その限りでは、民間委託の効用が認知されたといえる。

そこで明らかなことは、自治体の直営による住民サービスは、「高コスト」であり、「非効率」である。[2] これに代わる民間委託の方が、低コストで効率性がよい。これをより拡大するためには、民間委託や民営化をさらに拡大させ、「小さな政府」に向けての行政改革を推進することがベターであるといえる。

問題は、仮に民間委託が拡大し、民間企業が中心となる住民サービスを展開した時に、低コストや上質のサービスの提供は維持されるのか。サービスが有料化したり、サービスの格差が拡大するようなことにはならないか。住民にとっては、サービスの提供主体が自治体か民間かはどうでもよいのであり、重要なことは、上質で低コストのサービスが提供されることである。

民間委託のあり方を議論するにあたっては、①自治体の高コスト、非効率の原因はなにか、その改善はできないか。②住民サービスのうち、自治体の守備範囲はどこまでか、何を自治体が行

コラム　志木市の実験

埼玉県志木市は、東武東上線沿にある人口七万人弱のベットタウンである。穂坂邦夫市長（二〇〇五年七月退任）は、新しい試みを通して自治体のあり方の見直しを提案し、注目されている。その新しい提案の一つに、職員数の削減とパートナー職員制の導入がある。その新しい実験は、今後どのように進むのかは未知数であるが、小さな政府を目指した自治体レベルでの新しい試みに注目したい。

職員数の削減とパートナー職員制の導入案は、「志木市・地方自立計画」により提案されているので、概略しておこう。

①理念と目的—市民が市を運営することを原則に、市の業務を市民（行政パートナー）及びＮＰＯに委ね、その対価として市税の一部を還元する。ローコストの志木市を確立する。

②最終目標—地方公務員（専門官）三〇～五〇人以内の「小さな自治体」を構築する。

③行政パートナーを導入する。

④現在六〇一名の職員は、二〇年後には三〇一名となり、パートナー職員は五二三名（三〇〇名×一・五十α）となる。そして将来的には、三〇人から五〇人程度の正規職員と市民が運営する市政をめざす。

⑤この結果として、二〇年間で三〇〇名の職員と人件費がへり、パートナー職員五二三名に六七億円余を支出する。

この計画によれば、二〇年後の志木市は、三〇〇名の正規職員と五二三名のパートナー職員の自治体となる。ローコストの小さな政府であることは明白である。しかし、問題は、三〇〇名の正規職員と五二三名のパートナー職員とが役割を分担しながら、自治体としての組織運営を行っていくことが可能かである。こうした組織構造は、自治体としては全国唯一であろうし、小さな政府に見合う新しいシステムが必要となろう。

行政のアウトソーシングが行われ、職員のスリム化、小さな政府への移行が進められているが、自ずと小さな政府にふさわしい業務や役割、機能をもつ自治体を再構造することが必要となろう。新たなニーズに見合う政府形態は、自ずと地域社会や経済状況などに対応した形で形成されるのが当然でもある。志木市の新しい実験の推移を見守りたい。

い、何を民間または住民に任せることができるのか。民間委託をはじめとするアウトソーシングの議論のプロセスでは、住民サービスにおける公私の役割分担のあり方を再検討した上で、そのあるべき方向性を展望しなければならない。

民間委託の実態

現代の自治体の実態は、行政サービスの多くの分野で民間委託が大幅に進行していることがわかる。それはすざましいほどの状況であり、なぜ、そんなに民間委託にたよって行政サービスを進めなければならないのか、と疑問視したくなる。

一般事務では、図表7‐4のように、在宅配食九六%、ホームヘルパー派遣事業九一%で、介護保険事業との関係からか、老人福祉業務での委託率が高い。これらは、福祉関係団体、NPO、ボランティアなどへの委託といえる。一般ごみの収集八四%、し尿の収集七八%も高い方であり、本庁舎の清掃八六%と多い。これらの業務は、大量で、かつ単純労務であり、これを受け皿とする専門の民間企業が成長しているためであろう。

以上が比較的に民間委託が多い業務であるが、比較的進んでいない業務を見ておこう。案内・受付業務二〇%、学校用務員事務二〇%、公用車運転二九%、電話交換業務三三%であり、これらの業務は、直営方式が主体となって実施されている。学校用務員、運転手、電話交換手という専門職員が配置されている分野であり、本来、そうした専門職の仕事分担である。したがって民間委託化が低いのは、当然の結果といえよう。

施設運営の状況は、図表7‐5の通りである。民間委託比率の高い施設は、下水終末処理施設、

図表7-4　一般事務の委託状況（市区町村）

事務内容	割合
本庁舎の清掃	86%
し尿収集	78%
一般ごみ収集	84%
水道メーター検針	82%
ホームヘルパー派遣事業	91%
在宅配食サービス	96%
情報処理	82%
案内・受付業務	20%
電話交換業務	33%
公用車運転	29%
学校給食	44%
学校用務員事務	20%
給与計算事務	36%
ホームページ作成運営	49%

注：1. 2003年4月1日現在。
　　2. 委託率＝委託団体数÷事務を行う団体数×100。
出典：総務省資料（2004年3月）。

図表7-5　施設運営の委託状況（市区町村）

施設内容	委託率	全部委託率
温泉健康センター	88%	58%
下水終末処理施設	92%	36%
市（区町村）民会館・公会堂	88%	41%
プール	76%	34%
駐車場・駐輪場	79%	46%
コミュニティ・センター	90%	59%
保育所	60%	6%
ごみ処理施設	74%	17%
公民館	73%	14%
図書館	74%	3%
病院	90%	4%
診療所	63%	18%

注：1. 2003年4月1日現在。
　　2. 委託率＝委託団体数÷事務を行う団体数×100。
　　　全部委託率＝全ての運営事務を委託する施設数÷施設総数×100。
出典：総務省資料（2004年3月）。

温泉健康センター、市民会館・公会堂、コミュニティセンターであり、それぞれ八〜九割が民間委託によって運営されている。そのうちコミュニティセンター五九％、温泉健康センター五八％、駐車場・駐輪場四六％は、いずれもすべてが民間委託によって運営されている状況にある。

全体として委託率の低い施設は、保育所、ごみ処理施設、公民館、図書館、診療所などであり、六〜七割が民間委託している。このうち、病院は、九〇％委託しているが、全部委託が四％と低い。保育所六％、図書館三％も全部委託率の低い施設である。これらの施設は、いずれも法的規制があったり専門性の高い施設であり、そのために全部委託の比率が低く、一部委託が進んでいるものといえる。

施設運営の委託先は、図表7-6の通りである。民間企業には、下水処理施設、ごみ処理施設、病院などの施設が委託される。これらの施設は、大規模で、専門的技術を要する施設であり、民間の関係企業への委託が実施されているものといえる。

駐車場・駐輪場や陸上競技場は、地方公社または財団法人、社団法人へと委託されている。これらの施設は、いずれも有料で利用されていることから使用料・手数料の収入があり、そこで独立会計を持つこれらの団体への委託が行われているものといえる。コミュニティセンターの六七％は、町内会・自治会等への委託である。

民間委託の理由としては（図表7-7）、都市公園、病院、コミュニティセンター、市民会館・公会堂のいずれもが、事務の効率化、経費節減をトップに挙げている。次いで二位に、高度・最新・専門的な知識・技能・設備の確保を理由としている。下水道終末処理施設は、一位に高度・専門的な設備の確保を挙げ、次いで経費節減を二位としている。いずれの施設も、この二つの理

図表７－６　委託先

（割合は概数）

	1位	割合	2位	割合	3位	割合
民間企業	下水道終末処理施設	79%	ごみ処理施設	78%	病　院	76%
地方公社	温泉健康センター	18%	駐車場 駐輪場	14%	陸上競技場	10%
財団法人 社団法人	駐車場 駐輪場	55%	陸上競技場	36%	体育館	27%
社会福祉法人	養護老人ホーム	25%	児童館	19%	温泉健康センター	11%
町内会 自治会等	コミュニティーセンター	67%	市民会館 公会堂	30%	公民館	19%

出典：三野靖『指定管理者制度』（公人社，2005年）11頁。

図表７－７　外部委託実施の理由

委託割合の高い施設／委託率／理由	下水道終末処理施設	都市公園	病　院	コミュニティセンター	市民会館公会堂
	92%	91%	90%	90%	88%
(1) 高度・最新・専門的な知識・技能・設備等の確保	80%①	34%②	68%②	21%③	52%②
(2) 事務の効率化，経費節減	68%②	87%①	83%①	74%①	77%①
(3) 緊急時，時間外，休日等の対応	34%③	27%③	28%③	38%②	37%③
(4) 民間的な経営感覚を活かしたサービス提供	（7%④）	（10%⑤）	（20%④）	（9%④）	（17%④）

出典：三野靖『指定管理者制度』（公人社，2005年）12頁。

図表７－８　委託先，委託理由

委 託 先	・専門的業務……民間企業 ・地域に身近な施設……民間企業，住民団体 ・大規模な箱物施設……外郭団体
委託理由	・人件費の経費節減……最大要因かつ最大メリット 一方，委託できない理由……職員の処遇の問題（最大要因） ・専門的な能力の確保，時間外等の対応……共通して多い ・民間の経営感覚を活かしたサービス提供……要因としては少ない ・委託割合の低い施設における委託をしない理由 （業務に精通した職員）……専門性の担保が必要 But → 委託のメリット（専門性）→ 委託しない要因の克服

出典：三野靖『指定管理者制度』（公人社，2005年）９頁。

由が、主なる委託理由といえる。緊急時、時間外、休日等の対応、民間的な経営感覚を活かしたサービス提供は、いずれの施設にとっても、委託理由の優先順位としては三～四位にランクされる状況にある。

民間委託のしくみ

民間委託の積極的な拡大が進んでいる。その最大の理由は、人件費等の経費節減であり、コスト問題である。他方で、民間委託しない理由は、専門性の担保に欠けることであり、委託ができない理由は、職員の処遇問題である。民間委託をしなかったりできない理由は、職員にかかわる問題が発生するためである（図表７－８）。

民間委託の委託先については、委託先が民間企業の場合、その業務は専門的業務であり、企業の持つ専門的技術やノウハウを得るためである。住民団体の場合、コミュニティセンターなどのように地域に身近な施設であり、委託した方が、その利用者にメリットとなるものである。公社、財団法人等の外郭団体には、大規模なハコの施設等が多い。この場合、地方公務員の天下り先となっているところもある。

このように民間委託の拡大が著しいが、財政的に見ると、そう大幅なものではない。市町村決算調によると、市の歳出総額に占める委託料の割合は、一九七一年度一・五％であったが、一九八五年度に三・一％、二〇〇〇年度には五・七％に増えている[3]。全体の財政規模から見ると、いまだ一割にも達していないので、行政全体の業務量からいうとそう多くないことがわかる。しかし、少子高齢化の拡大、財政赤字の深刻化などから見ると、今後、さらに民間委託などのアウトソーシングによるコスト削減への対策が迫られるものといえる。その一つが指定管理者制度であり、次項で検討したい。

以上の民間委託をめぐる構図を前提にそのメカニズムを総括しておきたい。

自治体における民間委託は、その行政事務を民間機関に委託して代替させ、委託料を支払う方式である。行政サービスを直営方式から民間委託方式へと委託する理由は、厳しい財政赤字を改善するために、民間委託によって組織の縮小化を図り、経費の節減、減量化を図るためである。その理由は、経済性、能率性、住民サービスなどの民間委託の促進要因と住民サービス、行政責任などの抑制要因とに大別される[4]。

(1) **経済性の要因**　第一の促進要因は経済性である。自治体が行政サービスを民間委託する最大の理由は、経済性にある。自治体の民間委託は、行政経費の削減を目的としているが、経済的に低コストな民間企業に行政事務を委託することによって、行政内部における人件費の削減・職員増の抑制を図るという経済的効果をねらいとしたものである。

この経済性には、二つの留意点がある。一つは、委託経費の増高である。委託経費が増高して直営経費より高くなれば、委託する経済性のメリットはなくなる。例えば、コンピュータ処理を拡大していくと、徐々に委託経費が増高し、ある時点では、直営方式の方が安くなる、経済性を目的とする民間委託は、これが限界点といえる。

二つめは、経済性を追求するあまり、住民サービスや行政責任を欠落させることはできないのである。このことは、たとえ民間委託が安くても、住民サービスや行政責任が劣るのであれば、直営方式で行うべきである。自治体の行政サービスの目的は住民福祉の向上であり、自明の原則である。

(2) **能率性の要因**　第二の促進要因は、能率性である。行政サービスの提供には、事務処理の迅速化、簡素化、効率化が必要であり、能率性を高めることは、民間委託の理由の一つとされる。単純労務、臨時的業務、専門的業務などは、単一目的で特定サービスを優先的に行うことができる民間企業に委託する方が能率的であるといえる。例えば、給与計算などの計算事務は、手計算からコンピュータ処理によって能率化が進む。その結果、職員数を削ることが可能となり、他の業務へと職員をふりむけることができる。事務処理の能率化、効率化は、職員数の抑制要因でもあり、民間委託の理由の一つである。

(3) **住民サービスの要因**　第三の要因は住民サービスである。住民サービスの供給には、行政が直接的に行う直営方式とそれ以外の間接方式があり、民間委託はその一つである。住民サービスを民間委託で行う場合、サービスが向上するか低下するかによってその評価が分かれる。住民にとっては、直営であれ民間委託であれ、サービスが良ければどちらでもよいのである。住民サービスは、民間委託によって上質のサービスとなれば評価され促進要因となる。逆に、低下すれば、マイナス評価され抑制要因となる。住民サービスの向上が図れるか否かは、民間委託のあり様を評価する重要なポイントとなる。

⑷ **行政責任の要因**　第四の要因は行政責任である。自治体の住民サービスには、公共性が前提にあり、民間企業との決定的な違いである。行政事務を民間委託する場合、自治体は、サービスに伴う行政水準、行政指導、公平性などの行政責任を住民に担保しなければならない。したがって自治体は、民間委託の場合、適正な住民サービスが行われるように民間企業に指導助言するのであり、それが行政責任でもある。こうした行政責任は、民間委託の抑制要因にもなる。

自治体における民間委託の理由には、こうした四つの要因が考えられる。重要なことは、住民サービスは、経費の削減や能率性だけが重要なのではなく、サービスの質の向上や行政責任を確保することが前提条件となる点である。公共性を欠落した民間委託はありえないのである。

4　指定管理者制度の導入

指定管理者制度は、小泉内閣における構造改革の一環としての分権化政策（官から民へ、国から地方へ）および規制緩和による官製市場の開放政策などの具体的政策として導入された。

地方自治体における公共施設の管理には、すでに民間委託などの間接経営方式が大幅に進行している。それに加えて公の施設をめぐる指定管理者制度の導入は、民間事業者の参入により、一層民間企業の活動する市場へと拡大しつつあるといえよう。この制度のしくみが今後どのような形で進行していくかは未知数であるが、民間委託の事例から推測すれば、同様の勢いで浸透していくものと予想される。

ここで考えなければならないのは、行政とは何か、自治体の業務とは何か、ということである。住民サービスの提供には、経費の削減だけを目的に、民間委託や指定管理者制度によって民間企業に安易に代行してもらう方式をとるべきではないのではないか。行政は、自らの行政サービスのあり方、例えばコスト高やサービスの質的向上について再考すべきなのではないか。公的責任のあり方の重要性を再確認し、その方向での改革が不可欠なのである。

指定管理者制度の背景

指定管理者制度の導入は、経済政策としての規制緩和の具体的な政策として提案された「官製市場の開放」を自治体レベルで実践したものである。

総合規制改革会議は、二〇〇二年七月に中間とりまとめを発表し、その中で「民間参入・移管拡大による官製市場の見直し」を主張した。その理由としては、公共サービスの提供については、政府部門が企画立案から事業実施のすべての段階を行う体制になっている分野が多いが、必ずしもすべての段階で公共部門が主体である必要はない。多様化するニーズに対応した公共サービスの実現のためには、多様な主体と民営化、民間委託、ＰＦＩ等の多様な手法の活用が求められるためである。

以上の観点から[5]運営主体の制限を行うなど公的関与の強い市場および公共サービス分野（いわゆる「官製市場」）において様々な規制改革を推進することが重要である。そして具体的には、「官から民への事業移管の推進」のための制度として公の施設の受託管理者の拡大を提言する。

同会議は、〇二年一二月「規制改革の推進に関する第二次答申」をとりまとめた。その中では、民間参入の拡大による官製市場の見直しの具体的施策のうちの「公共サービス分野における民間参入」を提言した。さらに、「一定の条件の下での利用料金の決定等を含めた管理委託を、地方団体の出資法人等のみならず、民間事業者にも行うことができるように現行制度を改正すべきである」と指摘した(6)。

地方自治法の改訂に伴う指定管理者制度の内容は、この提言によるものであり、この段階でほぼ決定されていたと考えてよい。自治体における公の施設の管理をめぐる指定管理者制度は、同会議の主要メンバーである財界の意向に沿って小泉内閣が制度化したものといえよう。

指定管理者制度のしくみ

指定管理者制度は、二〇〇三年六月地方自治法の改正により、同年九月に指定管理者制度として施行された。そして三年以内（二〇〇六年四月）には、公の施設は、指定管理者制度に移行するか、直営で管理するか、を選定しなければならない。

二〇〇三年七月の総務省通知によれば、法改正の目的は、「多様化する住民ニーズにより効果的、効率的に対応するために、公の施設の管理に民間の能力を活用しつつ、住民サービスの向上を図るとともに、経費の節減等を図ること」、である。具体的には、次の三点をねらいとしている。①民間事業者等のノウハウを活用することにより、利用時間の延長や利用日の増加などの弾力的な施設運営を図り、住民サービスの向上を図る、②民間活力の導入により地域経済の振興や活性化を図る、③行政コストの縮減等、限られた財源を有効に活用することにより、行財政改革

図表7－9　指定管理者制度

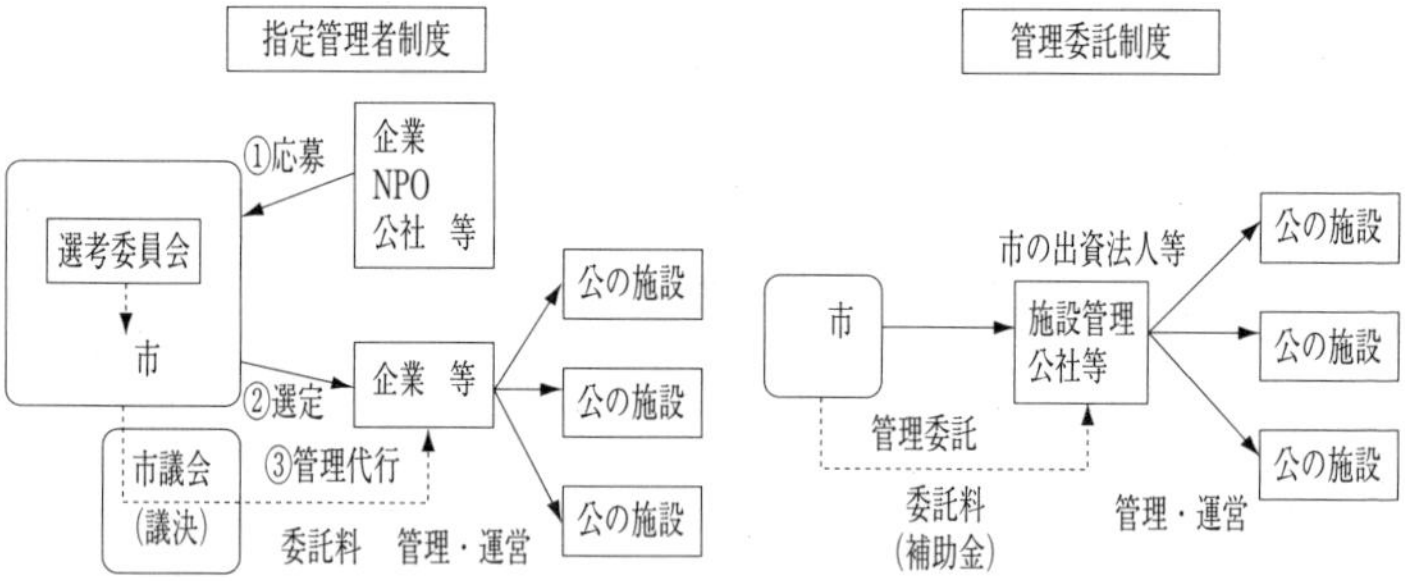

出典：三野靖『指定管理者制度』（公人社，2005年）15頁。

の一層の推進を図る。

以上の考えを具体化するために、地方自治法の改正による指定管理者が制度化された。従来の管理委託制度では、公の施設の管理は、直営または第三セクターの出資法人等に限定して行われていた。自治体に限定した官製市場である。

新たな指定管理者制度では（図表7－9）、施設の管理について、(1)まず直営か、その他の方法かを決める、(2)直営以外の方法の場合、選考委員会を設置し、(3)公募し、応じた民間事業者、NPOおよび公社などのうちから、コストやサービスの良い団体を選考する、(4)そして議会の議決を経て指定管理者を決定する、(5)指定管理者と公の施設の管理運営について取り決める。

指定管理者制度は、(3)と(4)の手続を加えることによって民間企業、NPOなどの民間事業者の参入を認め、住民サービスの向上や経費の節減を図ろうとする。そのしくみのポイントは、次の三点にある。[7]

一つは、自治体と管理受託者との関係が行政処分に基づく指定行為である。二つは、公の施設の管理について、従来の管理委託制度を指定管理者制度に変更し、その対象を「法人

図表7－10　公の施設

民生施設……	保育所，母子寮，養護老人ホーム，老人福祉センター，老人憩いの家，福祉会館，児童館
衛生施設……	し尿処理施設，ごみ処理施設，下水終末処理場，公衆便所，健康センター
体育施設……	体育館，陸上競技場，プール，野球場，武道館，キャンプ場
社会教育施設…	中央公民館，地区公民館，勤労青少年ホーム，青年の家・自然の家，中央図書館，地区図書館，博物館，資料館，小・中学校の地域開放
宿泊施設……	国民宿舎，その他の宿泊施設
公　　園……	公園，児童公園
会　　館……	市民会館・公会堂，文化センター，勤労会館，婦人会館，コミュニティセンター，集会所
診療施設……	病院，診療所

出典：自治体アウトソーシング研究会編『Q&A 自治体アウトソーシング』（自治体研究社，2004年）24頁。

その他の団体」へと拡大する。三つは、指定管理者の根拠については、使用許可権限の行使についても可能とする。

(1)　**管理受託への指定**　公の施設の管理について（図表7－10）、従来の管理受託者に「委託する」を「法人その他の団体に指定するもの（指定管理者）に管理を行わせる」（地方自治法二四四条の二③）と改正した。これは、従来の管理委託制度では、委託契約という公法上の契約関係であったものを、指定するという行政処分としての指定行為へと変更した。さらに、この指定には、議会の議決を経なければならない（二四四条二⑥）のである。

指定管理者の指定は、行政処分としての法的性格を持つこと、そして議会の議決を必要とすること、という二つの条件になる。このことは、自治体として、従来の委託契約とは違う、きわめて重い行政処分であると考えてよい。ここでの留意点は、こうした厳しい行政処分によって指定された民間事業者が、民間企業としての弾力的な組織を確保できるか、むしろ硬直化して民間企業としてのメリットが発揮できないのではないか、という危険性である。公団等の第三セクター方式と同様の結果を招くことになるのである。

(2)　管理受託者の拡大

公の施設の管理について、従来の管理委託制度では、自治体の直営か出資法人等に限定されていた。指定管理者制度では、民間事業者等を含む「法人その他の団体」へとその対象範囲を拡大した。この範囲の拡大によって民間事業者やNPOなどの民間の参入が可能となったのである。法律により保護されていた官製市場の開放が行われ、行政による規制の緩和が実施されたことになる。

この管理受託者の拡大には、二つの課題がある。一つは、法的規制のある施設に関する問題である。そもそも都市公園、河川、道路、港湾施設、公営住宅、公民館、図書館、博物館などの施設は、個別の設置法があり、それぞれの行政目的を達成するために設置されたものである。施設毎に管理運営に関する考え方や基準があり、それに基づいて法的規制されている。

規制緩和は、こうした省庁の個別法との調整が必要であり、省庁レベルからの抵抗が強力である。自治体では、この国レベルでの調整結果をふまえ、それぞれの判断を下すことになる。住民生活に直結する公民館、図書館、博物館については、いずれも社会教育施設として文部科学省や社会教育法等の規定があり、国レベルでの調整が行われている。公民館、図書館、博物館は、館長や学芸員の必置職員の規定があり、民間委託の阻害要因とされている。(8) 文部科学省では、規制緩和が可能であるとしているが、全面的な指定管理者制度の導入にいたっているわけではない。なお、継続した検討が必要であろう。

二つは、自治体における指定の方法・基準の問題である。公の施設の管理について、直営方式か、別の方式かについての判断は、自治体レベルの問題である。どの施設をどの団体に指定するかは、個別の自治体における選定になる。

直営方式で管理する場合、既存の出資法人等に限定する条例を制定する場合[9]、いずれも実質的には、民間事業者への開放に結びつかない事例である。したがって、規制緩和による対象団体の拡大は、その目的が実行されるか否かは、自治体での施設管理に対する考え方や運営のあり方にかかっていると言える。

(3) 指定管理者の権限　指定管理者は、その管理する公の施設の利用に係る料金を収入として収受できる（二四四条二⑧）。その業務範囲は、利用の許可、不許可などの使用許可権も付与される（図表7-11）。指定管理者には、使用料の強制徴収、不服申立て、行政財産の目的外使用等の長のもつ権限を除き、一歩ふみ込んだ使用許可権を与えることになる。この点も、従来の管理委託制度との大きな相違の一つである。

5　これからの展望

公的責任の守備範囲は、大きく設定すれば大きな政府となり、小さくすれば小さな政府となる。低成長経済、少子高齢化へと向かう社会状況の下では、小さな政府への方向に向かわざるをえない条件にあろう。大きな政府を小さな政府へと軌道修正するためには、その守備範囲の縮小化を図らねばならない。行政におけるアウトソーシングは、まさに、その方法であり、民間委託、規

図表７-11　管理委託制度と指定管理者制度

	管理委託（従来）	業務委託	指定管理者制度
受託主体	公共団体，公共的団体，政令で定める出資法人（1/2以上出資等）に限定	限定なし ※議員，長についての禁止規定あり（地方自治法92条の2，142条）	法人その他の団体 ※法人格は必ずしも必要ではない。 ただし，個人は不可。
法的性格	「公法上の契約関係」法的生活条例を根拠として締結される契約に基づく具体的な管理の事務または業務の執行の委託	「私法上の契約関係」契約に基づく個別の事務または業務の執行の委託	「管理代行」 指定（行政処分の一種）により公の施設の管理権限を指定を受けた者に委任するもの
公の施設の管理権限	設置者たる地方公共団体が有する	設置者たる地方公共団体が有する	指定管理者が有する ※「管理の基準」，「業務の範囲」は条例で定める
①施設の使用許可	受託者はできない		指定管理者が行うことができる
②基本的な利用条件の設定	受託者はできない		条例で定めることを要し，指定管理者はできない
③不服申立てに対する決定，行政財産の目的外使用の許可	受託者はできない		指定管理者はできない
公の施設の設置者としての責任	地方公共団体		
利用者に損害を与えた場合	地方公共団体にも責任が生じる		
利用料金制度	採ることができる	採ることはできない	採ることができる

出典：地域協働型マネージメント研究会『指定管理者制度ハンドブック』（ぎょうせい，2004年）33頁。

制緩和、民営化、指定管理者制度などの手法による行政改革である。

アウトソーシングによる軌道修正は、今後、個別領域で、それぞれのふさわしい守備範囲、責任領域の線引きが実施されることになる。アウトソーシングに対する賛否両論の意見がある。とくに民間企業の導入に伴っては、官僚や族議員、利用者などの関係する既得権者からの反対や抵抗が根強い。行政改革は、言うに易く行うに難しといわれるように、遅々として進行しない状況にある。仕事や権限、財源を民間に移行される官僚にとっては、死活問題であり、声高に反対論を主張するのは当然であろう。

他方で、コスト高で非能率となった行政の改善が必然であることはいうまでもない。その改善策の一つが、民間企業の導入による組織運営の活性化である。行政が、低コストで能率良い組織へと改善されるのであれば、アウトソーシングの手法は不用となる。多くの国民は、行政自身の自己努力による抜本的な改革を期待しているのである。

もう一つの課題は、アウトソーシングがさらに拡大すれば、行政の空洞化が拡大することになる。行政は、地域社会の中で組織体としての機能を果たすことが困難となることも考えられる。少なくとも、従来型の地域社会をリードする、創造する唯一の機関であるという形での自治体は、そのあり方なり、役割の見直しを迫られることになる。小さな政府の下での新しい自治体のあり方を再構築しなければならないのである。

アウトソーシングの拡大は、こうした様々な問題を派生することになる。新しい時代の要請をとり入れながら、古きスタイルを改革していくためには、スクラップ・アンド・ビルドが必要である。アウトソーシングなどの手法を活用しながら、行政全体のあり方を再検討することが、現代に早急に求められているのである。

注

（1）野田由美子『民営化の戦略と手法』（日本経済新聞社、二〇〇四年）九二頁。
（2）油川洋「自治体のアウトソーシングの実態と課題」日本都市学会年報（二〇〇三年）一〇一頁。
（3）油川・前掲論文（注2）一〇一頁。
（4）大塚祚保『現代日本の都市政策』（公人社、一九九三年）一一七～一二〇頁。
（5）三野靖『指定管理者制度』（公人社、二〇〇五年）一～二頁。
（6）三野・前掲書（注5）三頁。
（7）三野・前掲書（注5）一四頁。
（8）三野・前掲書（注5）一三〇頁。
（9）三野・前掲書（注5）三二頁。

第8章　政策形成とパートナーシップ

中村　昭雄

1　はじめに

パートナーシップ（協働）という言葉が日本のマスメディアに登場してきたのは、一九八〇年代の後半からであり、頻繁に使われるようになってきたのは一九九〇年代の後半からである。米国では一九八〇年代に流行した概念と言われているので、日本では約一〇年遅れて注目されてきたといえる。そして今日、行政や自治体の政策形成を考える時、パートナーシップ（協働）は不可欠なものとなり、キーワードとなっている[1]。

さて、日本でパートナーシップという言葉が使われ始めた背景には二つの要因が考えられる。第一は、一九九五年一月に起こった阪神・淡路大震災である。この年は、「ボランティア元年」と呼ばれるようになったが、この大震災で、市民による自主的なボランティア活動が大きな力を発揮し、その活動が注目された。これを機に、NPO団体も多数誕生し、一九九八年には市民が行う社会貢献活動を発展させる目的で、「特定非営利活動促進法」（NPO法）が制定され、これと前後して、市民活動やNPOと行政とのパートナーシップのあり方が、模索されたのである。

第二の要因は、地方分権の動きである。一般的な理解では、日本では戦後、憲法で地方自治が認められ、地方自治法も制定されたので、どうして再び地方分権の動きなのかという疑問を持つかもしれない。詳細は後に述べるが、実態は地方分権から相当かけ離れた中央集権システムであったのである。一九八〇年代以降、日本を取り巻く国際・国内環境の急激な変化に対して、従来の中央集権型行政システムは適切な対応が難しくなってきた。このような時代の要請から、一九八〇年代から九〇年代にかけて地方分権の推進が求められたのである。

この地方分権が求めた「分権型社会」では、地方自治体は従来の上下・主従の関係から国と対等・協力の関係になり、地域の実情に応じた住民本意の総合的・能動的行政を目指し、住民の参加を前提に、地方が自己決定・自己責任の原則に立ち、住民のニーズにあった施策を展開していかなければならなくなった。

分権時代の自治体行政は、一層の住民参加が求められた。一九九五年の地方分権推進法では、住民参加の充実が地方自治の不可欠の要素とされた。一九九九年には地方分権一括法が成立し、分権改革がさらに推し進められた。地方分権推進法を踏まえて大改正された一九九九年の新地方自治法では、地方自治体の役割が一層拡大し、その責任も大きくなったのである。

現在、多くの地方自治体は、少子高齢化、環境問題、地域経済などの困難な課題に直面し、その対応を迫られている。これらの課題や住民のニーズにどのように対応していくか、いわゆる地方自治体の政策形成のあり方が問われてきたのである。

こういった分権型社会の中で、自治体の政策形成に住民の意思を反映させる手法として、パートナーシップ、協働、連携といったことが注目されてきたのである(2)。

コラム　「ガバメント」から「ガバナンス」へ

最近の白書を見ると、「高齢者や障害者はもとより、女性や子供、外国人等すべての人にやさしい共生のまちづくりには、住民、NPO、民間企業等様々な主体のパートナーシップと適切な役割分担が不可欠であることから、地域住民の参加による合意形成活動やNPO等による地域活動等を支援する必要がある」とされている（「平成一七年版地方財政白書」より）。このように、政府がNPOの役割とパートナーシップを前提にし、こういった活動に対して、地域の総合的な行政主体である地方公共団体が支援することを要望していることである。隔世の感がある。

さて最近、政治学や行政学では、従来使われていた「ガバメント」という言葉の代わりに「ガバナンス」という言葉がよく使われている。「ガバナンス」とは、政府や自治体の役割には限界があり、それをNGOやNPOが補完し、政府や自治体が民間企業や住民、NPOなどと協働するという意味である。「ガバナンス」には、民主政治の中身を高め、これからの時代の行政機能を高度化していくという内容が込められている。

「ガバメント」の機能低下の原因は、経済のグローバル化や情報技術の発達等が挙げられる。したがって、二〇世紀の後半からいろいろな国々で「ガバメント」の後退が指摘されている。今日「ガバナンス」は、世界の各地ですすめられている行政改革の不可欠の概念になっている。

従来の「ガバメント」の時代の政治構造は、最上位に中央政府があり、その下に自治体、企業、住民というように支配・統制の上下のタテの関係であった。「ガバナンス」の時代は、中央政府、自治体、企業、住民、NGO・NPOが対等・協力のヨコの関係になる。「統治」や「支配」から「協治」や「共治」への移行である（中邨章『自治体主権のシナリオ』芦書房、二〇〇三年）。

2　地方分権と政策形成

従来型の政策形成とその限界

戦後の日本の地方自治は、地方自治法はあっても地方自治はなかった、あるいは地方分権は進んでこなかったといえよう。その根源は、近代日本の成立にまで遡ることができる。後発国家としてスタートした明治政府は、先進西欧列強に追いつくために、富国強兵、殖産興業という国家目標・政策を掲げ、その実現のため、天皇を中心とした政府・官僚組織によって推進した。[3] このように、明治憲法に地方自治の規程がなかったことも含め、官僚主義を基調とする近代国家日本の中央集権型政治行政システムが始まり、地方自治は厳しく制約されていたのである。

戦後は、地方自治の拡充は戦後改革の重点の一つとされ、日本国憲法に地方分権と地方自治を建前とする「地方自治の本旨」が明記された。こうして、制度上は官治・集権から自治・分権となったのである。しかし、実態は必ずしも自治・分権は進展しないばかりか、中央と地方との関係で多くの問題が生じていた。

例えば、本来、国がやるべきことでありながら、地方自治体に委ねられた委任事務がきわめて多く、自治体が自己の責任と負担によって行う固有事務を上まわり、自治体事務の過半数を占めるといわれた。特に、地方議会が直接関与出来ない「機関委任事務」は、相当増えていた。この機関委任事務が地方公共団体の事務に占める割合は、都道府県の場合は七～八割、市町村の場合は三～四割といわれるほど、多かったのである。また、財政面では「三割自治」と呼ばれ、人事面でも中央省庁からの天下りや出向が多く、ここでも中央集権が強く、中央の地方に対する支配が強く、中央と地方との関係は上下・主従関係とまで言われたのである。

こういった中央集権型行政システムにあっては、政策の主体は国であり中央政府であった。政策を形成するのは中央であり、地方はそれを忠実に実施する下請け機関だったのである。その政策の執行に必要だったのが機関委任事務であった。

このような中央集権型行政システムが効率的であった時代もあったが、一九八〇年代以降、グローバル化した国際・国内環境の急激な変化に伴う新たな時代の要請が生まれ、従来の中央集権型行政システムでは的確な対応が困難になってきたのである。こういった背景から地方分権の推進が求められるようになったのである。

行政改革会議「最終報告」では、かつて効率的であった戦後型行政システムが、今や深刻な機能障害を来たし阻害要因になっている、また地方公共団体の行う地方自治への国の関与を減らさなければならないと、明言されたのである。(4)

一九九〇年代に至って地方分権が行われた理由として、辻山幸宣は「この国の諸システム間のバランスが崩れ、そのためにこの国全体を維持発展させていく力が失われたからだ」と指摘している。(5) そして、地方分権をもたらした要因としては、中央政府の要因と行政環境の変化の二つを挙げている。前者の中央政府の要因としては、ア、変化への対応力を欠く、イ、国際化への対応力の変化、ウ、官僚のインセンティブ減退を挙げ、一方後者の行政環境の変化として、ア、高齢社会への対応、イ、物の豊かさ、ウ、市民活動の台頭、エ、公共性、を挙げている。(6)

中央政府だけが政策の主体ではない　国民は、今まで政府のやることは絶対で、間違いないとその無謬性を信じて疑わず、あまり政府の政策に疑問を持つことはなかった。しかし、今日、政府の失敗、行政の失敗、政策の失敗は至る所で指摘され、そのような失敗の可能性を前提に、統治主体の国民にその監視が求められているのである。

分権的政策形成の必要性を指摘して、武藤博己は中央政府による適切な政策展開が行われなかった例として、一九九〇年代の介護の問題を取り上げている。一九八九年のゴールドプランと一九九四年の新ゴールドプランを比較し、八九年のゴールドプランは厚生省が発表したプランで、九四年の新ゴールドプランは、市町村の老人保健福祉計画の集計値から目標値を設定した。ゴールドプランは、厚生省が推計した理論上の数値で実態を反映しなかった。そこで新ゴールドプランは、基礎自治体である市町村が具体的に判断して作成した数値を基礎とした。武藤は「福祉のような峡域的なサービスに関しては、もはや中央政府で政策を策定することが不可能となり、地域が中心となって地域の問題を具体的に解決できる仕組みに変更していく必要がある。すなわち、分権的な政策形成が求められている」としている(7)。また、上山信一は、環境問題と教育問題も、政府の限界、政府の失敗例として取り上げ、従来の政府主導の政策形成から政策連携の必要性を説いている(8)。

このように、特に中央政府の機能低下が指摘されるようになってきた。このことは、国家機能の後退でもあり、日本の行政制度がシステム疲労を起こしたとも見られ、これが行政改革の大きな問題ともなっている。そして、この問題は日本だけの問題ではなく、諸外国でも同じように進行しているのである(9)。

地方分権と自治体の政策形成

分権社会とパートナーシップ

一九九五年の地方分権推進法によると、基本理念として「地方分権の推進は、国と地方公共団体とが共通の目的である国民福祉の増進に向かって相互に協力する関係にあることを踏まえつつ、各般の行政を展開する上で国及び地方公共団体が分担すべき役割を明確にし、地方公共団体の自主性及び自立性を高め、個性豊かで活力に満ちた地域社会の実現を図ることを基本として行われるものとする」としている（第二条）。そういった地方公共団体の行政体制の整備・確立のために「地方公共団体は、行政及び財政の改革を推進するとともに、行政の公正の確保と透明性の向上及び住民参加の充実のための措置その他の必要な措置を講ずることにより、地方分権の推進に応じた地方公共団体の行政体制の整備及び確立を図るものとする」としている（第七条一項）。このように、名実共に住民参加の充実が地方自治の不可欠の要素となったのである。

さらに一九九七年の新地方自治法では、地方公共団体の役割として「住民の福祉の増進を図ることを基本として、地域における行政を自主的かつ総合的に実施する」としている（第一条の二第一項）。そして国との役割分担では「住民に身近な行政はできる限り地方公共団体にゆだねることを基本として、地方公共団体との間で適切に役割を分担するとともに、地方公共団体に関する制度の策定及び施策の実施に当たって、地方公共団体の自主性及び自立性が十分に発揮されるようにしなければならない」としている（第一条の二第二項）。

このように分権改革が求めた分権社会では、地方自治体は政策の主体となり、自主的、総合的、自立的に政策形成をすることができるようになると同時に、その政策形成に当たっては、住民参加が不可欠であり、そこに行政と住民のパートナーシップというテーマが出現してくるのである。

分権時代の政策形成　従来は、公共部門は国・政府あるいは「官」の独占物と考えられていた。しかし、松下啓一によれば、今日、公共は政府（国、自治体）と民間（NPOなど）が担っている。そして政府と民間の重なり合う部分があり、そこがパートナーシップの領域であるという。そして、今後は政府の領域は縮小し、パートナーシップの領域とNPOなどの民間の領域が増えていくというのである。(10)この現象は、「ガバメント」から「ガバナンス」への移行を示すものである。

前述したように、従来の中央集権型行政システムの時代では、自治体は国の政策を忠実に実施すればよかった。しかし、分権時代では、各自治体は政策主体として地域の実情を踏まえ、自らの判断で、最良の政策形成、政策決定をしていかなければならないのである。こうして、政府機能の低下による分権時代の到来にともない、パートナーシップの必要性がでてきたのである。日本で二〇世紀末から、パートナーシップという言葉が頻繁に使われるようになった理由は、以上のような背景によるのである。したがって、分権型政策形成とは、地方自治体が住民参加を取り入れたパートナーシップによる政策形成をすることを意味するのである。

3　パートナーシップとNPO

行政と住民のパートナーシップ

自治体は誰とパートナーを組むか　ここでは、分権型社会あるいは協働型社会の中で、自治体は誰とパートナーシップを組むのかについて述べる。地方分権推進法で住民参加の充実が明記さ

図表8-1　三つの社会セクター

セクター	社会的主体	社会的価値	行動の規範 サービスの特質
第一セクター	政府・行政	平等・公平	均一・画一
第二セクター	企業	利潤追求	対価性
第三セクター	NPO (市民活動)	生活・生命 (非平等・非公平)	個性・個別 選択・多様

出典：山岡義典『ＮＰＯ基礎講座』(ぎょうせい, 1997年) 152頁。

れたように、協働社会で自治体がパートナーシップを組むパートナーは住民であり、後述するＮＰＯとボランティアが中心となる。

ここで、社会の構成と役割分担についてふれておこう。一般的に社会は三つの主体から構成されている。そして提供するサービスや社会活動の面から、三つのセクターに分類される(図表8-1参照)。第一セクターとは、行政セクターのことで、その活動は税金で運営される公共部門をいう。第二セクターとは、民間営利セクターで、営利を目的とした民間活動をいう。第三セクターとは、民間・非営利のセクターで、ここに市民活動やＮＰＯやボランティアなどが含まれ、市民セクターともいわれる。

こうして見ると、行政、企業、市民という三つのセクターには、それぞれ固有の特色(専門分野)があり、そのセクターでしかできない固有の領域もある。それでは、パートナーシップはどこのセクター間で登場してくるかというと、これら三つのセクター間のどこでも起こりえるものである。

分権時代以前は、それぞれのセクターが他のセクターに配慮をしないで、それぞれのセクターに都合のよい活動をしてきたといってもいい。しかし、そういう活動自体が社会に破綻をもたらしたのである。例えば環境問題では、かつては企業が利潤の追求を第一に考え、その結果、公害問題を引き起こした。住民はその公害の被害者となり、行政は後手に回りながらもその仲裁に入り、公害防止、環境保全の対応を図るといった構図であった[11]。これが、パートナーシップの考え方がなかった時代の各セクター間の典型的な活動パターンであった。

一方、今日、清掃行政（ゴミ問題）、学校教育、福祉行政など、いずれも各セクター間の役割分担とパートナーシップの必要性が明らかなのである。ここでは、本章のテーマに沿って、行政と住民のパートナーシップを中心に述べる。既に日本では、自治体とのパートナーシップの事例が多数蓄積され、事例分析もなされている。それらを見ると、福祉、環境、まちづくり、教育、文化・芸術、国際交流、市民活動センターの運営など、あらゆる領域でパートナーシップが実践されていることが報告されている[12]。

前述したように、分権時代以前は、三つのセクター間に明確な境界線があり、それが障壁にもなっていた。それでは、分権時代になるとその境界線はどうなるのであろうか。あるいは各セクターは、どういう存在になるのであろうか。分権時代になると、かつての境界線が流動的になり、各セクター間で競合する領域が増えてくるのである。その理由として、急速な社会の変化に、行政セクターでは的確な対応が困難になったこと、それに対して相対的に企業セクターと市民セクターの力量が向上したことが指摘される。

一般に行政セクターの機能低下が指摘されるが、ここで重要なのは行政セクターが無用なのではなく、行政セクターは行政セクターの得意とする専門領域があり、依然としてその役割は重要なのである[13]。すなわち、パートナーシップというのは、それぞれのセクターが自己を捨てることではなくて、そのセクターの専門領域を活かしながらパートナーとなるのでなければ、パートナーシップの意義がなくなるのである。とくに、行政の役割の後退が指摘されるが、行政が無用になるのではなく、パートナーシップが進んでも行政しか担当できない分野があるということである。このことを、行政セクターは当然のこと、企業セクターも市民セクターも再認識すべきである。

パートナーシップの形態　ここではパートナーシップの形態についてふれる。前述したように、公共領域は、(1) 自治体の独自の領域、(2) 自治体とNPOのパートナーシップの領域、(3) NPOの独自の領域の三つに分かれる。そして、このパートナーシップの形態も、行政が主体になる領域からNPOが主体になる領域まで、いくつかの形態がある。松下啓一はこれを次のように五分類している(図表8-2)[14]。

このように、パートナーシップは様々な形態があるが、両者が対等に協力できるC領域が典型的なパートナーシップといえる。この他にも、事業協力、仲介・調整、政策提言など、パートナーシップといっても、様々な形態があり、一様ではない。

パートナーシップの原則　NPOと自治体がパートナーシップを組むことの意義は、両者に異質性があるからだと、山岡義典は指摘する。その異質性から、両者のパートナーシップには多くの混乱や困難が伴うのも現実である。山岡は、その異質性として以下の七項目をあげる。(1) 受益圏・受益層の違い、(2) 組織の数の違い、(3) 組織の規模・形態の違い、(4) 収入構造の違い、(5) 行動原理の違い、(6) 時間感覚の違い、(7) 文化や習慣の違い。まとめると図表8-3のようになる[15]。

行政とNPOなどの民間とのパートナーシップが順調に進むためには、こういった異質性の認

図表8-2　パートナーシップの形態

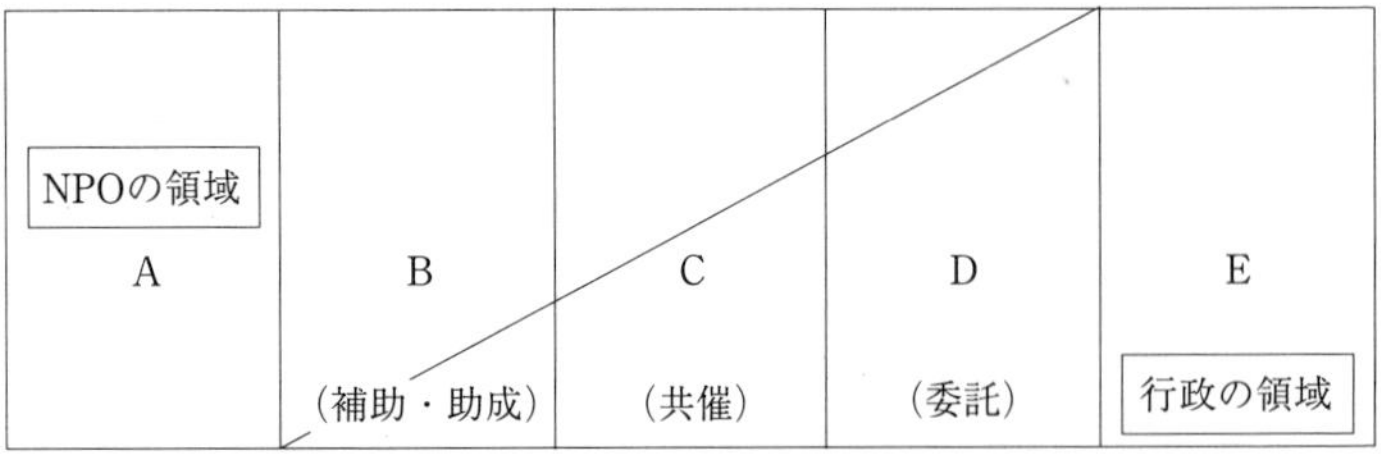

A 領域は，NPO が主体となって活動する領域で，行政は関わらない。
B 領域は，NPO が主体で，行政が従として関わる領域で，補助，助成，後援という形態になる。
C 領域は，NPO と行政がほぼ対等に主体となる領域で，共催という形態になる。
D 領域は，行政が主体で，NPO が従となる領域で，委託，市民参加，参画という形態になる。
E 領域は，行政主導型で，行政が主体となる領域で，NPO は関わらない。

出典：松下啓一『新しい公共と自治体』（信山社，2002年）39頁。

図表8-3　NPO と行政の行動原理

	NPO	行　政
受益圏・受益層	独自に決める	行政区域に限定し，公平が原則
組織数	複数	単一
組織の規模・形態	少ないスタッフ	多いスタッフ，組織管理
収入構造	不安定	安定
行動原理，責務，事業内容	自由，自発的，自主的，自己責任	法律や条令に基づく 公平，中立
時間感覚	土曜，日曜，夜の活動	年度単位，平日の勤務時間
文化・習慣（文書／会話／仕事の仕方）	柔らかい	行政文書は堅い

出典：山岡義典・大石田久宗『協働社会のスケッチ』（ぎょうせい，2001年）334～341頁から作成。

識と、それぞれの異質性を尊重したパートナーシップの原則というものを考えなければならない。パートナーシップ（協働）の原則として以下のものが挙げられる[16]。

①　相互理解……行政とＮＰＯは相互の特性を認識・尊重し、単独で事業を進める以上の効果を生み出す努力をするという原則。

②　対等の関係……行政とＮＰＯは上下の関係ではなく、ＮＰＯは下請けの発想を捨て、行政はＮＰＯの特性を認め、尊重するという原則。

③　関係の公開制……両者は開かれた関係であるとともに、一定の要件のもとで誰もが参入できる関係であること。

④　関係の時限性……相互の惰性的な関係継続や、特定のＮＰＯの既得権益化を排する。

この他に、自主性尊重の原則、自立化の原則、目的共有の原則などが挙げられる[17]。

さて、今まで述べてきたパートナーシップをさらに進めたものに公民パートナーシップ（ＰＰＰ／Public Private Partnership）というものがある。これまで行政が行ってきた公共サービスを民間企業やＮＰＯに開放するというものである。いわゆる公共サービスの民営化で、最近自治体で導入されているものである。市場原理を導入し、民間部門にビジネスチャンスを与えるというものである。まだ過渡的な段階であるが、公共サービスのあり方、その担い手、行政の役割等の諸課題を検討することが必要であろう[18]。

ＮＰＯとボランティア

ここでは、自治体が政策形成をするときに、その主要なパートナーとなるＮＰＯについて述べ

コラム　パートナーシップの原則

筆者は、二〇〇〇年から板橋区と大東文化大学の地域連携研究「地域デザインフォーラム」にかかわった。それは行政とNPOではないが、行政と大学が連携して地域の政策課題を共同研究するという先駆的な事例であり、パートナーシップの事例といえる。行政と大学という相互に異なった行動原理を持つパートナーが、共同研究を振り返り、そこから抽出された共同研究が成功するための条件として、次の六点が挙げられた。

（1）協働という相互性を確保する……相互尊重と対等の関係の確保は必須の条件である。（2）現実の政策決定との節度ある緊張関係を共同研究の中にインプットできること。（3）情報の共有化と公開を積極的に進める。（4）会議は無償とし、回数制限を設けない。「自前の精神」の必要性である。（5）対等だから、かかる費用も折半。（6）自治体側・大学側双方に共同研究の実践を評価する組織風土を育てる。中村昭雄編集代表『行政・大学連携による新しい政策形成』（ぎょうせい、二〇〇三年）。

る。NPOは、Non-Profit Organization の略語で、非営利組織という意味である。NPOという言葉がマスメディアに登場してきたのは、日本では一九九〇年代に入ってからである。

NPOの定義は、図表8－4で示すようにきわめて多義的である。

NPOは、一般的には民間の非営利組織のことで、福祉、環境、国際協力、人権問題などの社会的課題に、市民が中心となって取り組んでいる組織をいう。この「非営利」とは儲けたり、利益を上げることは出来るが、その利益を団体の構成員に配分しない、という意味である。

これに類似した概念を整理しておこう。NPO法人とは、NPOのうち、一九九八年に成立した特定非営利活動促進法（NPO法）に基づいて法人化している団体を指す。現在日本には、約二万四〇〇〇の団体が登録されている（内閣府のホームページより）。

社会貢献活動団体とは、東京都の協働の推進

図表8-4　NPOの様々な定義

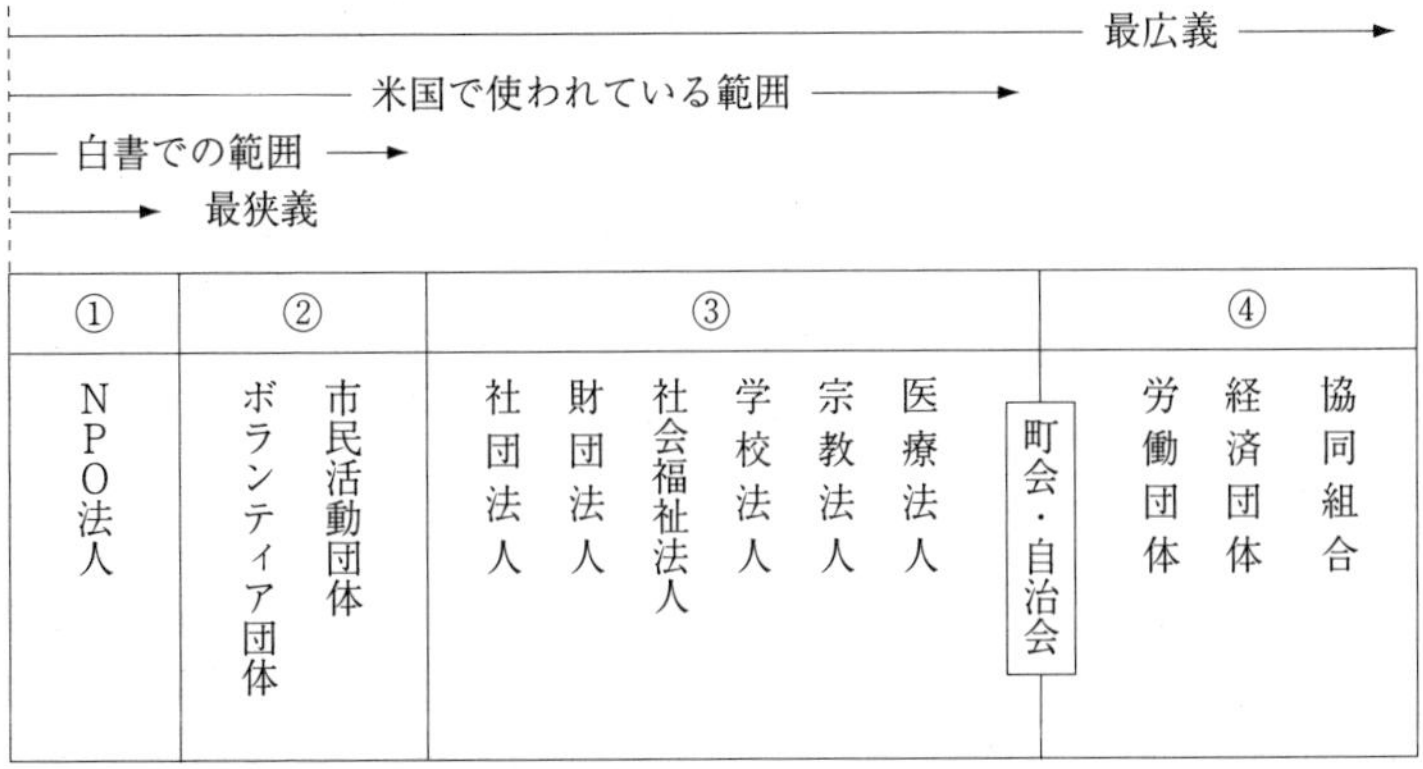

出典：経済企画庁『国民生活白書』（平成12年度版）130頁から。

指針にある言葉で、営利を目的とせず、公益の増進に寄与することを目的として、市民が主体的に取り組む活動を継続的に行う民間の非営利団体を指す。いわゆる市民活動団体である。ボランティアは、一人ひとりの善意性と無償性を要素とし、自主的、自発的に社会貢献活動を行う個人をさし、ボランティア団体は、そういった個々のボランティアの集合体を指す場合が多い。その点、NPOは、継続的に社会貢献活動を行う非営利の団体を指す[19]。したがって、自治体がパートナーシップを組む主体としてのNPOは、図表8-4の①②を指すことが多い。NPOに似た言葉にNGOがある。これは、Non-Governmental Organization の略語で、非政府組織という意味である。この言葉も多義的な概念で、厳密にいえば両者に違いはあるが、広義のNGOはNPOと共通の活動をするので、ここではとくに使い分けをしない。

NPO活動の分類　NPO活動は、一九九八年に制定されたNPO法では、一二の活動に特定され

①保険、医療又は福祉の増進を図る活動、②社会教育の推進を図る活動、③まちづくりの推進を図る活動、④文化、芸術又はスポーツの振興を図る活動、⑤環境の保全を図る活動、⑥災害救援活動、⑦地域安全活動、⑧人権の擁護又は平和の推進を図る活動、⑨国際協力の活動、⑩男女共同参画社会の形成の促進を図る活動、⑪子どもの健全育成を図る活動、⑫情報化社会の発展を図る活動、⑬科学技術の振興を図る活動、⑭経済活動の活性化を図る活動、⑮職業能力の開発又は雇用機会の拡充を支援する活動、⑯消費者の保護を図る活動、⑰前各号に掲げる活動を行う団体の運営又は活動に関する連絡、助言又は援助の活動

たが、二〇〇三年の法改正で一七分野に増えた（右表参照）。

4　自治体の政策形成とパートナーシップの現状

板橋区の区民参加とパートナーシップ

ここでは、自治体の政策形成とパートナーシップの実態について、筆者の勤務する大学のある東京都板橋区の事例を取り上げる。板橋区は、東京二三区の北西部に位置し、埼玉県と接し、人口は約五二万人である。昨今の悪化した財政状況の中で、厳しい区政運営、行政改革を継続的に推進している。

区民参加の類型　まず、区民参加は以下のように大まかに四分類される（図表8－5参照）。

なお板橋区では、二〇〇三年「区が実施する行政活動への区民参加に関し、区が取り組むべき

図表8-5　区民参加の分類

		例
(1)	区民の意見表明	区長への手紙，いたばしタウンモニター，eモニター，各種アンケートへの回答，パブリックコメント（2003年10月スタート）
(2)	審議会等への参加，傍聴	区民と区長との懇談会，付属機関等への委員としての参加，傍聴，まちづくり協議会・住民説明会等への参加
(3)	ボランティア・地域団体との協働・連携	防災ボランティア，公園の里親制度，明るい選挙啓発活動，NPO・ボランティア団体等との委託・連携
(4)	区の事業への主体的参加，企画段階からの参画	ビオトープの設置及び管理，消費生活展の企画，啓発誌の編集への参加，ワークショップ方式による公園づくり

基本的な事項を定めることにより、区民との協働による地域社会の発展に資することを目的」として、『板橋区区民参加推進規程』を策定し、「協働」や「区民参加」の定義をしている。それによると「協働」とは「区民および区が相互の立場や特性を認め、共通する課題の解決または社会目的の達成に向け、共に取り組み、サービスを提供する等協力していくことをいう」と定義されている。一方「区民参加」は、「区民が、区の実施する行政活動に、立案、実施、評価等の各段階に積極的に関わり、提案または意見の提出を行うほか、事業へ参加することをいう」としている。

協働、ワークショップ、パブリックコメントの事例

ここでは、区民参加の代表的な事例として、協働、ワークショップ、パブリックコメントについて述べる。

板橋区の場合、協働は行政とNPO団体等との協力関係を指す場合が多い。協働の事例として社会貢献活動団体等との協働事業が挙げられる。二〇〇二（平成一四）年度は、協働事業が一一九事業、協働団体が延べ三七二団体、そのうちNPO法人との協働事業が三六事業となっている。二〇〇三（平成一五）年度は、協働事業が一四四事業、協働団体が延べ五三一団体、そのうちNPO法人との協働事業が三三事業である。二〇〇四（平成一六）年度は、協働事業が一四八事業、協働団体が延べ五四六団体、そのうちNPO法人との協働事業が四〇事業となっている。この数字から分かることは、協働事業数、協働団体、そのうちNPO法人との協働事業等いずれも増加し、着実にNPO法人やボランティア団体との協働（事業）が定着していることが分かる。さらに、二〇〇四（平成一六）年度の一四八事業について、その協働形態区分ごとに見ると、以下の通りである。[20]

①共催……板橋区と団体等が主催者となり、共同で一つの事業を行う……一九事業（例：基本構想の策定、いたばしボランティア・フェスタ二〇〇四の実施、地域安全マップの作成など）

②実行委員会・協議会……板橋区と団体等で構成された「実行委員会」・「協議会」が主催者となって事業を行う……一事業（例：板橋区消費生活展事業）

③事業協力……①②以外で、板橋区と団体との間で、それぞれの特性を活かす役割分担を定め、一定期間、継続的な関係のもとで事業を協力して行う……八七事業（例：板橋ひったくりマップの作成、公園管理の里親制度、高齢者パソコン教室など）

④委託……団体と委託契約を結び、団体は、契約書、仕様書等に定められた債務を履行する義務を負う……二三事業（例：いたばしボランティア・NPOホール等施設管理業務委託、基本構想の策定支援、いきいき寺子屋プラン事業など）

⑤情報提供・交換……板橋区が、団体から協働事業の提案を受けたり、区民ニーズや協働事業に関する意見を聞いたりする……四事業（例：いたばし総合ボランティア市民活動センターへの支援と参画、家族介護者支援など）

⑥その他……板橋区の後援、補助金、助成金等……一四事業（例：いたばしボランティア基金活用によるボランティア・NPOの先駆的・モデル的事業等に対する補助金交付事業、空き店舗活用事業助成など）。

協働形態から見ると、事業協力の形態が圧倒的に多くなっている。

次に、ワークショップとパブリックコメント制度について述べる。ワークショップは、従来の審議会方式に対して、より広く区民の意見を反映させるという目的から、実施する事例が増えている。ワークショップの導入は、一九九八年の公園づくりのワークショップ（公園管理の里親制度）が初めてである。この公園里親制度の目的には「行政と区民のパートナーシップを育むとともに」とされている。その位置づけについては、試行錯誤の段階で、さらに今後の整備が待たれる。

ここでは、板橋区の基本構想の策定に関して、ワークショップとパブリックコメントの実態について述べる。基本構想の策定プロセスでは、「基本構想・基本計画に最も重要な点は、将来予想される区民のニーズを的確に把握し、限られた財源でいかに対応していくかということです。また、まちづくりは行政だけで行うものではなく、区民や企業・団体、行政との「協働」によって行われていくものです。そのため、今回の基本構想・基本計画の策定にあたっては、区民との協働を一層推進していくため、『基本構想ワークショップ』を開催し、区民提案をまとめます。」

として、策定プロセスで協働とワークショップが前面に出てきたのである[21]。約一〇〇名の区民によるワークショップは九カ月間に九回開催され、区民提案にまとめられた。その後、長期基本計画審議会において『中間答申』が区長に提出され、この中間答申に対してのパブリックコメントが実施された。

板橋区は、二〇〇三年からパブリックコメント制度を導入したが、パブリックコメント制度について次のように説明している。「区の基本方針を定める条例の制定・改廃や区の総合的な計画の策定・改定などを行う際に、事前に条例や計画などの案を公表し、期間を定めて区民のみなさんからご意見をいただき、いただいたご意見を十分考慮して、最終的な意思決定を行う制度です。これにより、区政への区民参加を図り、区民との協働による開かれた区政を推進していきます[22]。」。この制度の対象となる計画等は、（1）区の総合的な計画または指針の策定および重要な改定、（2）区の行政各分野における施策の基本方針または基本的な事項を定める計画の策定および重要な改定、（3）区政経営に係る基本的な方針を定めることを目的とする条例の制定、廃止および重要な改正の立案、としている。板橋区は制度導入以来、一九件のパブリックコメントを実施しているが、意見提出件数および人数は、必ずしも多くないように思える。パブリックコメント制度自体が一層区民に浸透し、理解されることが望まれる。

そもそもパブリックコメント制度とは、政策立案過程において、国民に対してホームページなどの媒体を通じて、政策の素案を公表して、政策のあり方や政策案に対する意見を受け付ける機会を確保し、受け付けた意見を考慮して政策案の修正等を含め政策の検討を行うことである。国のパブリックコメント制度については、一九九九年三月、政府は「規制の設定または改廃にかかわる意見提出手続き」を閣議決定し、パブリックコメント制度を導入した。その目的は「国民の多様な価値観を反映する機会を確保し、政策形成過程の一層の透明化を図る観点から、パブリックコメント制度を活用する」とされた。

現在、パブリックコメント制度を導入している都道府県は四〇団体（八五・一％）、大都市は八団体（六一・五％）、中核市は一九団体（五四・三％）、特例市は一二団体（三〇・三％）となっている。[23]

5　おわりに

本章では、NPOを中心としたパートナーシップによる政策形成を中心に述べてきた。行政学の視点から言えば、まさに「ガバナンス論」である。パートナーシップによる政策形成が、従来型の政策決定あるいは公共サービスに対して、大きな期待と注目を集めているが、ここでは、パートナーシップによる政策形成の課題を、NPO自身の問題とパートナーシップの二つの視点から検討する。

まずNPOに関するものとして、二つ指摘しておく。第一は、日本のNPOの歴史が浅いということである。日本では二〇世紀の後半にNPOが登場し、それ以降NPO法が成立し、NPOの活動も多数紹介されているが、今まで行政が担当してきた分野を取って代わるほどの力は、まだ身に付けていないというのが現状である。[24]市民あるいは行政から見ても、まだまだ一〇〇％安心して任せられる状況ではないのである。もちろん、こういった意識自体を変えることも重要であるが、NPOの総合力をつけることが肝要である。第二は、NPOの危機という問題である。

これはNPOの先進国であるアメリカの問題であり、必ずしも日本の現状に当てはまるというわけではないが、今後の日本のNPO活動にとって示唆的であると考える。レスター・サラモンは、NPOの先進国アメリカで、NPOが政府補助金の削減、寄付金の伸び悩み、官僚的、企業との競争、信頼度の低下、疑惑等様々な危機に直面していることを指摘している。(25)

次にパートナーシップに関するものであるが、パートナーシップは果たして有効に機能しているのであろうか、といった課題である。新川達郎はガバナンス論の視点から、パートナーシップの問題点を挙げている。新川は、パートナーシップ事業の問題点を資源の問題と運営面の問題に分けて具体的に検討を加えている。資源の問題として、①人材、②資金、③情報の三点を挙げる。運営面の問題として、①責任分担の不明確さ、②自主性や自立性の確立の問題、③マネジメントの問題、④信頼関係や対等な関係が築きにくい、⑤公開制、透明性、説明責任の不足、⑥試行錯誤の段階で、行政の下請け仕事になりやすい、⑦NPO側の特権意識や既得権意識の七点を指摘する。(26)これらの問題点は、従来NPOが抱える問題点として指摘されてきた問題とも重複している点もある。

かなり悲観的な指摘であるが、社会は否応なく「ガバナンス」の時代に確実に移行しつつある。これらの多くの課題を一挙に解決する手段はないが、まずNPOがパワーをつけることは必須であり、それに関連して住民の自治能力を高めていくことも必要である。日本ではNPOの歴史も浅いし、パートナーシップの歴史も浅いという事情を考えれば、やはりパートナーシップの環境を育てていくことが、行政や住民の責務ではないであろうか。

さらに、政策形成とパートナーシップの関係を整理すれば、一般に政策過程は議題設定、政策立案、政策決定、政策実施、政策評価と五つのステージがあるが、そのそれぞれのステージごとにパートナーシップは可能であるし、またそのように制度設計を充実させていかなければならない。すでに紹介したように、政策立案ステージでワークショップやパブリックコメント等を通じて、徐々にパートナーシップが定着しつつあるが、今後は政策評価レベルでのエンパワーメント評価等も含め、政策過程の全般にわたるパートナーシップを構築していくことが望まれる。そのためにパートナーシップの可能性を理論面と実践面から実証していくことが必要である。

注

(1) 自治省非営利活動研究会「協働」(パートナーシップ)の定義——「非営利・公益活動の分野における共通の課題領域に関して、行政とNPOが目的意識を共有し、相互に自立しつつ、相手方の特性を認識・尊重して、対等関係で、協力・協調して活動していくこと」とされている。松下啓一『新しい公共と自治体』(信山社、二〇〇二年)三六～三七頁。
(2) 中村昭雄編集代表『行政・大学連携による新しい政策形成』(ぎょうせい、二〇〇三年)一～二頁。
(3) 小西徳應「日本官僚制の特色を歴史から考える」中邨章編著『官僚制と日本の政治』(北樹出版、二〇〇一年)六八～六九頁。
(4) 行政改革会議編『最終報告』(一九九七年)。
(5) 辻山幸宣「分権社会と協働」武藤博己『分権社会と協働』(ぎょうせい、二〇〇一年)三頁。
(6) 辻山・前掲論文(注5)一三～一九頁。
(7) 武藤博己「政策プロセスの考え方」岡本義行編『政策づくりの基本と実践』(法政大学出版局、二〇〇三年)三七～三八頁。
(8) 上山信一『「政策連携」の時代』(日本評論社、二〇〇二年)一六九～一七八頁。

(9) 中邨章「国が変わる、行政が変わる」中邨章編著『官僚制と日本の政治』(北樹出版、二〇〇一年)一五～二八頁。
(10) 松下・前掲書(注1)一七～二〇頁。
(11) 岡本編・前掲書(注7)一五二頁。
(12) 山岡義典・大石田久宗『協働社会のスケッチ』(ぎょうせい、二〇〇一年)参照。
(13) 田中充「自治体環境政策における市民と行政の協働」岡本義行編『政策づくりの基本と実践』(法政大学出版局、二〇〇三年)一五三～一五四頁。
(14) 松下・前掲書(注1)三九～四〇頁。
(15) 山岡義典「NPOと自治体の違いを超えて」山岡義典・大石田久宗『協働社会のスケッチ』(ぎょうせい、二〇〇一年)三三四～三四一頁。
(16) 板橋区総務課作成「板橋区職員研修資料」より。
(17) 松下・前掲書(注1)八八～八九頁。
(18) 経済産業省・経済産業研究所日本版PPP研究会編『日本版PPPの実現に向けて』(二〇〇三年)。
(19) 板橋区総務部総務課編『NPOと行政の協働のあり方検討会議報告書』(二〇〇一年)。
(20) 板橋区『平成一六年度　板橋区における社会貢献活動団体等との協働事業一覧』による。
(21)・(22)『板橋区ホームページ』より。
(23) 平成一七年版『地方財政白書』による。
(24) 山岡義典「NPOとの協働政策」岡本義行編『政策づくりの基本と実践』(法政大学出版局、二〇〇三年)一七二頁。
(25) レスター・サラモン(山内直人訳)『NPO最前線――岐路に立つアメリカ市民社会』(岩波書店、一九九九年)二三～七七頁。
(26) 新川達郎「パートナーシップの失敗」日本行政学会編『ガバナンス論と行政学』(ぎょうせい、二〇〇四年)三一一～三三三頁。

第9章　電子政府・電子自治体の構想と実態

賀来　健輔

1　はじめに

今日社会生活を送るうえで、もはやインターネットを介した電子ネットワークの存在抜きには語ることができないと言っても過言ではない。一九九〇年代半ばに緒についた現在に至る電子情報化は、この僅か一〇年余りの間に固定電話に取って代わる勢いのインターネット機能付き携帯電話の爆発的普及・浸透を契機に、電子メール等による新しい対社会関係を確立し、コミュニケーション方法やライフスタイルを一変させた。

なかでも経済活動における飛躍的な発展には、目を見張るものがある。例えば、消費者は居場所を問わず、あらゆるネットショッピングが可能になり、他方商品を提供する側は、流通・組織管理の諸場面で好むと好まざるとにかかわらず、その効果的な利活用がビジネスの存亡を左右するまでになった。

同様に電子情報化は、経済活動には及ばないものの行政活動においてもこれまで大きな進展を見せてきた。それは行政・自治体情報化、あるいは電子政府・電子自治体化と称されるが、結果として国民（住民）は、以前とは比較にならないほど広範な行政情報をいとも簡単に手に入れることができるようになった。また税の納付など従来役所の窓口まで足を運ばなければならなかった諸手続きが、電子申請や申告あるいは電子入札といった形で徐々に可能になってきた。他方、国民（住民）に対する行政サービスの直接的提供面だけでなく、行政組織内部でも電子情報化によって様々な行政事務の簡素・効率化、迅速化が図られるようになった。

本章ではこのような動向を受けて、電子情報化政策の一分野である行政情報化に焦点を当てる。電子政府・電子自治体の構想と実態を明らかにし、そこに横たわる課題について若干の検討を加え、今後の電子政府・電子自治体のあり方を考えたい。

2　電子政府・電子自治体構想の変遷

わが国において行政情報化政策そのものは古く、例えば政府内部に「電子計算機」の名でコンピュータ導入が図られた一九五〇年代に遡れるように、時々の情報技術の発展に合わせて行われてきた。そして、政府の情報化と連動して自治体の情報化も行われてきた経緯がある。したがって、電子政府と電子自治体とは、政府主導の一体化した行政情報化政策の枠組みの中で行われてきたと理解してよい。

では現在の電子政府・電子自治体構想は、どのような形で推進されてきたのだろうか。ひとまず理解に供するために、政府資料（図表9－1）と筆者がまとめた行政情報化政策の変遷の一覧表を掲げておく（図表9－2）。なかでも骨子となる重要な政策については、以下若干の説明を加

図表 9－1　電子政府の取組経過

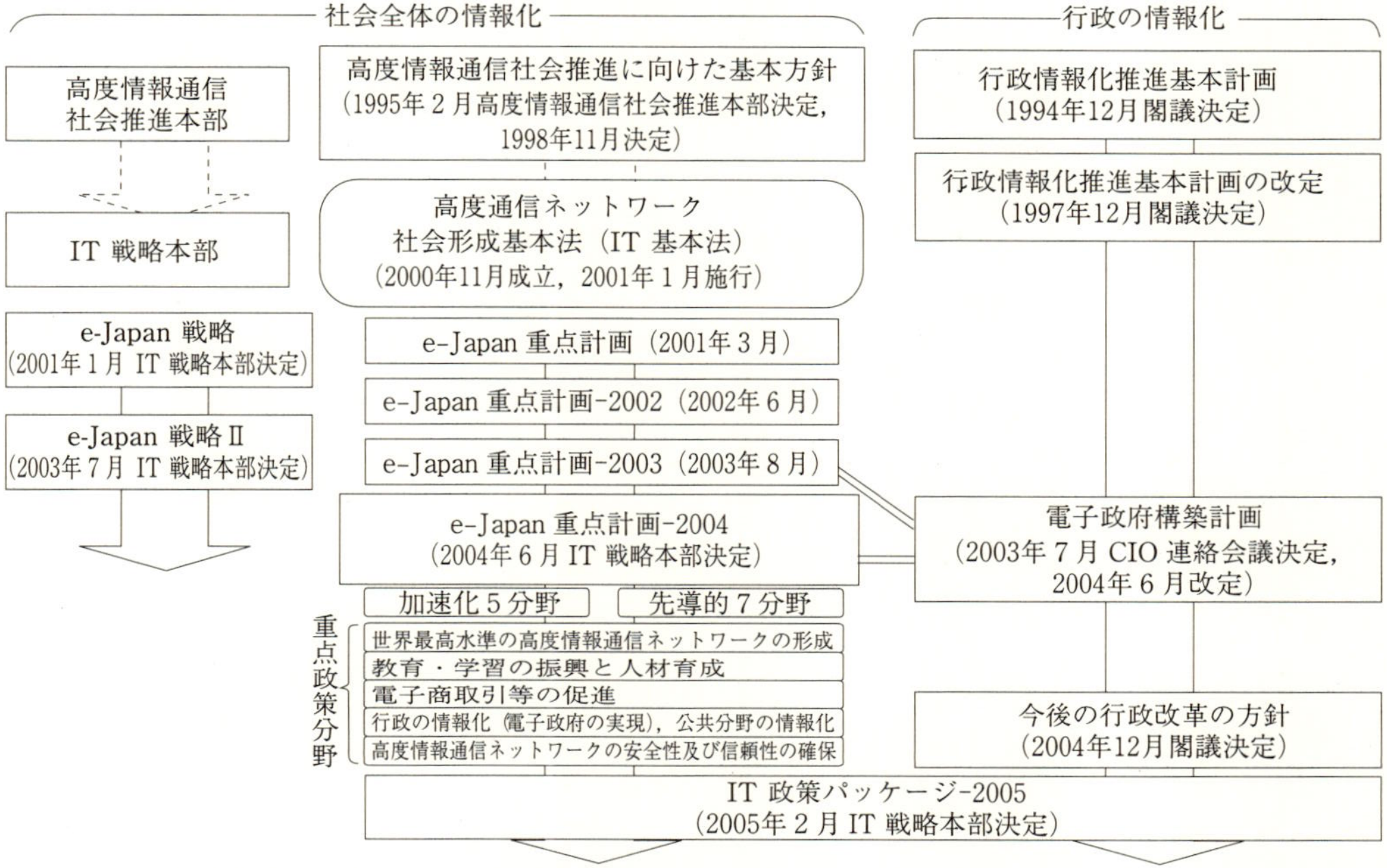

出典：『電子政府構築に向けた取組』（総務省行政管理局［情報］平成17年 6 月10日）。以下のアドレスで参照可能。
http://www8.cao.go.jp/chosei/koubun/kenkyu/02denshi/01/siryo4-1.pdf

図表9-2　電子情報化政策・具体的実施の概要

年　月	主　な　事　柄
1994年8月	高度情報通信社会推進本部設置
1994年12月	行政情報化推進基本計画策定
1996年2月	電子化等に対応した申請・届出等の見直し指針策定
1997年1月	霞ヶ関 WAN 運用開始
12月	行政情報化推進基本計画改定
1999年8月	住民基本台帳法改正
12月	ミレニアム・プロジェクト決定
2000年5月	電子署名法成立
7月	情報通信技術（IT）戦略本部設置・IT 戦略会議設置
11月	IT 基本戦略決定
	高度情報通信ネットワーク社会形成基本法（IT 基本法）成立
12月	行政情報化推進基本計画改定
2001年1月	高度情報通信ネットワーク社会推進戦略本部（IT 戦略本部）設置
	e-Japan 戦略決定（IT 戦略本部）
3月	e-Japan 重点計画決定
4月	電子政府の総合窓口（e-Gov）運用開始
6月	e-Japan-2002 プログラム決定
10月	電子政府の情報セキュリティ確保のためのアクションプラン
2002年4月	霞ヶ関 WAN と LGWAN（総合行政ネットワーク）の相互接続実施
6月	e-Japan 重点計画-2002決定
7月	行政情報の電子的提供に関する基本的考え方（方針）を発表
8月	住民基本台帳ネットワークシステム第1次稼働開始
9月	IT 戦略本部に各府省情報化統括責任者（CIO）連絡会議を設置
11月	情報セキュリティポリシーに関するガイドライン（改定）
12月	行政手続オンライン化関係3法（行政手続オンライン化法，整備法，公的個人認証法）成立
2003年5月	個人情報保護法，行政機関個人情報保護法（全面改定）成立

7月	e-Japan 戦略Ⅱ決定 電子政府構築計画策定（各府省 CIO 連絡会議）
8月	e-Japan 重点計画-2003決定 電子自治体推進指針を発表 住基ネット第2次稼働（住基カード交付開始）
2004年1月	地方自治体で住基ネットを活用した公的個人認証サービス開始
2月	e-Japan 戦略Ⅱ加速化パッケージ決定
3月	行政ポータルの整備方針を策定（CIO 連絡会議） LGWAN 全地方自治体に接続（三宅村を除く）
6月	e-Japan 重点計画-2004プログラム策定
12月	u-Japan 政策策定
2005年2月	IT 政策パッケージ-2005決定
4月	個人情報保護法，行政機関個人情報保護法施行 e-文書法施行

出典：年表の作成にあたっては，各省庁関連サイトを参照した。

える。(1)

行政情報化推進基本計画・同計画改定

一九九四（平成六）年に閣議決定された行政情報化推進基本計画は、現在に至る電子政府・電子自治体構想の端緒と位置づけられている。そこでは、情報通信技術の急速な進展に鑑み、行政情報の電子化、行政サービスや情報環境、通信ネットワークの高度化等総合的な行政情報化に関する五カ年計画が立てられた。

しかし、その後の中央省庁におけるパソコンの充足、庁内ＬＡＮ、霞ヶ関ＷＡＮの整備、日本におけるインターネットの普及、電子商取引の具体化等行政情報化の進展が当初の計画策定時の予想を遥かに上回ったため（例えば、インターネットに関する言及はまったくなかった）、九七（平成九）年一二月現状に見合う新たな五カ年計画を策定した。具体的内容は、申請手続きの電子化の推進、ワンストップサービスの段階的実施、霞ヶ関ＷＡＮと地方自治体との広域的行政ネットワーク等である。これらの計画によって、政府による行政情報化が強力に推進されることになった(2)。

IT基本法・IT戦略本部

高度情報通信ネットワーク社会形成基本法（IT基本法）は、二〇〇〇（平成一二）年一一月に成立した。この法律に基づいて高度情報通信ネットワーク社会推進戦略本部（IT戦略本部）が設置され、他国に比べ出遅れた高度情報通信ネットワーク社会の迅速な形成を目指し、情報インフラの整備に力が注がれることになった。なお基本法を制定したことからも、政府の情報化に対する重要な政策的位置づけが理解できよう。これに従い、e-Japan 戦略以降の電子情報化政策が次々に打ち出されることになった。

e-Japan 戦略・e-Japan 戦略Ⅱ

e-Japan 戦略は、IT戦略本部が二〇〇一（平成一三）年一月に決定したわが国の電子情報化政策の柱となる大規模国家プロジェクトのことである。そこでは、「五年以内に超高速アクセスが可能な世界最高水準のインターネット網の整備を促進し、必要とするすべての国民が低廉な料金で利用できるようにする（＝二〇〇五年に世界最先端のIT国家になる）」ことなどが目標に掲げられた。

二年を経過した〇三（平成一五）年七月、早期の目標到達状況を受けて e-Japan 戦略Ⅱが決定された。これは第二期のIT戦略と呼べるもので、インフラ整備から社会全般への利活用にシフトしたものである。基本理念には、「ITの利活用による元気・安心・感動・便利社会の実現」が据えられた。国民に身近で重要な「医・食・生活・中小企業金融・知・就労及び労働・行政サービス」の七つの分野について先導的取り組みを提案した。そこではまた、「二〇〇六年以降も世界最先端であり続けることを目指す」ことが明記された(3)。

これら戦略の具体的施策に関する推進計画と呼べるものが、各年度の重点計画、プログラム、政策パッケージである(図表9-3)。

霞ヶ関WAN・総合行政ネットワーク(LGWAN)・住民基本台帳ネットワークシステム

電子政府・電子自治体構想の実現化において欠かせない専用回線による広域行政情報通信ネットワークが、この霞ヶ関WANとLGWANおよびその相互接続と住民基本台帳ネットワークシステムである。住基ネットについては第三節で検討するのでここでは省略する。

霞ヶ関WAN(Wide Area Network)とは、行政情報化推進基本計画に基づいて整備された各省庁内のLAN(Local Area Network)を横断的に結ぶ省庁間情報通信ネットワークのことで、一九九七(平成九)年一月に運用を開始した。電子メールや電子文書交換システムによるコミュニケーションの迅速化・高度化、法令・白書等のデータベースを情報共有することなどをその主な内容とする(4)。

一方総合行政ネットワーク(LGWAN:Local Government Wide Area Network)は、各地方自治体間を結ぶ全国規模の情報通信ネットワークで、〇一(平成一三年)年一〇月に都道府県・政令指定都市間で接続が開始された。「e-Japan 重点計画」では〇三(平成一五)年度末までの接続を

図表9-3　IT戦略本部における取組

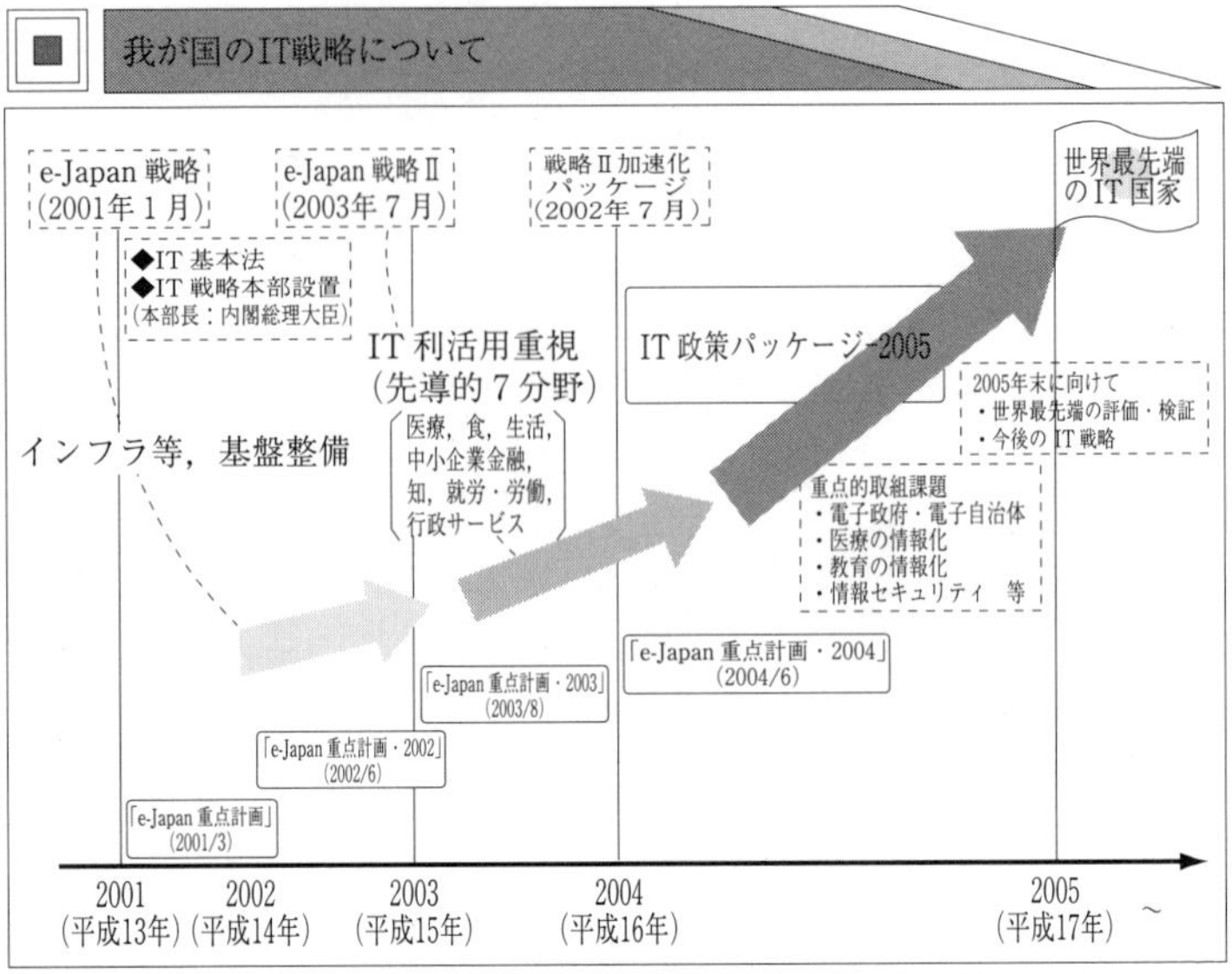

出典：総務省編『平成17年版　情報通信白書』（ぎょうせい，2005年）206頁。

地方自治体に求めた。〇四（平成一六）年三月には三宅村を除くすべての地方自治体に接続された。

しくみやサービスは霞ヶ関WANと同様だが、アプリケーション・サービスの提供なども行われることから、政府の側は主なメリットとして、一．行政事務の効率化・迅速化、二．重複投資の抑制、三．住民サービスの向上などを挙げる(5)。

霞ヶ関WANとLGWANは〇二（平成一四）年四月に相互接続が始まり、国と各地方自治体を結ぶ全国レベルの行政情報通信ネットワークシステムが稼働している。

u-Japan 政策

二〇〇四（平成一六）年一二月、総務省は u-Japan 政策を取りまとめた。「u」はユビキタス（Ubiquitous）、すなわち「いつでも、どこでも、誰でも、何でもアクセスが可能」なネットワーク環境を意味している。これに、「ユニバーサル（高齢者でも簡単に利用できる）」、「ユーザー中心（利用者の視点が融けこむ）」、「ユニーク（個性ある活力が湧き上がる）」を併せた四つの「u」が、u-Japan 政策の基本理念となっている。

それは e-Japan 戦略がブロードバンドなど主に情報通信環境の整備を、そして e-Japan 戦略Ⅱでは社会のＩＴ利活用を目標としてきたが、さらに進めて社会のあらゆる場面で「無意識的」にこの利活用可能な社会＝ユビキタスネットの実現を目標に据えたのが u-Japan 政策である。ちなみに一〇年までにその実現を目指している。[6]

新しく打ち出したこの政策ではまた、使用する用語の変更が注目される。これまで政府、各省庁の情報化政策では、好んで「ＩＴ（Information Technology）」という用語で「情報通信技術」を言い表してきたが、u-Japan 政策ではそれをすべて「ＩＣＴ（Information & Communications Technology）」に置き換えている。[7] 元来世界的にはＩＣＴが一般的に流通してきたのだが、わが国では当初出遅れた情報通信基盤の整備を急いだからだろうかＩＴが定着してきたという経緯があった。しかし、ここにきて、u-Japan 政策遂行のためには、コミュニケーションを強調するＩＣＴでなくては十分にその意図を伝えることができないと判断し、この時期の変更が行われたものと思われる。

u-Japan 政策とこれまでの行政情報化推進基本計画や e-Japan 戦略等との根本的な相違は、前者が総務省の推進しようとする政策であるのに対し、後者は政府による閣議決定を経ていることである。その点で u-Japan 政策は総務省の政策方針に止まらざるをえず、他省庁の同様の政

コラム　時代を知る一冊――白書の面白さ

既にいくつかの書籍で紹介されているところだが（例えば、今村都南雄他『ホーンブック行政学』北樹出版など）、改めて取り上げる価値があると思われるのが中央省庁が毎年発行する『白書』の面白さである。『白書』は、関係領域に関するその時々の現状、課題、展望を知る上で極めてコンパクトかつ有益である。

例えば本章に関連して、総務省の『平成一七年版情報通信白書』を紐解くと、二〇〇四（平成一六）年末までにインターネット利用人口は七九四八万人、人口普及率は六二・三％に上ることが、これまでの時系列変化と共に図表で示されている。しかし、このような爆発的普及が一様でないことも他方で教えてくれる。例えば、世代や性別、所得や自治体規模他の点で情報格差（ディジタル・ディバイド）が明確に生じているというのである。

こういった事実をも認識することで、全国規模の普及率上昇を一面的に理解するのではなく、その中身に潜む課題すなわち様々な階層性による情報格差をいかにして克服していったらよいのかを我々に考えさせる契機をもたらす。情報化について思いを巡らす際には、まさに必携の「時」典と言えよう。

策と摺り合わせが避けられない。いずれにしても、両者とも広範な国民社会全般にわたる高度情報通信の発展を目指した政策であって、その柱の一つとして行政情報化が位置づけられている。

3　電子自治体の現在

自治体情報化

自治体情報化自体は全業務一体の有機的な推進を目指していると理解してよいが、自治体業務によって二系統に分けて見ることができる。一つがフロントオフィス系業務で、もう一つがバックオフィス系業務である。

フロントオフィス系業務とはいわゆる窓口業務のことで、その電子情報化とは、これまで職員が対応してきた住民への直接的なサービス提供を、併せて電子的コミュニケーションにより行おうとするものである。そこには時代的趨勢により多様化した住民のニーズに応えるという側面と共に、行政サービスの迅速な提供、そして何より効率化に伴う事務の簡素・合理化といった業務改革が期待されている。この系統の電子情報化には、ワンストップサービスと言われるような一つの窓口や一台の証明書自動交付機で住民のニーズに応えるといった庁内におけるものと、自宅や出先からインターネットや公共キオスク端末で電子申請手続きを行うといった庁外におけるものとの二側面がある。

フロントオフィス系業務の電子情報化は住民が日常利用し実感できるものだけに、電子自治体の利便性（かつ税の有効利用）をアピールするには格好の機会となる。後者の庁外利用サービスで一般化してきたものとしては、公共施設の利用予約、広範な行政情報の閲覧、そして電子申請・届出などが挙げられる。この他最近新たな動向としては、自治体コール・センターの開設が相次いでいる。

これは、いわばお客さま相談室に相当するもので、民間企業ではその問い合わせ・クレームの中に企業成長のアイデアが詰まっているとされ、近年社内で高く位置づけられている部門である。顧客としての住民という考え方が浸透し始めたのか、漸く自治体でも同様のサービスが提供され始めた。コールセンターでは常に情報を蓄積しデータベース化してパソコン端末で引き出すので、住民への瞬時の電話応対が可能になる。これまでのような、「たらい回しの末の的を射ない回答」といった住民の不満はかなり軽減される。自治体コールセンターは、二〇〇三年四月札幌市で初めて開設された(8)。

こういった住民＝顧客という考え方は、民間企業で導入されている顧客志向の管理システムであるＣＲＭ（Customer Relationship Manegement）を取り入れたものだが、自治体ＣＲＭの目指すべき姿は「自治体と顧客（＝主権者）である住民との信頼関係の向上に向けた管理運営」にあると言えよう。

次にバックオフィス系業務の電子情報化とは、文字通り行政組織内部の事務情報化を意味し、具体的には財務会計や人事給与・庶務などがそれに当たる。これらの業務は直接住民の目には触れないが、そのシステム運用・維持にはこれまでいずれの自治体も多くの予算・人・時間を注ぎ込んできた。したがって、この分野を簡素・合理化することが、今日財政の逼迫する自治体にとって必須の課題となっている。そこから、次に述べる共同アウトソーシングの考え方が高まっていくに至る。

共同アウトソーシング

共同アウトソーシングとは、今後フロントオフィス系業務、バックオフィス系業務の電子情報化を推進していくための基盤として期待されている方式である。共同とは各自治体が業務処理を共同で開発・標準化し、アウトソーシングとは業務管理を民間企業に外部委託することである。

これに参加する自治体は遅滞なく電子情報化を推進することができ、住民サービスの向上に応えることができる。また、システムを共同利用できるので行政事務の簡素・合理化につながり経費削減と業務改革に貢献できる。さらに外部委託によりさらなる経費削減効果と共に、地場産業の需要創出および高度の技術水準で保守・運用が期待できるとされる(9)。共同アウトソーシングは総務省が強力に推進しているもので、おおよそこういった考え方に基づいて全国自治体に広まりつつある。

しかし、全く課題が存在しないわけでもない。第四節で述べるような外部委託によるセキュリティ面の不安や各自治体の費用分担をどうするか、どのような業務をどの範囲でどの自治体と共同で行うかなどである。これらの点をうまくクリアしないことには、本来意図する住民へのサービスの向上や簡素・合理化、経費削減に必ずしも繋がらない可能性が出てくる。

電子自治体と住民

電子自治体と住民との関係性にもふれておきたい。自治体、住民共に情報通信環境が整いお互い利活用可能な状況が実現しても、必ずしも有機的な関係が築かれる保証はない点に注意を促したいのである。というのは、以前地方自治体が競ってホームページ（ウェブサイト）を開設した頃にも指摘されたことだが、その閲覧者数は娯楽系商業サイトに比べるときわめて限られたものであった。実際最近の調査結果でも、今なお政府・自治体を利用用途に挙げる人はごく少数で、また多くの人々が行政のＩＣＴの進展を概して進んでいないと感じている。[10] 商業サイトとアクセス数を競う必要はないが、少なくとも利用価値が乏しいと認識されていることだけは確かなのである。

そこではいかに電子情報化が整備されたとしても、行政側が住民にとって魅力的なコンテンツ――この場合電子申請・届出、公共施設の予約、広範な行政情報の提供、政策への参画システムなど――を提供しない限り、住民は行政サイトにアクセスしない（見向きしない）ことを意味している。電子自治体は自治体として本当に有益な行政サービスを住民に提供し、住民がそれを実際に役所に足を運ぶより簡便かつ迅速で価値があると実感し利用してこそ、はじめてその名に値する。

また電子自治体と住民の関係性を語るうえで、現在進行中の地方分権改革との関連を外すわけにはいかない。この点で自治体情報化は、まだ自治体運営の簡素・合理化という側面を除けば、そのメリットを十分に生かし切れていないように思われる。分権化時代の自治体にとっては、住民のニーズ、意向を自治体が十分に受け止め、いかに限られた予算の中で応えていくのかが重要となる。そのためには今まで以上にあらゆる手段を用いて自治体情報を提供し、また他方では住民の政策過程への参加が求められる。それが、分権化時代に住民の合意を得る唯一の自治体運営のあり方と言えよう。

確かに自治体の説明責任を確保するという点で、インターネットなど新たな情報通信技術を活用した広範な行政情報は提供されるようになってきた。この点ついては、一定の評価は与えられる。しかし、後者の住民参加の点について言えば、多くの自治体では思うように進んでいないのが現状である。パブリック・コメントを電子的に行う自治体は多くなったが、住民へのレスポンスや政策への反映度という点からは、いまだ形式的な（聞き置く）意味合いが濃い。また、一時期神奈川県大和市や藤沢市等の電子会議室を利用した住民参加による政策形成が話題になったが、あくまでもそれらは先進事例であって全国の自治体に急速に波及したり、同様の効果が必ずしも得られているわけではない(11)。

そもそも従来から住民参加全般に消極的で、現在もなお形式的なものに止まっているという自治体は少なくない。そのような旧態依然の自治体では、いくら電子情報化を進展させたところで自治体と住民の距離が縮まることはない。まずは分権化時代に求められる自治体運営のあり方を、自治体側がよく認識することが先決であろう。

4 電子政府・電子自治体構想の課題

ここでは、住民に対し行政（自治体）情報化がもたらす不利益に関する問題を検討する。[12]

情報セキュリティ対策・個人情報保護対策の難しさ

インターネット上でサイバー犯罪が相次いでいるように、情報通信基盤のセキュリティは非常に脆いのが現状である。政府・自治体は民間企業とは比較にならないほど多くの個人情報を保有しているため、電子政府・電子自治体構想を推進するに当たっては、いかにしてそのセキュリティを確保するかが最も問われることになる。その対応が情報セキュリティ対策であり、個人情報保護対策である。前者がクラッカーなどの情報通信網への侵入や情報改竄、あるいは情報漏洩などの電子情報に関するセキュリティ対策全般を意味するのに対し、後者はその中でも特に高いセキュリティが求められる国民（住民）の個人情報が外部へ漏れることなど（＝プライバシーの侵害）に焦点をおいた対策と理解してよい。

情報セキュリティ対策は、サイバーテロのように国家安全保障にまでかかわる広範な分野に及ぶため、政府は内閣官房を中心に総務省（政府・自治体情報化）、経済産業省（経済・商取引）、警察庁（サイバーテロ・ネット犯罪）等各省庁が連携して行っている。[13] なかでも個人情報の保護に関しては、二〇〇五（平成一七）年四月に個人情報保護法が全面施行され、行政機関に関しては国・

地方の責務等が示された。この法律の下に行政機関個人情報保護法、独立行政法人等個人情報保護法が施行されている。

地方自治体の個人情報保護対策に関しては、個人情報保護法第七条第一項に基づいて閣議決定された「個人情報の保護に関する基本方針[14]」で個人情報の保護に関する条例を早急に制定するよう求めたことから、現在ではほとんどの自治体において個人情報保護条例が制定されるに至っている。

また、情報セキュリティ対策については、既に九〇％以上の自治体が行動指針である情報セキュリティーポリシーを策定し、他方でその実効性を評価するシステムである情報セキュリティ監査を導入する自治体も増えている[15]。これらは、総務省の「地方公共団体における情報セキュリティポリシーに関するガイドライン」（平成一三年三月策定、平成一五年三月改定）、「情報セキュリティポリシーの早期策定等情報セキュリティ対策の徹底について」（平成一五年二月）、「地方公共団体情報セキュリティ監査ガイドライン」（平成一五年一二月策定）等によって進められているものである。

このように政府・自治体は、情報通信技術の進展に対応し情報セキュリティ対策を講じてきている。しかし、残念ながら情報通信技術は固定化されたものではなく発展途上で進化し続けている。このことは、高度な技術を身につけたサイバー犯罪者によって、情報通信網は常にその脆弱性を露呈させる危険性があることを意味している。結果的に情報セキュリティ対策は、そのヴァージョン・アップと犯罪者とのいたちごっこの様相を帯びることになる。また、ゲーム性の濃い「情報通信網を破ること（クラッキング）」に愉しみを見出すクラッカーたちは、政治的・経済的利益を目的とするものではないだけに解決を困難にしている。これが情報セキュリティ対策を悩ます課題の第一点である。

同時にもう一点の課題はこういった技術的な側面から生じているものではなく、情報通信網に携わる人々のモラルの欠如である。例えば、国民年金加入問題が世間を賑わせたことがあったが、その際多くの社会保険庁の職員が興味本位でパソコン端末から時の首相やタレントの加入歴を覗いていたという不祥事が起こった。これなどは、公務員のモラルの低さを象徴する事件と言えよう。

高度な情報化社会にあっては、個人情報に携わる公務員（もちろん民間人もだが）の情報倫理を育む教育・研修制度の充実がその点で重要となる。[16] だが、個人の倫理観を問うものだけに、一筋縄ではいかない面があるのは確かだ。

住基ネット問題が問いかけるもの

住基ネットの問題は、電子政府・電子自治体構想の課題を集約しているとも言えよう。

住基ネット（＝住民基本台帳ネットワークシステム）とは、分かりやすく説明すれば、住民基本台帳に記載されている個人情報を専用回線を用いた広域行政情報通信ネットワークで提供し、全国の自治体で本人確認を可能にするシステムのことである。[17] 先に見たＬＧＷＡＮと共に電子政府・電子自治体構築の柱として位置づけられている。住基ネットでは、一．氏名、二．生年月日、三．性別、四．住所、五．住民票コード、六．これらの変更情報、の計六情報が提供される。二〇〇二（平成一四）年八月に第一次稼働が始まり、〇三（平成一五）年八月の第二次稼働により住基カードも交付されるなど本格的な運用に入った。

この住基ネットを巡っては、様々な議論を生んでいる。①情報通信網の安全性やプライバシーを侵害される恐れへの不安、②実質的な国民総背番号制の導入で最終的に個人情報が国家に一元的に管理・監視されることへの不安、③システムの構築・運用にかかる費用対効果に関する疑問などである。

政府はいずれも万全の対策を講じており心配ないという見解を貫いているが、情報通信技術の進歩を考える時、安全性に絶対ということは考えにくいし、これだけ膨大な費用をかけて構築した以上、「名寄せ」（個別の情報を統合すること）を最終的な目的にしていると思われても仕方ないのではないだろうか（その思惑なしには構築のメリットはさほど見あたらない）。筆者もこのような観点から住基ネットには疑問を持っているが、現在東京都杉並区、国立市、福島県矢祭町が違法状態のまま接続を拒否し、横浜市では市民選択制を採用している。またプライバシーの侵害については、地裁レベルで司法判断も割れている。住民基本台帳に係る事務は自治事務である。自治体の責任と負担の下に行うものであることを考えると、賛否あるその接続に関し少なくとも自治体は住民の意思を問う選択肢を用意すべきではなかっただろうか。[18]

内閣府が〇三（平成一五）年に実施した世論調査では、「行政機関や民間事業者の個人情報の取扱いに対する不安」に関する設問で、①コンピュータのミスが五八・四％、②承認した目的以外の利用が六六・〇％、③情報の洩れが六九・〇％、④知らない間の情報収集が六一・四％、といずれも国民の六割以上が不安を抱いていることが明らかになった。[19] これらの不安は、一九八九（平成元年）と比較して二〇～三〇％も高まっている。

既に住基ネットが稼働している以上、今から止めることは現実的には困難かもしれない。しかし、国民が実際個人情報の取扱いにこれだけ敏感に反応し不安を抱いている以上、真摯に受け止めて対応する責任が政府にはある。国民の不安を少しでも取り除くためにも、情報セキュリティ対策や個人情報保護対策の向上に今後より一層取り組むことが求められる。

5　おわりに

電子政府・電子自治体構想は、好むと好まざるとにかかわらずこれからも推進されていくに相違ない。何のための電子政府・電子自治体なのか。その目的を履き違えることなく、行政情報化は進められなければならない。あくまでもそれは国民（住民）のために行われるものであって、行政事務の簡素・合理化によって却って住民が不利益を被ったり、行政が個人情報を一元的に管理し監視するためであるならば本末転倒である。

これまでの経過を振り返ってみると、住民・自治体からの視点がすっぽり抜け落ち、政府のトップダウンで計画が遂行されてきたことは否めない。形式的なパブリックコメントの実施でお茶を濁すのではなく、住民のニーズに応えるために電子情報化政策の形成に際してより実質的な参加機会が求められる。電子政府・電子自治体が好ましいものか否かは、あくまで住民の判断にかかるものであって、単に政府・自治体の経費削減効果だけで測られてはならない。

例えば、こんな一例がある。ある自治体では従来実施していた郵送による住民モニター制度をインターネットの普及を理由にすべてインターネットを利用する方法に切り替えてしまった。このような行政情報化のあり方が好ましくないことは誰でも想像に難くないはずだ。確かにモニター制度をインターネットに切り替えれば、迅速・簡便に対応できるし統計等加工処理も容易で、通信費なども含め経費削減に繋がる可能性は高い。

しかし、これではインターネット環境にない住民の声は自治体に届かなくなってしまう。本来そのような環境にない、弱い立場にある住民の声を政策に反映させることこそが優先課題ではないだろうか。電子政府・電子自治体が住民にとってこれまでより政府・自治体の敷居を高いものにしてしまうとしたら、そのような行政情報化は必要ない。

先導的電子自治体として名高い横須賀市の沢田秀男市長（二〇〇五年現在）は、はからずもＩＣＴは自治体職員が使いこなせばよいのであって、住民がそれを意識することなく自治体の利便性の向上を感じることが大切である（例えばその一例がコールセンターの活用意義）という趣旨の発言をしていた[20]。まったく同感である。住民が電子情報化を取り立てて意識することなく、行政との距離が縮まること。この点をよく受け止めて電子政府・電子自治体化を進めて欲しいものだ。

注

（1）電子政府構想とは、稲葉清毅が行政情報システム研究所による提言をまとめたものを紹介すると、①ワンストップサービス（身近な役所で関連する複数のサービスの提供）、②ノンストップサービス（自動受付・交付による二四時間・三六五日のサービス）、③アクセスポイントの拡大（複数の場所での受付、広域サービス）、④電子情報公開（自宅の端末からのアクセス、検索の容易化）、⑤電子申告（官民接点の改善）、⑥電子保存（書類供存《ママ》のスペースの削減、検索の容易化）、⑦電子取引（民間の電子商取引に対応した事務等の合理化）、等の実現を内容とする。稲葉清毅『情報化による行政革命』（ぎょうせい、一九九九年）三〇～

三二頁。また、電子政府の概要については以下を参照。総務省行政管理局『電子政府構築に向けた取組』（二〇〇五年）。http://www8.cao.go.jp/chosei/koubun/kenkyu/02denshi/01/siryo4-1.pdf

（2）http://www.soumu.go.jp/gyoukan/kanri/b_01.htm および http://www.soumu.go.jp/gyoukan/kanri/kaitei9.htm 行政情報化研究会編『行政情報化白書』（ぎょうせい、一九九八年）。

（3）http://www.kantei.go.jp/jp/singi/it2/enkaku.html 以下の各ページを参照。

（4）http://www.soumu.go.jp/gyoukan/kanri/wan01.htm

（5）総合行政ネットワーク運営協議会・財団法人地方自治情報センター総合行政ネットワーク全国センター編『総合行政ネットワーク（ＬＧＷＡＮ）の概要』（二〇〇三年）六頁。http://www.lasdec.nippon-net.ne.jp/lgw/shiryou/L-2_gaiyou_20030529.pdf 特にアプリケーション・サービスについては、多賀谷一照編『電子政府・電子自治体』（第一法規出版、二〇〇二年）一八七～二一一頁を参照。

（6）総務省編『平成一七年版　情報通信白書』（ぎょうせい、二〇〇五年）一～五頁。なお、u-Japan 政策及びユビキタスネット社会の全容については、以下を参照されたい。ユビキタスネット社会の実現に向けた政策懇談会『u-Japan 政策（最終報告書）』（二〇〇四年）http://www.soumu.go.jp/s-news/2004/041217_7_bt2.html 総務省ほか編『よくわかる u-Japan 政策』（ぎょうせい、二〇〇五年）など。

（7）総務省ほか編・前掲書（注6）一二一～一二三頁。その他、総務省による多数の言及あり。

（8）松下哲夫「離陸する電子自治体　①自治体版ＣＲＭシステム」日経グローカル〇〇一号（二〇〇四年）二八～三一頁、アクセンチュア『ＣＲＭ——顧客はそこにいる（増補改訂版）』（東洋経済新報社、二〇〇一年）三二四～三二六頁。

（9）牧慎太郎「電子自治体のシステム構築に関する施策展開（その一）」月刊地方自治六八九号（二〇〇五年）三〇～三八頁、同「電子自治体のシステム構築と共同アウトソーシング」月刊 LASDEC 第三五巻四号（二〇〇五年）一一～二三頁、および総務省自治行政局自治政策課編『共同アウトソーシング事業について（資料一—一）』（二〇〇五年一月二七日）http://www.soumu.go.jp/kokusai/pdf/050204_s1-1.pdf 参考までに東京都及び都下自治体とのそのような事例を扱ったものとして、田口裕之「東京都と区市町村による電子自治体共同運営」廣瀬克哉編『自治体改革一〇　情報改革』（ぎょうせい、二〇〇五年）二四二頁以下を参照。および東京電子自治体共同運営サービスのサイト https://www.e-tokyo.lg.jp/info/res/top/PrtlRTopMenu.do

(10)　総務省編・前掲書（注6）三二頁、五七頁。

(11)　大和市や藤沢市他の先進的な事例については、さしあたり以下の文献を参照。金安岩男ほか編『電子市民会議室のガイドライン』（学陽書房、二〇〇四年）一九～七五頁、月刊地方自治職員研修編『電子自治体ハンドブック』（公職研、二〇〇二年）二八～三一頁。また、ICTを活用した住民参加については、牧慎太郎「電子自治体のシステム構築に関する施策展開（その二）」月刊地方自治六九〇号（二〇〇五年）四〇～四九頁を参照。

(12)　本節に関して参考に資する文献としてさしあたり、宇賀克也監修『地方分権八プライバシーの保護とセキュリティ——その制度・システムと実効性』（地域科学研究会、二〇〇四年）を挙げておく。

(13)　日本情報処理開発協会編『情報化白書二〇〇四』（コンピュータ・エージ社、二〇〇四年）二七七～二八九頁。

(14)　http://www5.cao.go.jp/seikatsu/kojin/kihonhoushin-kakugikettei.pdf

(15)　西泉彰雄「電子自治体の推進に対応した地方公共団体の個人情報保護対策・情報セキュリティ対策」月刊地方自治六九一号（二〇〇五年）。以下の事実経過も同論文に負った。および、宇賀克也『個人情報保護法の逐条解説（第二版）』（有斐閣、二〇〇五年）も併せて参照のこと。

(16)　島田達巳「情報倫理の実践——企業と自治体の比較」村田潔編『情報倫理』（有斐閣、二〇〇四年）二四〇～二六六頁。なお、本書は全体を通して、この点に関し非常に示唆に富む。

(17)　概要については、総務省の住基ネット関連サイト http://www.soumu.go.jp/c-gyousei/daityo/　上仮屋尚ほか「電子自治体を支える情報通信基盤」月刊地方自治六九二号（二〇〇五年）六四～七八頁を参照。

(18)　住基ネットに反対の立場の文献・資料を提供する場として以下を参照。電子政府・電子自治体情報セキュリティ関連資料提供プロジェクト http://www.jca.apc.org/e-GovSec/　電子政府・電子自治体問題ライブラリー http://www.jca.apc.org/~nisimura/ 反住基ネット連絡会 http://www1.jca.apc.org/juki85/ など。

(19) 内閣府「個人情報に関する世論調査」内閣府大臣官房政府広報室編月刊世論調査（二〇〇四年）一六～二三頁。なお、民間の調査でも、個人情報の保護に対して不安の大きさが示されている。詳しくは以下を参照。平木協夫他「特集全国調査　電子自治体に対する住民意識」日経グローカル三二号（二〇〇五年）三五～四一頁。

(20) 横須賀市長沢田秀男氏の発言より。「シリーズ地方の力　横須賀市」『総務省広報誌』（総務省、二〇〇五年）三〇～三三頁。

第10章　地方行政における広報活動

本田　弘

1　はじめに

複雑多岐に展開する現代行政にあって、その運営を円滑に、かつ、政策実施の有効性を高めるために広報活動（Public Relations）が不可欠であることは多言を要しない。民主的社会においては、行政がその対象である国民や住民の意向を適切に反映した政策の策定から実施にいたるまで、すなわち、行政運営に一貫してパブリック・リレーションズの設定つまり両者の間に善意友好の関係が醸成されていることが求められる。そのため、パブリック・リレーションズの手法として広報紙の配布など行政情報の提供（インフォメーション活動）と、人々の意見・要求などを吸引する広聴の営為（インテリジェンス活動）とが連動する構造が必要である。行政にとって、広報活動とはしたがって「広報」と「広聴」の二面からなる情報機能の一体的な交差活動なのである。

ところで、わが国における行政広報の歴史は、その創成期からして現在では第四段階に位置すると筆者は見ている。行政広報の理論と実際との研究から、次のように分析される一文がある。すなわち、「日本の行政広報の二〇世紀の総括ということは、二〇世紀後半の半世紀（五〇年）の総括ということになる。行政広報は、第二次大戦後、上からの、実質的には外部からの啓蒙の第一段階（ＧＨＱの指導など）、続いて経験の第二段階（高度経済成長に便乗など）、さらに安全保障条約改定以降の新展開の第三段階（経済安定成長に便乗など）を克服してきた。つまり、この第三段階に入って行政広報は本格的な展開をみせるようになった」[1]との研究報告である。とするならば、本格的な展開を見せる第三段階に入った行政広報の実態や、それを通じて予測しうるこれからの地方分権下の行政広報を第四段階と位置づけることは可能であろう。本格的な展開を見せるにいたったといわれる第三段階から、今後の第四段階のステージを迎えつつある現在、行政広報の活動特に地方行政の展開にいかに効果的にパブリック・リレーションズが作用しうるか、そのためにどのような広報活動の視点が不可欠なのか、を検討しておかねばならない。地方行政における広報活動に際して、ややもすれば広報技術や広聴技術などが優先的に、あるいは重点的に検討されやすく、その結果広報活動の大局的な視点を看過する傾向にあるのが現状のようだからである。

そこで、本章においては地方分権下の行政広報の活動に際して必要な視点と思料される広報活動の対象となる社会についての理解と認識とをまず十分に行い、続いて広報活動能力の増強対応、広報活動とパブリシティ活用、広報活動における首長の位置、という全体で四つの領域について検討を加えるものである。

2　高度生活社会の広報活動

地方分権や行政改革が指向しようとするわが国の社会は、決して単純な内容ではない。行政改革会議は、その『最終報告』のなかでこう述べている。幾分長いが引用しておこう。すなわち、「今後日本がより自由で公正な社会の実現に向けて努力を傾注することは、いわゆる先進立憲主義諸国との価値観の共有を強めることを意味するものである。そしてそのことは、日本が経済的な面で国際社会に寄与するだけでなく、人類が直面する新たな課題に対し独自の提案を行い、また公正なルール作りに向けて積極的に参画していく基盤が整うことを意味している。例えば、地球環境問題などについて、資金面などで寄与するにとどまらず、これまで蓄積してきた経験や技術を背景に、地球における人類の共生の在り方に関する価値体系を構想・提示し、国際社会の合意の形成に向けて努力することは、人類全体に裨益するのみならず、諸国民と価値観を真に共有することを通して国民の精神のあり様に少なからず良き影響をもたらすものである[2]」と説明する。このことはすなわち、わが国が「経済的な面で国際社会に寄与する」だけでなく、「人類が直面する新たな課題に対し独自の提案を行い」、これまで「蓄積してきた経験や技術を背景に、地球における人類の共生の在り方に関する価値体系を構想・提示し、国際社会の合意の形成に向けて努力する」こと、つまり広義においてわが国が国際行政に寄与することを意図しているものと読み取れる。

行政の適切な処理能力

二一世紀の日本の社会像は、多様な観点から浮彫にすることができよう。しかし、少なくとも実態的には個人生活の豊かな状況が到来することは確かであろう。それは、個人の経済的・物質的豊かさだけでなく、個人の指向を相対的に可能とする高度の生活基盤が形成された状態を意味する。こうした社会を筆者は、「高度生活社会」と呼んでいる。高度生活社会では、個人の社会に対する発言は活発化し、行政への要求もこれまで以上に個別化し多様化する。なぜなら、人々の個人指向とはきわめて個性的だからである。このことを人々の好みの選択の観点から分析した興味ある一文がある。すなわち、「高度経済成長期の一九五〇年～一九六〇年代は「十人一色時代」であった。つまり、量産画一。何か一つのものが流行すると、みんなが、それを買い求めた時代である。しかし、安定期に入った一九七〇年代は、文字通り「十人十色」の時代であった。そして一九八〇年～一九九〇年代の成熟期になると、一人の人間が生活シーンに合わせ、服装ならカジュアル、フォーマル、ホームウェアなど自分の好みのものを選択する「一人十色」の時代になったのである」[3]と。こうしたことを考慮するとこれまでの生産の画一化・均一化が、次第に個人のオーダー・メイド化生産の占める割合に浸食されると同様に、行政要求の総体的・包括的のそれから個別的・単体的に変容すると予測される。それだけに、行政対応に高度な配慮と技能が必要となる。したがって、これまで以上に住民と行政との善意友好の関係を常時醸成しておかなければ、行政運営全般に支障をきたす。つまりは、行政の広報活動の日常化が不可避となろう。「行政とは、つまるところ広報なり」といわれてきた状況が、高度生活社会で強く望まれることになる。しからば、高度生活社会で展開される行政の広報活動の基本的な方向づけとはいかなるものか。この点について幾分総括的に考察しておきたい[4]。

四つの特徴を持つ広報の展開

第一は、個人レベルの生活情報の広報である。個人レベルの情報であって、文字どおり各個人の情報ではない。個人レベルの生活情報の広報活動の場合、生活の範囲をどこまで限定し、どの程度の内容までを広報するかは一概に定められないが、少なくともこれまで以上に個人レベルにかかわる情報が求められ、そしてそれに対応することになる。従来、民間の領域でこそ可能であった個人生活レベルの広報が、公共行政たる自治体広報でも不可欠となる。

第二は、危機管理情報の広報である。これまでも、いわゆる危機管理については地震、水害、火災等々の非常事態に対する情報は広報誌において、あるいは情報公開制度により住民のニーズに対応してきた。しかし、阪神淡路の震災以後、各地方公共団体では非常事態に対する総合的な危機管理システムの構築と、それの広報活動に重点的・日常的な努力が払われてきている。そこではたんに、非常事態における避難所・避難道路、備蓄生活・医療用品等のみでなく、帰宅困難者の誘導や被災者の生活相談等にいたるまで広報活動に組み込んでいる。危機管理システムを常に最近のものに改善しながら住民の生活の安全確保に主眼を据える広報活動なのである。まさに、住民と行政との善意友好の関係が設定されている必要がある。

第三は、文化行政にかかわる情報の広報である。ここで文化行政とは、文化の行政化と行政の文化化の二つの分野で見られる施策の実施である。前者は、住民の文化活動や文化ニーズに対する行政の経済的、技術的、組織的などの支援であり、後者は行政自体の施設、制度、サービスの文化的水準向上への措置である。ここでは、特に文化の行政化にかかわる広報活動の必要が強調されねばならない。高度生活社会においては、人々の文化ニーズは高く、地域文化の創造、観賞、享受、評価、体験などが一層日常化する。そのため、人々は文化情報、なかんずく行政が対応する文化行政施策——経済的、技術的、組織的な支援活動の情報を求める。行政の役割は大きく、

コラム　大学での広報科目

アメリカ大学広報協会が定めた教科目は、(1)広報の定義（広報を必要とする社会的状況、広報活動の歴史）、(2)広報と世論（世論の基礎理論、マス・メディアの分析、世論調査の技術）、(3)広報活動の領域（広報と社会行為、人間関係過程、部内状況と部外状況、広報政策と企画）、(4)広報活動における誤診（法的、言語的、政略的、技術的誤診および誤報）、(5)広報部局の組織（機構、管理、人事、幹部の責務、責任と限界、予算）、(6)広報活動（プログラムの作成と適用方法、最新技術の利用、緊急時の対応）、(7)広報プログラムの策定（過去の活動の分析、問題の決定、住民ニーズ、利害関係、特異性の分析、住民の意向打診、プログラムの形成、調査、プログラムの実施法、結果の評価）、(8)広報とマス・メディア（各種のメディア——新聞、雑誌、テレビ、ラジオ、映画、広報紙、パンフレット、展示、集会、行事等——の利害得失）、(9)広報担当者（教育、訓練、資格、能力、事務、責任、役割）、(10)モニター制（機能責任、役割、提供するサービス）、(11)広報の倫理規定、(12)広報カウンセラー（相談役）等である。

小山栄三『行政広報概説』（広報出版研究所、一九七一年）

広報活動の基本的な方向づけの一つとして忘れられてはならないものであろう。

第四は、パブリシティ活用情報の積極的取組の方向である。ここでパブリシティとは、「民間などの外部の伝達媒体を通じて、行政の広報をすること（以下省略）。ここで「民間などの外部の伝達媒体」を通じてとは、直接には民間などの報道機関を通じて広報することであって、決してそれらの報道機関へ広報を委託することではない。したがって、パブリシティの作用や方法は、自治体当局の意のままになる行政の広報ではない」のである。(5) 従前に比して、地方行政にかかわるはるかに多くの情報が、新聞その他の民間情報媒体を通じて提供されてきている。パブリシティ活用にややもすると消極的な地方公共団体も、もはや情報伝達の速い速度や広い範囲への伝達活動＝広報活動を可能とするパブリシティを避けることは次第に不可能となる。パブリシティ活用を可能とするためには、もちろん、外部媒体への行政情報の慎重な事前打合せ、提供すべき行政情報の選別に熟慮がともなわなくてはならない。先に記した「自治体当局の意のままになる行政の広報ではない」ものの、自治体当局がパブリシティへの構想・計画など一貫した活用意図と活用準備を常時確立しておくことが肝要である。

3 広報活動能力の増強対応

パブリック・リレーションズという本来広報の持つ住民と行政との善意友好の関係を醸成することは、そのことが行政の円滑な展開をより一層可能とする。既に掲げた「行政とは、つまるところ広報なり」といわれるとおり、行政イコール広報という大局的な位置づけを軽視してはならない。広報という住民と行政との善意友好の関係の醸成は、行政の理想の状態だからである。

さて、そうした広報による行政の円滑な展開のために広報活動能力の増強が要請されている。ここで広報活動能力とは、広報・広聴の交差活動を活性化する総合的能力を意味する。わが国の行政にとっては、国の中央省庁の場合にしろ地方行政のそれであっても総合的あるいは総合化の手法を促進しえない要因が働いていたことは否めない。すなわち、全庁的にセクショナリズム(部局割拠主義)が作用していたからである。現に、そうした悪弊は払拭されていない。組織の規模が膨大で、細部において専門分化すればするほどにセクショナリズムが機能してしまう。組織体制とは、一般に専門分化と総合化の二律背反の原理のうえに成り立っている。行政の大規模組織体制のなかで広報活動の総合的能力を増強することは容易ではない。このことは、昭和四〇年代以降の地方公共団体における企画調整機能確立に際して体験した、部局割拠主義の風潮を想起するだけでも首肯しえよう。だが、広報活動の総合的能力増強は避けて通れない現実にある。商業メディアのような情報の断片化・ショー化された提供活動であっては、行政広報は成り立たない。既に述べた「行政要求の総体的・包括的のそれから個別的・単体的に変容する」場合、しかし、これに対応する行政活動が、「情報の断片化・ショー化された提供活動」であってはならず、あくまでも広報される情報が全般的な情報との、あるいは一体的な情報との脈絡の付されたうえでのものでなければならないだろう。そうした広報活動能力を一層増強するために、現状からしていくつかの検討し、かつ、対応すべき課題がある。

全庁的広報体制の確立

行政活動全般においてと同様に、広報活動も専担組織によって任われている。行政機能のそれぞれについては、課・係等の専担組織が所掌するのが通例である。広報活動も、その例外ではない。大部分の広報活動組織は併設組織はあるものの、専担組織が第一次的に機能するしくみとなっている。したがって、そこでは担当職員の専門性が必要となる。広報活動を円滑かつ適正に担当するには、広報業務に関する専門的な知識、技能、感覚が不可欠である。広報活動は、より一層専門性が問われる専担組織に位置しているといえる。

しかし、広報活動はそのための専担組織だけで十全な働きがなしうるものではない。広報する情報が全庁的な各担当組織にかかわっており、かつ、行政内部のみならず外部の情報をも広報活動の対象としている以上全庁的な広報体制の存在が前提とならざるをえないからである。要すれば、広報活動には、専担組織のほかに全庁的な広報体制が確立されている必要があるといえる。こうした広報専担組織を含む全庁的広報体制を、筆者は行政広報のネットワーキングと呼んでいる。[6] 行政広報のためのネットワーキングづくりに不可欠なものは、庁内においての各部門の広報活動に対する協力体制である。と同時に、当然のことながら広報専担組織による全庁的な各部門への積極的な接触および連携の日常的な実施の必要である。ややもすれば、広報専担組織の庁内孤立の悪弊が醸成されるからである。このことは、広報専担組織と全庁的な各担当組織とに、共に内包されているセクショナリズム（部局割拠主義）たる組織病理が作用する結果と見てよい。[7]

ここで全庁的広報体制とは、庁内各担当組織が広報活動への必要措置と協力措置とを常時維持する体制のことである。この協力体制を通じての全庁的な各担当組織と広報専担組織とのかかわりの第一は広報計画の立案である。各担当組織の広報情報は最終的には広報専担組織の責任において作成されるものであるが、広報に就いての各担当組織の年間計画は広報専担組織の年間広報計画に年度当初に組み込まれるべきである。全庁的な各担当組織の広報の一元化は、広報効果を高めるだけでなく情報の受け手側の住民の不要な混乱を避けるためでもある。第二は、広報の管理のための協力関係である。広報の管理とは、広報活動を円滑にするためのなんらかの営為を意味している。具体的には広報の取材、選択、文章化、紙面構成、印刷、運送、配布等々の一切について反省、検討、評価を加えることを含むものである。こうした管理の実施は、広報専担組織の固有の業務であるが全庁的な各担当組織もかかわることによって、より一層の効果を挙げうるものである。そして、第三は広報の庁内横断調整機能の遂行に際しての協力である。広報活動は、広報専担組織に依存するだけで、全庁的各担当組織は冷淡であっていいわけではない。庁内において、広報業務は庁内組織の横断調整機能をなすことが期待される。横断調整機能とは、具体的には各担当組織の広報実践に際して調整を行うことを意味する。この庁内横断調整機能は、広報専担組織と全庁的各担当組織の広報実践の遂行に共に協力する場の空間において全庁的各担当組織も一翼を任う関係に立つ。しからば、広報実践の遂行における管理を、さらに詳細に検討しておきたい。

広報活動のための運営管理

広報実践遂行に当たって全庁的各担当組織の横断調整機能が、広報専担組織と全庁的各担当組織との間で働くことを先に見た。このことは、別に表現すれば広報実践を首尾よく展開するための運営管理が伴うべきことを示している。そもそも、行政において管理の体系はいかに形成されているのか。愚見によれば、行政の管理は、①運営管理（全般管理、部門管理、作業管理）、②構造管理（組織管理、情報管理、事務管理）、③要素管理（人事管理、物資管理、財務管理）に大別される。運営管理とは、トップ・マネージメントたる全般管理、ミドル・マネージメントたる部門管理、ローア・マネージメントたる作業管理など主として行政の垂直的階層ごとに行われる行政運営上の管理を示している。したがって、ここで広報活動のための運営管理とは広報を実際に行う際の管理であって主として部門レベルで行われるものである。部門レベルは、通常、部あるいは課の段階であって、わが国の大部分の地方公共団体では課の段階に広報専担組織を設置している。

広報活動のための運営管理とは、したがって広報専担組織が広報活動の基本方針を作成し、年間の全庁的な広報計画を立案し、広報活動から結果する住民等からの反応を各担当組織にフィードバックし、最高意思決定者たる首長の政策理念を広報化する、という一連の過程を管理することとなる。行政における広報活動は、右の過程を一つのサイクルとして展開することであり、その過程の運営に適切な管理をすることが要求されることになる。したがって、広報専担組織では広報技術や広聴技術以上に広報活動の運営管理に十分なる配慮が不可欠といえる。広報専担組織のもつ広報活動能力増強に、こうした広報活動の運営管理の作用する度合はきわめて大きい。

広報活動の企画力と分析力

年々変容する社会に適応する広報活動には、広報それ自体の内容等をいかにするかの企画、そしてその実施した広報がいかに効果的であったかの評価のための分析、という二つの能力が必要である。すなわち、企画力と分析力である。広報活動は、年間計画に則して実施されているが同じ年間計画であっても広報に盛り込む内容を、どのように表現し、どのような順序で、どのようなタイミングで、ということについては企画力が大きく作用する。企画がいかに難しいかは容易に理解されるが、例えば「広報する内容によってはある程度タイミングを考えて実施することによって期待しうる目的を達成できるものである。その逆の場合もまた然りで、いかに立派な内容を広報したところでその内容と関連のない時期や別の理由で住民の注目が外に向けられるきらいのある場合には効果はあがらないだろう。（中略）広報内容のタイミングということは年間を通じての広報計画のなかである程度の適時性は予測されまた確保されるが、もっと細部にわたってのミクロなきめのこまかい実際の広報企画に際してはそのつどそのつどの細心の注意が必要だろう。[8]」との考え方は十分に理解されるべきだろう。広報実施のタイミングの問題一つにしても、十分に検討を要することなのである。広報専担組織の企画力が問われる部分であろう。広報活動の企画力は、たんに広報専担組織職員の個人的な才幹に依存すべきではない。ある程度まで体系的な企画が必要となる。それはすなわち、広報活動のための専担組織の目的遂行のための管理が行われ、そこに企画力が発揮されることになる。専担組織の目的遂行に際して企画力を必要とするのは、主として次の点である。

(1) 部門方針の確立と周知

全般管理機能に表明される首長等の意向に則しながら、広報専担組織の目的を明確に確立し、それを広報専担組織の課の内外に周知徹底を図る。つまり、広報専担組織の目的=基本方針の表現の仕方が平板にならぬような工夫が必要である。

(2) 年間の広報活動の計画立案

広報専担組織として年間を通じての実施計画を立案作成しなければならない。その際計画で取り上げるものとして、(イ)広報紙、(ロ)写真広報、(ハ)映画、(ニ)市政テレビ放送、(ホ)報道機関、(ヘ)ポスター掲示、(ト)ダイヤル市政案内、(チ)広聴、(リ)世論調査、(ヌ)市民相談、(ル)施設めぐり、等々である。これらを、如何に組合わせて計画化するかが慎重に検討されるべきである。

(3) 広報活動の実施促進

年間の広報計画が策定されているとはいえ、庁内の各組織からの広報要請について必要な調整措置が不可欠である。おおよそ、次のような観点からの調整となろう。

①広報対象の基準の調整――同一の対象にたいする複数の基準があるとき。

②広報時間の調整――広報するタイミングの調整

③広報場所の調整――広報する場所についての調整(9)

他方、広報活動の結果の少なくとも〝効果〟についての測定結果の分析が忘れられてはならない。広報活動の〝効果〟とはなにを意味することかはきわめて定義づけのしづらいことであるが、一般には「広報活動」とその結果もたらされる「住民の知識、態度、行動などにおける変化」といわれる。もちろん、厳密にはそれらの「変化」が広報活動だけによって惹起したものではなかろう。少なくとも、一般的な行政活動、住民個々人の基本的な知識や態度の差（経歴、教育、経験など）などの要因が作用して「変化」が生じたといえよう。さらには、住民の広報活動の受容過程の違いによっても広報効果に差が生まれる。

だが、そうした〝効果〟の差が見られるもののそこには効果の測定のための調査が前提となる。一般には、住民に対する記入法と面接法による方法が採られている。そして、得られた調査結果の分析については十分かつ慎重な態度が望まれる。分析の仕方如何によっては、その調査結果の評価が左右されるからである。分析力の重要性がここにある。正しく分析することによって正しい評価が得られ、以降の広報活動に結びつけることが可能だからである。

4　広報活動とパブリシティ活用

パブリシティの重要性

巨大に発展した現代のマスメディアの世界は、良くも悪くも一瞬にして大量かつ複雑な情報を家庭の茶の間に提供する。こうした情報流通の中での地方行政の実施する広報活動に、マス・メディアなどいわば外部媒体の活用が考えられるのは言うまでもない。しかし、外部媒体の活用すなわちパブリシティについて従来から日本の地方行政は必ずしも積極的であったと評価しえない点もある。このことは、四半世紀も前から同じような状況が続いてきたと見ることができる。

こう述べる一文がある。すなわち、「パブリシティ活動によるＰＲを展開していくことの重要性については、改めて述べる必要もあるまい。（中略）ここ一〇年来、自治体の飛躍的な活動によって、マスコミは好むと好まざるにかかわらず地方、地域のニュースに大きなスペースや時間をさくようになってきた。したがって、これらマスコミを積極的に活用することによって、自主媒体の効果以上のメリットをもって住民に影響を与えることは確実である。ところが、これまでの自治体は首長のパーソナリティや大きなイベント等によってしかパブリシティの効果を発揮してこなかった。情報の公開にしても同様で、積極的にオープンにしていくことを好まなかったし、特にマスコミとの接触については消極的であった。わずかに広報係や首長の秘書たちが接触する程度で、一般の職員はそれを避ける傾向すらあった。[10]」と分析する。

パブリシティの特色

第一は、行政の政策、計画、意向、展望、行事、報告などをはじめとして、住民にとって問題提起型の内容の事項までも伝達することがパブリシティによって可能であるということである。パブリシティによる行政の広報は、行政の直截なものではないだけに、住民には問題提起を促進する絶好の機会である。したがって、自治意識を喚起することにも作用する。

第二は、パブリシティによる伝達の速報性である。日常的な報道活動をしている民間報道機関などが、速報性に重点を据えているのは言うまでもない。地方公共団体の行政広報は、この点で

コラム　広報研究会と全国広報研究会の設立

戦後、占領軍の示唆により、日本の行政のなかに導入された広報＝パブリック・リレーションズ。一九四七（昭和二二）年から四九（昭和二四）年にかけて各都道府県に広報組織が設置され、また四九（昭和二四）年五月には第一回各省庁広報主管課長会議が開催されるなど、試行錯誤の状況ながらも、広報は着実にわが国行政の中に根付き始めていく。

しかし、五二（昭和二七）年、対日講和条約が発効し、連合軍総司令部が去ると占領政策見直し気運が高まった。広報においても、予算、人員とも削減された。一部では、行政広報は占領政策の〝落し子〟とも見られていたのである。こうしたなか、政府は五三（昭和二八）年二月の各省庁広報主管課長会議で、各省庁の行政資料や行事などを総合的に広報し、広く国民に行政施策への理解を求めようという構想を検討した。

その結果、出版については各省庁が従来発行しているものの維持、発展に努めるとともに各省庁が共同で利用できる総合的な定期刊行物を新しく発行することなった。これに基づいて五三（昭和二八）年七月官報付録『資料版』が、翌五四（昭和二九）年五月には『写真広報』が創刊された。『写真広報』の創刊に当たっては、編集技術や出版の専門的知識が必要とされ、そのため官報付録『資料版』の編集者も加わって任意団体をつくることになった。これが、五四（昭和二九）年三月に設立された当協会の前身団体の一つ広報研究会（略称：広研）である。

一方、行政広報の危機は、特に地方自治体で著しかった。全国の広報担当者有志は、この冬の時代を力を結集して乗り切ることが必要だとして、広報の組織化に向けて動き出した。そして、五四（昭和二九）年五月に広報に関する研究および広報関係者相互の連絡し協力を促進し、広報行政の向上発展に寄与することを目的とするもう一つの団体、全国広報研究会（略称：全広研）が発足した。全広研の発足に先立って、五三（昭和二八）年一一月には同研究会創立事務所から『広報研究ニュース』が発行されている。『広報研究ニュース』は、翌年八月まで一〇号続き、九月号から『広報研究』とタイトルを変え、全広研の機関誌として正式にスタートした。その後、広報研究会が六三（昭和三八）年四月社団法人日本広報協会に発展する。さらに日本広報協会は全国広報研究会と合併して全広研が行っていた諸事業を引き継ぐこととなる（日本広報協会『30年の歩み』一九九三年四月による）。

パブリシティとはほとんど比較しえない。阪神・淡路大震災直後のもろもろの緊急広報では、パブリシティの威力をまざまざと見せつけられたことは記憶に新しい。広報内容についてある程度限定的だが、パブリシティによる速報性を高く評価できるゆえんである。

第三は、民間報道機関などとの接触による民間パブリック・リレーションズの手法からの影響である。民間報道機関などの発達した手法は、行政に導入される余地も大きく、日進月歩の成果はパブリシティ活用に際して住民と行政との間のパブリック・リレーションズ形成の参考とすべきであろう。特に、不特定多数の人々と行政とが善意友好の関係を醸成する手法——その着想、企画、実施、評価など一連の過程で民間マス・メディアからの影響は大きいはずであるし、そうした影響を受容していくべきであろう。

こうした特色を有する地方行政が活用する場合のパブリシティは、基本的には地方公共団体なかんずく広報専担組織の手から離れる提供情報だけに、その外部媒体としての民間報道機関との関係を十分に検討しておかなければならないだろう。すなわち、地方公共団体にとってのパブリシティ政策の事前検討の必要である。

パブリシティ政策の留意点

パブリシティ政策とは、地方公共団体がパブリシティ活用の着想、企画、実施、評価などを含む活動のすべてである。

地方行政における独自の媒体の場合でさえ、細心の注意を要する広報活動だけに、まして外部の媒体を活用する広報には、留意すべき政策上の課題に十分にして的確に対応しておく必要がある。パブリシティは、完全には自治体当局の制御できる活動領域ではない。パブリシティを活用する着想、企画、実施、評価などを含む活動がパブリシティ政策であると先に述べた。こうしたパブリシティ政策はもっぱら自治体当局側のものであるが、民間報道機関側などでも実際は自治体に対応する政策を考慮し、かつ、場合によってはそうした政策へ対処すべき方針を常備し、可能なかぎりそうした方針を実現していると見ることができる。それらを含めて、パブリシティについての最小限度の政策留意点を検討しておきたい[11]。

(1) **パブリシティ効果の予測**　民間報道機関などの媒体を活用して行政情報を意図的に伝達するのであるから、そこに発生する効果はある程度の予測をする必要がある。特に、周知徹底情報の場合、行政当局はパブリシティによる高い周知度を期待するから、事前の予測は不可欠である。予測の実施技法確立は容易ではないが、パブリシティを効果的に実施するためには必要な措置である。

(2) **パブリシティ媒体の選択**　現在、コミュニケーションのメディアは活字メディアと電波メディアの二通りに大別することができる。それらは、それぞれ特色を持つ。結局は、パブリシティ本来の目的である受け手となる住民へのメディアを通しての効果を第一義的に考慮して媒体の選択をすべきであろう。

(3) **パブリシティ活動実施の計画化**　年間を通じての外部媒体によるパブリシティ活用には、独自媒体による広報活動とのバランスなどからも計画検討を必要とする。効果の予測と関連させながら、いかなる情報をいかなるタイミングでパブリシティ活用に踏み切るか……少なくとも、年間を通じて定期的な広報が可能なものは計画化すべきである。

⑷　パブリシティ媒体側民間報道機関との打合せ　広報すべき情報が自治体側のものである以上、自治体はその情報への期待も目標もあるはずである。したがって、パブリシティ実施の事前打ち合せは不可欠な検討事項である。情報の採用および報道の決定が媒体側によるのであれば、自治体側と外部媒体側との打ち合せなしには、自治体当局の広報意図は十分に伝達されない。

⑸　全庁職員のパブリシティによる広報活動の熱意と行動意欲の高揚　独自媒体による広報活動の場合と同様に、あるいはそれ以上にパブリシティ活用の場合には熱意や行動意欲が必要である。このことは、パブリシティ活動を含むパブリック・リレーションズにおいても当然のことであろう。このことパブリシティ先進国であるイギリスの地方公共団体でさえ留意される事柄である。すなわち、「パブリック・リレーションズにかかわる統制は、部課長その他の職員に集中して行われる傾向があるが、このことは再検討を要する。すべての職員がパブリック・リレーションズにかかわるべきである」[12]という。至当な発言であろう。

さて、以上のように述べたが社会状況の変化にともなってパブリシティの媒体である外部媒体側での変化をも行政当局は十分に理解しておかなければならない点がある。それは、住民の移動性が高まり生活のなかでの広域化した関心に外部媒体は留意していること、しかも、行政当局の提供する情報やニュースといえども外部媒体内部においては企業情報や詳細な生活情報と競合せざるをえないこと、などからパブリシティ情報が常にストレートに外部媒体によって報道されることは次第に少なくなってきている事実がある。こうした状況が伏在するからこそ、先に指摘したごとく行政当局なかんずく広報専担組織は事前に周到な準備と検討を重ねておく必要があるといえる。行政広報活動にあって、パブリシティ活用が重要であればあるだけに外部媒体の研究を怠ってはならないのはそのためである。

5　広報活動における首長の位置

いかなる組織体においても、それがなんらかの目的をもつ場合には統率者が必要なように、地方公共団体においても例外ではない。特に、地方公共団体は統治団体であり、事業団体であり、経済団体でもある以上、そこに有能なリーダーたる首長が存在してくてはならないし、もちろん、たんに存在するだけでなく最高意思決定などトップ・リーダーとしての首長の役割を十分に果たさなければならない。

代表制民主主義の政治構造を採るわが国の地方公共団体では、多くの場合、首長が政党あるいは政治団体等を背景に選出されている。したがって、特定の政治的イデオロギーや党派の思想や考え方が当該地方公共団体の政策や計画に反映されやすい。しかし、だからこそ、行政の中立性が具体化されなければならない。行政広報の活動においても、首長は行政の中立性の枠組を逸脱してはならない。行政広報が政治広報であってはならないのは、そのためである。行政広報に原則的に政治性があってはならないのである。しかし、もちろん、厳密に行政広報における政治性の境界領域を画することは困難である。筆者は、かつてこう述べたことがある。すなわち、「広報活動における政治性という場合、具体的には政治広報が主体であるが、行政広報は政治広報と峻別されるべきであるし、行政広報に政治広報的要素の介入も避けなければならない。しかし、すでに述べたように政治広報といっても、地方公共団体の政策方針や行政運営の基本の樹立、それを周知する広報活動の政治性あるいは政治的機能がまったく否定されるべきでないことを繰り返し付言しておきたい。現代の複雑化し、高度化し、多元化する行政や錯綜する社会関係のなかにおいて、地方公共団体の広報活動にいっさいの政治性や政治的機能の要素を払拭し去ることは望ましくはないし、否定し去ることは不可能に近い。政党色や党派的思想の稀薄になりつつある一方で、実利指向の地方公共団体への転換期において広報活動の行政広報と政治性・政治的機能の混在は、それら両者の均衡を保持しながら展開することに大方の賛同を得られると思料できよう(13)」と。要すれば、二元代表制型の政治構造から選出される首長の政党色、党派性が行政そのものなり行政広報の中立性と並存しうる配慮を、広報活動全般の運用に際して行うべきであろうことを述べておきたい。

さて、行政の首長として広報活動においていかなる機能を発揮することが求められるか。まず、広報マンとしての首長の役割がある。行政の広報活動において、首長がその政治性や政治的機能を介在させることには、行政広報の中立性と並存しうる配慮の努力をすることが不可欠であることは先に述べたが、このことは逆説的には首長が最大の広報マンであることを物語るものである。つまり、ここでは政治の側面での首長の役割や機能ではなく、行政の側面での首長の役割や機能を積極化することが期待され、広報活動においてそれらを十分に発揮することを求めたいのである。行政の領域での積極的な首長の全般管理（トップ・マネージメント）の遂行こそ、広報活動において望むところなのである。すなわち、最高の広報マンとしての首長のリーダーシップなのである。その際、首長は三つの立場において広報マンとしての機能を果たしていると見られる。

コラム　インターネット広報の活用

インターネットが広報媒体として他のメディアと大きく異なる点は、双方向性である。一方的な情報発進だけでは、インターネット本来の機能を十分に活用しているとは言えない。市民の意見や提言などを広くインターネットを使って吸い上げ、行政に反映させる仕組みの創設を勧めたい。また、オンブズマン制度や情報公開制度の運用にインターネットを導入することも今後、検討に価する。インターネットと広報紙・誌をはじめとする既存のメディアとの連動や役割分担等も、これからの広報活動にとって新しい課題である。インターネットは、紙媒体に比べて多くの情報量を盛り込むことができる。しかもレイアウトなど編成上の細かな作業を必要としない。さらに、即時性がある。紙媒体は主要な情報のポイントを掲載し、詳細はインターネットで補うなどの両者のタイアップ広報があってよい。発行回数が限られている紙媒体は、情報発生から市民に到達するまでのタイムラグが生ずるので、最新情報はインターネットでカバーするのも一つの方法だ（日本広報協会『21世紀における戦略的広報』二〇〇〇年より）。

首長の三つの立場

第一は、行政運営についての全般管理、すなわち、庁内での指導力発揮が全職員を広報活動への認識高揚に向かわしめる立場である。ここで指導力とはややリーダーシップと類似する意味内容をもつが、一般的には一人の人間が他人間の心からの服従、信頼、尊敬、忠実な協力を得るようなやり方で、人間の思考、計画、行為を指導でき、かつ、そのような特権を持てるようになる技法、ないし天分を指導力といい表わしている。すなわち、指導力とは管理の過程に見いだせるものである。庁内における全職員を広報活動へ精神面にも具体的にシフト（推移）させる技法・天分なのである。第二は、首長の持つ庁外を含む多様な役職が広報活動の実質的な場を醸しだしている(14)。地方公共団体の首長は、その身分ゆえに各種団体の役職を兼務するから、広報活動の好機に恵まれているという立場がある。

第三は、首長は年間の広報計画に則して地区集会等での広聴のため、住民との接触が多い。広聴は、広報の前提であると言われるが首長にとって広聴機会こそ広報機会でもある。すなわち、広聴機会に出席する立場が首長の広報マンとしての活躍する場をもたらすことになる。

こうした三つの立場に立った広報マンとしての首長に期待されるべきものはなにか。種々なる期待が込められるであろうが、最小限次の三つが指摘できよう。すなわち、それは第一に、住民に対する自治意識と地方自治の重要性を認識させる広報パフォーマンスである。多様な機会をとらえて、住民に働きかけることが期待される。住民の自治意識と地方自治とが、特に地方分権下の時代にいかに地方公共団体にとって重要な自己決定・自己責任の理念の具体化に際して作用するかを想起しても理解されよう。首長が、広範な意味での広報パフォーマンスにおいて住民への働きかけをすることは首長しかなしえないことなのである。首長が行ってこそ住民が納得しうる広報活動なのである。最高意思決定者であり最高責任者たる首長の住民への広報活動は、それだけ重厚な意味が反映されるのである。第二に、国等への広報活動である。これこそ、地方公共団体の首長こそが行いうるものであって正しく広報することが期待される。もちろん、これは広報活動であって陳情を意味していない。わが国のこれまでの経験からすると、地方公共団体側から国等への広報活動はきわめて低調であったといえよう。しかし、地方分権、すなわち、国と地方とが主従の関係から平等のそれに立ち変わった時代には、首長が主体的に広報活動を通じて諸般の事柄を国に働きかけることが不可欠なのである。首長にとっての広報活動には、こうした役割への期待が込められ、しかも、それは住民すべてが支援する地方分権時代の行政運営のありかたでもある。それだけに、首長に必要とされる力量が問われるのである。第三は、当該地方公共団体の設定した将来目標の実現への期待である。将来目標は、いうまでもなく基本構想あるいは基本計画のレベルで設定されている。そのため、そうした将来目標が全て首長の在任中に実現されるとは限らない。実態的には、多くの将来目標が達成以前になんらかの変化を蒙っている。財政的な理由によるそれらの将来目標の後退もあれば、社会経済の影響からより大きく目標数値を拡大することもあろう。あるいは、目標実現途上で首長の交替により目標が消え去り、別の首長により将来目標が新たに設定されることもある。こうした状況は、当該地方公共団体にとってきわめて不安定・不経済なことである。最高の広報マンとしての首長の庁内外へのアピール力により、可能な限り目標実現への期待が寄せられる。それらの目標の変更はありえても、しかし、実現に向けて一貫して将来への目標が活かされるべきである。地方公共団体が、首長に寄せる高度なレベルの期待といえよう。

首長と広報専担組織との調整

広報活動の基本について、あるいは個々の広報内容について広報専担組織と首長との間に意見や考え方に齟齬をきたすことがある。各行政部門と首長との関係と異なり、首長との間の関係、すなわち意見や考え方についての関係は広報専担組織が全庁的立場から構築しようとするものであるから、首長の意向や影響力が無制約的に広報活動に反映されるものではない。元来、地方公共団体のトップ・リーダーとしての首長は内部的には全般的運営管理（トップ・マネージメント）に責任を有する。それだけに、行政の重要施策から日常的な部門の行政執行にいたるまで首長の管理機能が浸透するシステムとなっている。首長の全般的運営管理は、自治体行政を展開する方向や特質を明示するものであるから、内部的管理営為してきわめて枢要なものである。首長と広報専担組織との間の広報活動をめぐって生ずる意見の相違は、広報技術のそれよりも基本的考え方なり広報思想をめぐるそれの場合がほとんどであるから、首長の管理営為いかんによっては解消がきわめて困難である。全国の地方公共団体における経験的事例の多くは、首長の管理営為の機能によって広報担当職員の創意性や独自性が阻害されていることを示唆している。したがって、首長の意向を媒介とする広報活動の場合、担当職員のジレンマが生じやすくなる。こうしたジレンマは、広報担当職員が広報活動について真摯な考え方を抱き、それを実践の広報活動に表現しようとすればそれだけ増幅する。こうしたジレンマの状況をいかに払拭するかは、きわめて重大なことである。当該地方公共団体の広報活動の根幹に影響する問題だからである。各地方公共団体での研究テーマであろう。

注

（1）三浦恵次「二〇世紀の行政広報を総括する」広報№五八三（二〇〇〇年）一二頁。なお、引用文中の「GHQ」とは、第二次大戦後、東京の第一生命ビルに設置されたアメリカ、イギリス、フランス、ソ連邦（現・ロシア）、中国など戦勝国側の連合国最高司令官総司令部（いわゆるマッカーサー総司令部）を指す。上記総司令部は、占領政策の遂行と日本の民主化政策の一環として、「占領後、いち早く新聞、報道の自由化とともに官公庁における報道機関への情報資料提供を主体とした広報活動の積極化を指令した」（埼玉県行政史編さん室『埼玉県行政史　第三巻』（埼玉県、一九八七年）二〇五頁以下参照）。これは昭和二二年（一九四七年）一二月二二日に総司令部が「知事室ニＰＲＯヲ設置スルコトヲ希望スル。ＰＲＯハ、政策ニツイテ正確ナ資料ヲ住民ニ提供シ、住民自身ニソレヲ判断サセ、住民ノ自由ナ意思ヲ発表サセルコトニ努メナケレバナラナイ」とする指令であって、各都道府県では前年の昭和二一年一二月には佐賀、同二二年には和歌山、広島、大分、埼玉、愛媛、宮崎、鳥取、同二三年には富山、香川、愛知、岡山、茨城、石川、岐阜、島根、北海道、静岡、福島、新潟、福井、三重、滋賀、長野、高知、熊本、兵庫、鹿児島、宮城、山形、長崎、同二四年には千葉、神奈川、奈良、徳島、秋田、京都、山口、青森、福岡、岩手、群馬、栃木、山梨、東京、そして、同二五年には大阪の都道府県にPR組織が設置された（以上は設置順）。草場定男『行政PR――その変遷と展望』（公務職員研修協会、一九八〇年）九～一〇頁。なお、総司令部によるわが国へのPRの導入については、三浦恵次『現代行政広報研究序説』（学文社、一九八四年）および三浦恵次・岩井義和「小山栄三の世論研究史について」明治学院論叢五九三号（一九九七年）を参照。

（2）行政改革会議事務局OB会編『21世紀の日本の行政』（行政管理研究センター、一九九八年）より引用。

（3）藤江俊彦『ニューパラダイム銀座』（日本能率協会マネジメントセンター、一九九二年）一四六～一四七頁。

（4）本田弘「高度生活社会の行政広報」広報五八三号（二〇〇〇年）一九頁。なお、インターネット等活用の広報などの戦略的広報を研究した日本広報協会編『21世紀における戦略的広報――市政情報の的確な提供とイメージアップ推進』（日本広報協会、二〇〇〇年）、および賀来健輔『インターネット広報の普及・進展と自治体』（大学教育出版、二〇〇三年）、さらに賀来健輔による本書第9章の「電子政府・電子自治体の構想と実態」も参照されたい。

（5）本田弘「行政広報理論――行政広報とパブリシティの関連を中心に」『平成八年度行政広報研究会報告書』（日本広報協会、一九九七年）一六頁。

（6）本田弘『行政広報』（サンワコーポレーション、一九九五年）一三九～一六一頁。

（7）土橋幸男『自治体のイメージアップ戦略――自治体広報への提言』（ぎょうせい、一九九九年）、同書「はじめに」において著者はこう述べている。すなわち、「他方、〝広報は広報セクション〟の傍観者意識の払拭も急務の課題である。自治体の組織も拡大し、職員の価値観が多様化する中で、自治体イメージの向上を特定の部署だけに任せるのはあまりにも荷が重い。やはり全職員が一つになって地域文化、自治体文化を創り上げる気持ちを日頃から持ち続けることが大切だ。つまり全職員の広報マインドの醸成である」と。同書は、自治体広報から自治体のイメージアップ戦略を豊富な事例を通して分析した興味ある文献である。

（8）小古間隆藏・加藤富子・本田弘編『都市広報一二章——新しい行政広報への前進』（日本都市センター、一九六五年）二五頁。

（9）本田・前掲書（注6）一三二～一三四頁。

（10）草場・前掲書（注1）三一三～三一四頁。

（11）本田・前掲論文（注5）一八頁。

（12）Niles, Mary, *The Essence of Management*. Orient Longmans, 1980, p. 280. 全庁的に職員すべてが、パブリシティによる広報活動に対する熱意と行動意欲を高揚すべきだという主張は、海外のほとんどの研究文献に見られる。一例を挙げておきたい。Fedorcio, Dick, and Others, *Public Relationas for Local Government*. Longman Group UK Ltd., 1991. Walker, David, *Public Relations in Local Government: Strategic Approaches to Better Communications*. Pitman Publishing, 1997. Richardson, Tom, *Public Relations in Local Government*. Heinemann Professional Publishing Ltd., 1988.

（13）本田弘『都市行政の構造と管理』（勁草書房、二〇〇三年）四一三頁。

（14）大塚祚保「首長の肩書」大森彌編『自治体の首長——その資質と手腕』（ぎょうせい、一九九三年）参照。

は 行

ま 行

や 行

ら 行

わ 行

た　行

な　行

さ　行

索　引

あ 行

か 行

執筆者紹介（執筆順）

本田《ほんだ》　弘《ひろし》　日本大学名誉教授　〔編者〕序章、第10章
一九三五年生まれ、明治大学法学部卒業、同大学大学院政治経済学研究科博士課程単位取得退学、政治学博士、日本大学法学部教授を経て現職。専攻：政治学・行政学、主な著書：『政治理論の構造』、『現代行政の構造』、『都市行政の構造と管理』（以上、勁草書房）、『地方分権下の地方自治』共編著（公人社）。

石見《いわみ》　豊《ゆたか》　国士舘大学政経学部助教授　第1章
一九六五年生まれ、東北大学大学院情報科学研究科博士後期課程退学、博士（情報科学）（東北大学）。専攻：地方自治論、行政学。主な研究分野：日本の中央地方関係、英国の地方分権改革。主な著書：『戦後日本の地方分権：その議論を中心に』（北樹出版）、『地方自治と政策展開』（共著：北樹出版）、『新版　官僚制と日本の政治』（共著、北樹出版）。

中村《なかむら》　昭雄《あきお》　大東文化大学法学部教授　第2章・第8章
一九四九年生まれ、慶應義塾大学大学院法学研究科博士課程単位取得退学、法学博士、関東学園大学法学部助教授を経て現職。専攻：政治過程論。主な研究分野：戦後日本の政治過程。主な著書：『日本政治の政策過程』（芦書房）、『国会入門』（共著、信山社）、『危機管理と行政』（共著：ぎょうせい）。

大塚《おおつか》　祚保《としやす》　流通経済大学法学部教授　第3章・第7章
一九四三年生まれ、明治大学政治経済学研究科（修士）修了、政治学博士。専攻：行政学、地方自治論。主な著書：『イギリスの地方政府』（流通経済大学出版会）、『都市政策試論』（公人社）、『創生・地方自治』（共編著：ぎょうせい）、

『地方分権下の地方自治』（共著、公人社）。

照屋《てるや》　寛之《ひろゆき》　沖縄国際大学法学部助教授　**第4章・第6章**

一九五二年生まれ、日本大学大学院法学研究科博士後期課程単位取得退学、専攻：行政学。主な研究分野：行政改革、市町村合併。主な著書・論文：『現代政治へのアプローチ』（共著、北樹出版）、『現代政治の理論と諸相』（共著、三和書籍）、「行政改革に関する一考察」、「日本におけるPFI導入と公共サービス」、「オンブズマン制度に関する一考察」、「市町村合併の現状と課題」、「市町村の規模と行政サービス」、「市町村合併と住民投票」。

李《イ》　憲模《ホンモ》　中央学院大学法学部助教授　**第5章**

一九六三年生まれ、早稲田大学大学院政治学研究科博士後期課程修了、政治学博士。専攻：地方自治。主な研究分野：日韓の政治・行政制度の研究。主な著書・論文：『比較地方自治論』（敬文堂）、「大都市制度設計の歴史に学ぶ」月刊自治研二〇〇五年一月号、「日本の政府間関係」月刊自治研二〇〇二年一二月号。

賀来《かく》　健輔《けんすけ》　茨城大学教育学部助教授　**第9章**

一九六四年生まれ、日本大学大学院法学研究科博士後期課程満期退学、岩手大学助教授を経て現職。専攻：行政学、地方自治論。主な研究分野：住民参加、内発的発展、環境政治。主な著書：『インターネット広報の普及・進展と自治体』（大学教育出版）、『政治変容のパースペクティブ』、『ニュー・ポリティクスの政治学』（いずれも共編著、ミネルヴァ書房）。

シリーズ日本の政治　第３巻

2006年４月30日　初版第１刷発行

現代日本の行政と地方自治

編著者　本田　弘

発行者　岡村　勉

発行所　株式会社　法律文化社

〒603-8053 京都市北区上賀茂岩ケ垣内町71
電話 075(791)7131　FAX 075(721)8400
URL:http://www.hou-bun.co.jp/

印刷：㈱冨山房インターナショナル／製本：藤沢製本所
装幀　前田俊平
ISBN 4-589-02948-0